Mario Polito

IMPARARE A STUDIARE

Il metodo di studio

Quando, quanto, cosa,
come e perchè studiare

Editori Riuniti
university press

I edizione in questa collana Settembre 2010

di Gruppo Editoriale Italiano srl - Roma
www. editoririunitiuniversitypress.it

Tutti i disegni sono dell'autore

ISBN 978-88-6473-021-9

Indice

Introduzione

Le prediche, i rimproveri e le punizioni non sono efficaci per far studiare. Sono necessarie, invece, buone strategie di studio. Non serve urlare: «*Devi studiare di più. Di più*». È meglio entusiasmare e motivare gli studenti e, soprattutto, insegnare loro a studiare bene.

È necessario fornire loro suggerimenti pratici sul modo migliore di usare la propria mente per diventare intelligenti e competenti.

Non basta insegnare. Non è sufficiente esporre contenuti. È necessario dare agli studenti i mezzi di apprendimento per afferrare bene le spiegazioni in classe. I contenuti saranno dimenticati inevitabilmente, ma le strategie per usare bene la propria mente saranno utili per sempre a scuola e nella vita (vedi tavola n. 1).

Un proverbio cinese dice:

"Non dare un pesce a un affamato, ma insegnagli a pescare; se gli dai un pesce, mangerà per un giorno, se gli fornisci un amo e gli insegni a pescare, mangerà tutti i giorni della sua vita."

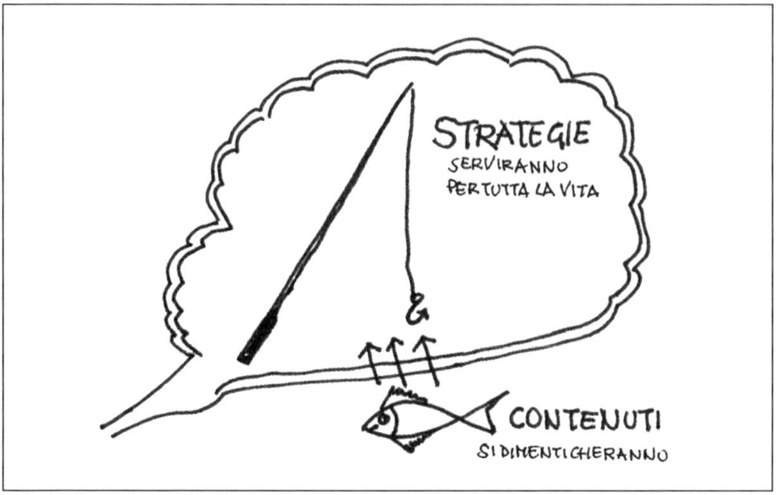

Tav. 1. Nello studio bisogna curare le strategie più dei contenuti. I contenuti si dimenticheranno. Le strategie cognitive, invece, dovranno durare per tutta la vita.

Il metodo di studio è economico, perché insegna a risparmiare tempo e a evitare sforzi inutili e improduttivi. È indispensabile, se si tende all'eccellenza o se si vogliono raggiungere le vette del sapere. È gratificante, perché aumenta l'autostima, soddisfa la curiosità, allarga gli orizzonti della mente, regala la sensazione di sentirsi intelligenti e competenti. È produttivo, perché fa conseguire buoni risultati a scuola e una forte affermazione sociale (vedi tavola n. 2).

Leonardo da Vinci (1452-1519) affermava:

"Lodare la ragione è facile, difficile è ragionare bene; facile è invocare l'esperienza, difficile è organizzare esperienze sistematiche."

Allo stesso modo, è facile lodare il metodo di studio e riconoscerne l'importanza, ma è difficile riuscire ad applicarlo costantemente nella propria vita quotidiana, fino ad acquisire una stabile e generale abitudine metodologica.

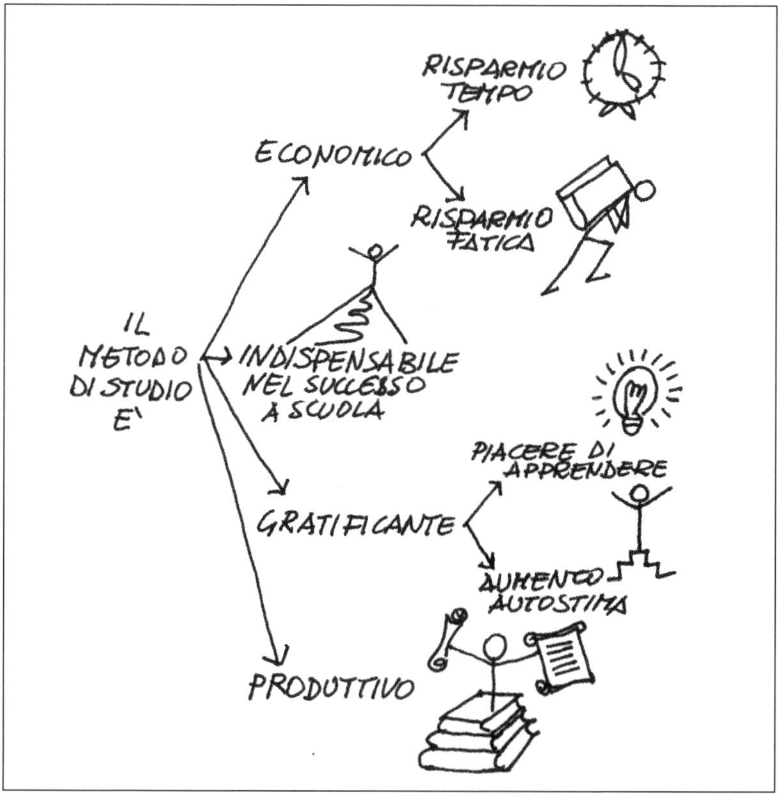

Tav. 2. I numerosi vantaggi del metodo di studio.

Il metodo regala l'eccellenza, ma bisogna allenarsi tenacemente. Bisogna esercitarsi a fare qualsiasi cosa con metodo, dalla valigia al riassetto della camera, dall'ordine della propria scrivania all'organizzazione dei propri scaffali e alla classificazione dei documenti nel proprio archivio.

Bisogna leggere con metodo qualsiasi libro, paragrafo o concetto. Bisogna sottolineare con metodo, prendere appunti con metodo, memorizzare con metodo.

L'allenamento metodologico quotidiano è la via più sicura ed efficace per diventare intelligenti, ingegnosi e creativi.

Esistono molti metodi di studio. Ogni materia ne richiede uno specifico. Nello studio della storia bisogna curare le connessioni multiple di cause ed effetti. Nella storia dell'arte è necessario cogliere una serie di concetti estetici, come composizione, eleganza, armonia, chiaroscuri, sfumature, contrasti. In matematica bisogna sviluppare una grande capacità deduttiva e impegnarsi a spremere da ogni principio tutti i corollari che si possono pensare.

Dal punto di vista personale, ogni studente deve elaborare il proprio metodo di studio, rispettando il proprio stile di apprendimento (sintetico o analitico, teorico o pragmatico, razionale o fantasioso, scientifico o letterario, convenzionale o creativo) e valorizzando le varie intelligenze multiple che ognuno possiede (H. Gardner 1987).

Studiare con metodo significa poter pensare in grande alla propria vita, scoprendo la potenza della propria intelligenza.

1 I fattori del successo nello studio

I fattori fondamentali del successo scolastico sono cinque:

1. *il metodo di studio,*
2. *la motivazione,*
3. *le abilità cognitive e metacognitive (cioè di riflessione su come usare bene la propria mente),*
4. *le strategie di apprendimento e le mnemotecniche (per non dimenticare ciò che si è appreso),*
5. *lo studio cioè l'applicazione costante e l'impegno nel campo dell'apprendimento.*

Il successo scolastico e il raggiungimento degli alti gradi della cultura sono garantiti solo quando questi fattori essenziali sono tutti presenti.

1. Il metodo di studio

Il metodo è la conoscenza della strada più efficace, più rapida e più economica per ottenere risultati soddisfacenti (vedi tavola n.3).

Il metodo di studio è il risultato di efficaci autoistruzioni che migliorano l'apprendimento, la memorizzazione e l'assi-

Tav. 3. Metodo dal greco "Metà Odós": seguire una strada.

milazione. Insegna come si impara. Suggerisce strategie per pianificare e organizzare il tempo di studio. Stimola a diventare ingegnosi, utilizzando creativamente quello che si apprende. Incoraggia la personalizzazione dell'apprendimento, legando bene i contenuti scolastici alla propria vita. Accresce la gamma di strategie cognitive. Rafforza la sensazione di essere protagonisti del proprio percorso di apprendimento, che si riesce a controllare, guidare e autoregolare. Aumenta la fiducia nella propria intelligenza. Regala la gradevole sensazione di percepirsi bravi, competenti e intelligenti. Accresce la voglia di studiare. Assicura uno studio sereno, senza stress, senza ansia, senza sprechi. Garantisce il successo a scuola e nella vita.

C'è un metodo di studio migliore degli altri?

Sì. È quello che riesce a unificare in un modo originale le numerose strategie che lo compongono

Ad esempio, approfondendo la seconda guerra mondiale, lo studente che possiede un buon metodo, studia meglio, perché sa schematizzare, in una mappa generale, la successione degli eventi. Sa visualizzare, come in un film, le scene più importanti di questo evento. Sa raccontare in modo drammatico, alla maniera degli attori, la sequenza degli episodi più dolorosi. Sa dare enfasi alle singole parole come "Scoppio" del conflitto, "Invasione" della Polonia, "Cinquanta milioni" di morti tra militari e civili. Sa presentare in modo argomentativo la lista delle cause e delle conseguenze. Sa riflettere sulle radici profonde della guerra ed elaborare creativamente un manifesto contro la guerra. Sa apprezzare il quadro lacerante di Picasso in ricordo della città spagnola di Guernica rasa al suolo dal bombardamento dei nazisti. Sa collegare al tema della guerra il testo della canzone pacifista di John Lennon "Imagine". Sa penetrare, attraverso la letteratura, nella vita delle persone umiliate, devastate e torturate nei campi di concentramento. Sa leggere meglio il mondo contemporaneo. Sa diventare un cittadino globale più consapevole e più responsabile.

Studiando in questo modo è garantito il successo formativo a scuola e nella vita.

Qual è il peggiore errore quando si studia?

Quando si studia senza metodo e senza motivazione.

2. La motivazione

La motivazione è la spinta a raggiungere ciò che si ritiene importante. La motivazione dà valore e significato a ciò che si fa. Le sue radici affondano nelle aspettative, nei valori e negli scopi dello studente.

Senza motivazione tutto appare inutile e improduttivo.

Per studiare efficacemente è necessario coltivare in se stessi forti motivazioni intrinseche, rispondendo in modo convincente e significativo alla domanda: *"Perché sto studiando questa materia?"*.

Per automotivarsi bisogna dare anima (entusiasmo) a ciò che si studia (icona del cuore multiplo al centro del libro), stabilire un percorso in salita, graduale, passo dopo passo (icona della scaletta a gradini), farsi guidare dalla sensazione di competenza che emerge quando si diventa padroni di una disciplina (icona della persona che esulta sulla cima del libro). (Vedi tavola n. 4).

La motivazione è la condizione indispensabile dello studio.

La motivazione è debole se è fornita dall'esterno *("Se non studio, i miei mi ossessionano")*, mentre è forte se nasce dall'interno *("Mi piace imparare per allargare i confini della mia mente e sentirmi intelligente e competente")*. È forte quando nasce dalla

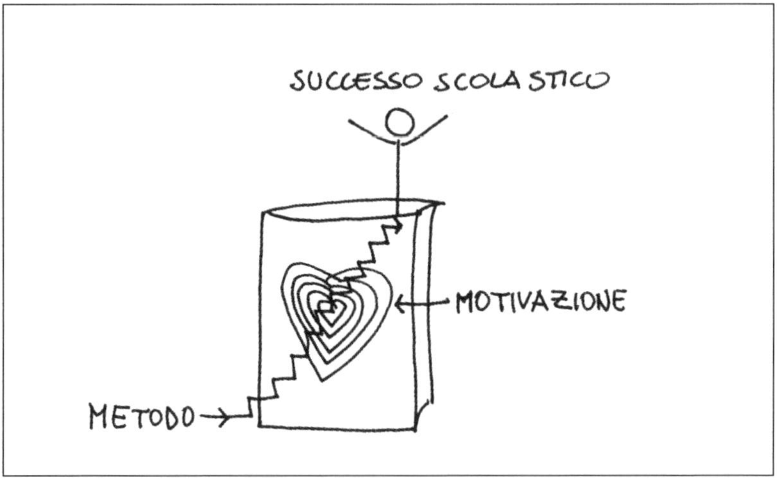

Tav.4 Sintesi degli ingredienti fondamentali della motivazione: entusiasmo, gradualità e sensazione di competenza.

consapevolezza di sé e dei propri valori, e dal significato che si attribuisce allo studio, alla scuola, alla cultura.

Una forte motivazione è accompagnata da un'autostima realista che sa accogliere la fatica, valorizzare lo sforzo, ammirare l'impegno, apprezzare l'autocontrollo, sviluppare l'autodisciplina, godere dei propri successi. Stimola nello studente la voglia di conquistare, passo dopo passo, conoscenze solide e competenze robuste, grazie alle quali è possibile guardare in faccia alle difficoltà, avendo fiducia in se stessi e nelle proprie capacità. Connette lo studio alla crescita personale: «*Se studi, capisci di più. Se capisci di più, puoi scegliere meglio. Se puoi avere un'ampia scelta, sei più libero e puoi progettare la tua vita. Dunque: studia per essere libero. Studia per affermarti. Studia per dire la tua. Studia per non prenderla tra i denti. Studia per non farti ingannare. Studia per vivere meglio*».

Ognuno è artefice delle proprie motivazioni ed è responsabile del proprio progetto di vita.

Lo studio senza metodo è improduttivo e frustrante. Lo studio senza motivazione è noioso e insopportabile. Lo studio senza tempo dedicato all'esercizio e allenamento mentale è inconsistente e impossibile.

Prima di mettersi a studiare, bisogna accendere la motivazione e attivare numerose strategie di metodo.

Bisogna automotivarsi rispondendo ogni giorno alla stessa domanda: «*Perché mi serve studiare questo argomento?*» Quanto più forte è il valore attribuito allo studio, alla scuola e alla cultura, tanto più facile diventa l'apprendimento.

La motivazione stimola la ricerca di un buon metodo di studio per impiegare bene il proprio tempo e per raggiungere risultati soddisfacenti.

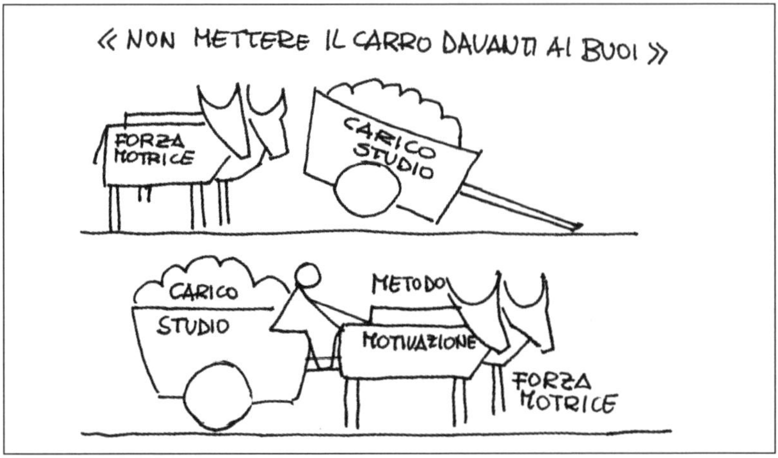

Tav. 5. La forza trainante del successo scolastico è costituita dal metodo e dalla motivazione.

Un proverbio suggerisce di non mettere il carro davanti ai buoi.

Il carro è la quantità dei contenuti da apprendere. I buoi sono la forza motrice e rappresentano il metodo e la motivazione (vedi tavola n.5).

Con la motivazione e il metodo si raggiunge l'eccellenza.

3. Le abilità metacognitive

Il metodo di studio riguarda il modo migliore di usare la propria mente: bisogna conoscere come funziona per saper sfruttare le sue potenzialità. Non basta studiare, bisogna sapere come si apprende in modo efficace.

La conoscenza delle strategie della propria mente si chiama "abilità metacognitiva" e consiste nella capacità di riflettere su come si conosce, si studia, si apprende, si memorizza, si assimila, si rievoca, si applica (vedi tavola n. 6).

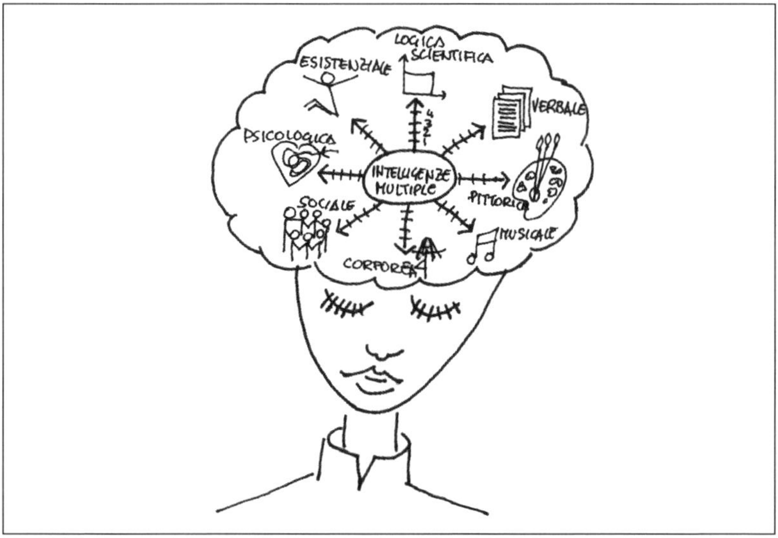

Tav. 6. Studiare consapevolmente, interrogandosi sull'efficienza delle proprie abilità cognitive.

Una buona consapevolezza del funzionamento delle proprie abilità cognitive aiuta a utilizzarle con maggiore efficienza. Non basta essere attenti. È necessario riflettere sulle strategie per migliorare al massimo la propria concentrazione, interrogandosi, ad esempio: *"Com'è la mia attenzione in questo momento? È debole o robusta? È incostante o tenace? Come posso migliorarla? Potrei essere più produttivo se prendo dei buoni appunti? Se mi creo una buona mappa? Adesso provo. Com'è andata? Quale punteggio mi assegno? Sufficiente? Buono? Ottimo?"*. Questo tipo di domande (di autoregolazione metacognitiva) contribuisce a migliorare il proprio modo di studiare e a elaborare un metodo di studio molto personale.

Le abilità metacognitive riguardano la consapevolezza del modo in cui le informazioni sono acquisite, elaborate, memorizzate e applicate. Lo sviluppo dell'autoregolazione metacognitiva migliora la capacità di riflettere e controllare i propri processi cognitivi, per poi renderli più efficienti e più affidabili.

Tra le abilità metacognitive generali, ricordiamo le seguenti:

- *guidare agilmente l'attenzione in relazione ad uno scopo;*
- *osservare in modo sistematico, preciso e dettagliato;*
- *visualizzare personaggi, eventi e contesti;*
- *interrogarsi con delle domande strutturate;*
- *confrontare differenti concetti, teorie e modelli;*
- *ascoltare le proprie risonanze cognitive ed emotive;*
- *rielaborare le conoscenze in mappe cognitive interconnesse;*
- *costruire originali definizioni dei vari concetti studiati;*
- *adottare strategie mnemotecniche;*
- *valorizzare le molteplici forme di intelligenza che ognuno possiede (H. Gardner 1987).*

Si tratta di saper usare bene la propria mente e attivare i numerosi "gesti mentali", come suggerisce Antoine De La Garanderie (2003) (vedi tavola n. 7).

Tav. 7. Studiare attivando tutte le strategie della propria mente.

4. Le strategie di studio e le mnemotecniche

Le strategie di studio sono dei piani sequenziali di operazioni cognitive che favoriscono l'elaborazione, l'assimilazione, la memorizzazione, il recupero e l'applicazione dei contenuti appresi.

Tra le strategie di studio generali ricordiamo le seguenti:

- *le strategie per leggere e comprendere,*
- *le strategie per la lettura, veloce o lenta, guidata da uno scopo (ad esempio, la lettura è veloce nella panoramica generale o nella ricerca di alcuni dati specifici, ma è lenta nell'approfondimento e lentissima nell'analisi critica di un brano complesso),*
- *le strategie per memorizzare e ripassare,*
- *le strategie per produrre un bel testo chiaro, interessante ed efficace.*

Tra le strategie di studio specifiche ricordiamo le seguenti:

- *il sottolineare,*
- *il prendere appunti,*
- *la creazione di schemi e di mappe mentali,*
- *l'archiviazione delle informazioni, sia mentale, sia cartacea e digitale.*

Le mnemotecniche sono delle strategie della memoria che servono per raggiungere la completa padronanza di una materia di studio.

Tra le mnemotecniche più importanti, applicabili allo studio, si possono indicare le seguenti:

- *le mnemotecniche della organizzazione logica (schemi e mappe),*
- *le mnemotecniche dei "luoghi" per costruire un percorso cognitivo solido e infallibile,*
- *le mnemotecniche delle immagini,*
- *le mnemotecniche delle associazioni, sia logiche sia fantastiche,*
- *gli acronimi e gli acrostici,*
- *le rime e le filastrocche.*

5. Lo studio come investimento di energia

Lo studio è la quantità e la qualità dell'investimento della propria energia per imparare.

Il termine *"studio"* deriva dal latino "*stùdeo*" e significa: *"Impegnarsi o dedicarsi intensamente e costantemente a qualche arte, mestiere, attività"*.

Lo studio è l'impegno costante orientato ad apprendere bene qualcosa: uno strumento musicale o una lingua straniera. È la scelta del tempo migliore per concentrarsi e per rendere produttivo lo sforzo investito nell'apprendimento.

La mancanza di impegno nell'apprendimento è un punto debole di molti studenti che i docenti sottolineano spesso, quando osservano: *«È un ragazzo intelligente, ma non si impegna, non si applica, non sfrutta pienamente le sue capacità. Non dedica il tempo necessario per far fiorire la propria intelligenza»*.

Per essere produttivi nello studio, bisogna adottare un metodo di apprendimento e seguire una disciplina mentale: un'autodisciplina, costituita di efficaci autoistruzioni che guidano la mente nell'apprendimento, nella memorizzazione e nell'assimilazione.

La mente è come un cavallo, che ci può portare dove vogliamo, se sappiamo ben cavalcarlo. Ma ci impedirà qualsiasi movimento, anzi ci farà cadere, se non è stato domato, disciplinato, coccolato. Anche la mente si comporta così: se è ben coltivata, produce i meravigliosi frutti dell'ingegno e dell'arte, ma se rimane incolta (cioè non coltivata) diventa stupida, chiusa, arrogante e presuntuosa.

Molti studenti vorrebbero imparare una grande quantità di informazioni in poco tempo. È possibile? No.

Quando si ha poco tempo per studiare e, soprattutto, quando si dedica poco tempo ad assimilare le informazioni, il rendimento diminuisce notevolmente. Si studia tanto (nell'incamerare nozioni) ma si rende poco. Si studia 100 ma si rende 50. Questo risultato crea frustrazione e amarezza.

Si può rimediare? Sì, dedicando molto più tempo al ripasso creativo (vedi l'ultimo capitolo). Non è sufficiente apprendere, perché è necessario dedicare molto tempo ad assimilare quello che si è appreso. Altrimenti si percepisce la sgradevole sensazione di non ricordare niente: «*Ho studiato tantissimo, ma non ricordo niente; forse sono stupido; forse la mia mente non è fatta per studiare*». La ragione è più semplice: dipende dalla mancanza di assimilazione. Non è stato dedicato molto tempo all'esercizio, all'allenamento, alla padronanza perfetta di ciò che era stato appreso.

L'assimilazione è una fase importante dello studio, anche se è molto trascurata dagli studenti. Riguarda la memoria a lungo termine, che possiamo paragonare agli scaffali ripieni di libri di una grande biblioteca, ordinati e classificati per argomenti generali e specifici.

Quando studiamo, le nozioni entrano dapprima in una piccola stanzetta, dove vi è un bibliotecario (memoria di lavoro) al quale consegniamo le informazioni ben apprese con l'indicazione di dove collocarle. Alcune nel reparto di storia, altre in quello di neuroscienze. Alcune dovranno essere depositate nel reparto di arte, altre in quelle di narrativa. Se il nostro bibliotecario è ben guidato dal metodo, se la biblioteca della nostra mente è ben ordinata, per temi, egli sarà facilitato a depositare le nostre informazioni nel luogo giusto. Gli sarà facile, poi, andarle a prendere, quando gli sarà richiesto, al momento dell'interrogazione, del test di verifica o dell'esame (vedi tavola n. 8).

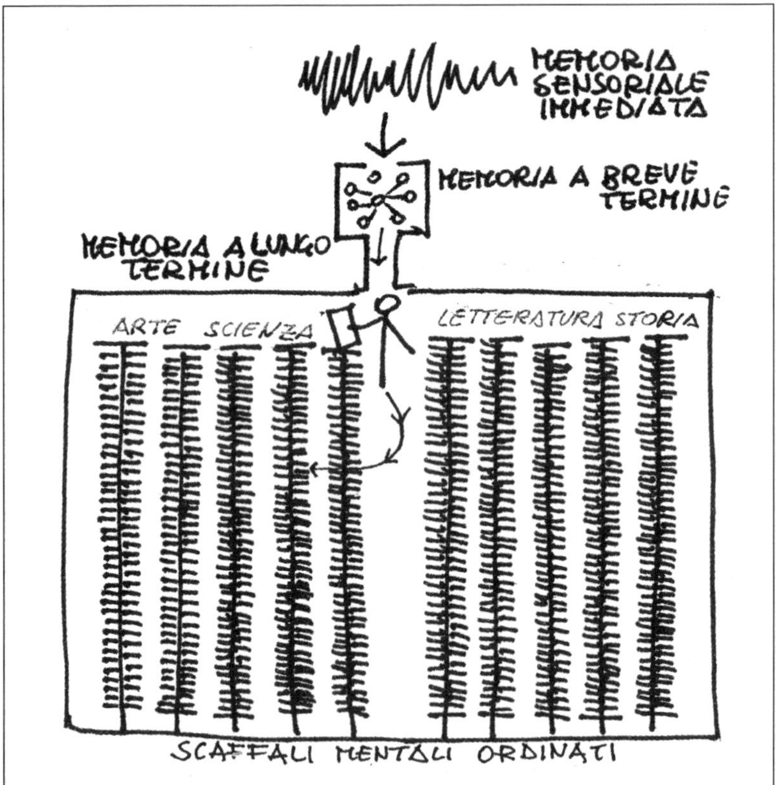

Tav. 8. Dedicare molto tempo all'assimilazione e alla collocazione delle informazioni in ordinate mappe mentali.

Se le informazioni in arrivo sono troppe o molto complesse, succede il sovraffollamento della stanzetta della memoria a breve termine. Il povero bibliotecario non riesce più a sistemare tutti quei dati e nozioni che si accumulano. C'è il rischio che non esegua correttamente le nostre istruzioni, che sbagli nel collocare correttamente le conoscenze, che faccia confusione, che aumenti il disordine. Il troppo poco tempo è deleterio per l'apprendimento. Questo accade soprattutto quando si studia all'ultimo momento. Qualcuno può avere l'illusione di imparare di più perché vi è una maggiore attivazione (determinata dalla scadenza del compito, dell'interrogazione o dell'esame), ma il disordine delle informazioni, il sovraffollamento di dati, la stanchezza del nostro bibliotecario mentale, riducono la nostra prestazione a livelli bassi. Serve studiare in questo modo? No.

Per studiare bene, bisogna sistemare con calma le informazioni nelle mappe mentali, in collegamenti pertinenti e creativi. Bisogna collocare le nozioni negli scaffali ordinati della nostra mente e riandare continuamente a rivedere che cosa abbiamo collocato in essi. Altrimenti è tempo sprecato.

Fino a quando bisogna ripassare? Fino all'automatismo di ciò che si è appreso.

Alcuni studenti obiettano: «*Ma se faccio così, quando è che studio? Non ho tempo per queste cose*».

È un'obiezione comprensibile, perché a scuola vi è un sovraccarico di informazioni da ingoiare, senza assimilarle.

È utile studiare in questo modo? No.

Bisogna scegliere le informazioni migliori. Devono essere i docenti a selezionare l'essenziale, perché non si può apprendere tutto. Nessuno c'è mai riuscito e nessuno mai ci riuscirà. Si devono distillare le informazioni indispensabili, apprenderle in modo attivo e creativo e memorizzarle fino all'assimilazione.

Bisogna automatizzare le conoscenze essenziali della matematica, delle scienze, dell'arte, della letteratura, se vogliamo raggiungere grandi soddisfazioni a scuola e nella vita.

Qualche studente può giocare al ribasso e dire: «*A me basta la sufficienza. Perché stressarmi tanto? È utile? A che cosa mi serve?*».

La ricerca della sola sufficienza indica stanchezza, mancanza di motivazione, mancanza di amore verso se stessi. Certamente, possono accadere nella vita di ognuno momenti di scoraggiamento, ma è possibile anche risollevarsi e puntare in alto.

«*Perché?*», chiedono in molti.

Per molte ragioni. Per la nostra soddisfazione, che può nascere solo se ci sentiamo competenti e intelligenti. Per sviluppare i nostri talenti. Per dare valore alla nostra esperienza. Per sentirci apprezzati e stimati. Per guadagnarci da vivere in modo dignitoso. Per aiutare gli altri con il nostro contributo professionale di medico, di psicologo, di architetto, di avvocato, di informatico, di piastrellista, di tecnico degli impianti di refrigerazione, di pizzaiolo, di cantante, di addetto alla vendita, di pittore, di musicista, di poeta. Per migliorare questo mondo, che ha molto bisogno del nostro contributo di intelligenza e di creatività. Per valorizzare la competenza e il merito, perché nessuno di noi si affiderebbe a un chirurgo che ha superato gli esami copiando o che non ha studiato a sufficienza. Nessuno di noi andrebbe a mangiare da un pizzaiolo che non sa fare pizze gustose, saporite e sfiziose. Nessuno di noi chiamerebbe un tecnico incapace di riparare il nostro impianto elettrico che è andato in tilt. Tutti noi vogliamo persone molto preparate sul piano professionale e per questo noi stessi per primi dobbiamo studiare a fondo il settore che abbiamo scelto, perché le persone apprezzano solo i capaci e i meritevoli e disprezzano i raccomandati e gli incapaci. È una questione di onestà e di civiltà.

Bisogna studiare molto per diventare competenti, per realizzare i nostri talenti e per dare un bel contributo professionale alla comunità che ci ha educato e formato.

6. Visualizzazione dei cinque fattori del successo scolastico

Per ricordare più facilmente questi cinque fattori è utile rappresentarli sotto forma di uno schema grafico, con le parole chiave collocate alla base e al vertice della piramide con l'aggiunta di immagini concrete o icone semplificate che aiutino a ricordare i concetti astratti (vedi tavola n. 9).

La traduzione figurativa dei vari concetti di metodo, di motivazione, di abilità cognitive e metacognitive, di strategie, di studio, fornisce un utile sostegno mnemonico: un'immagine si ricorda più facilmente di una serie di parole. L'occhio, inoltre, si sofferma di più sulle figure, anche se molto stilizzate. La doppia codifica delle informazioni, quella verbale e quella iconica, migliora l'apprendimento, la memorizzazione e la rievocazione.

Analizziamo, tra le tante possibili, la seguente traduzione dei concetti astratti in immagini concrete o icone.

1. Il metodo. Tre tipi di percorsi differenti possono rappresentare tre modi diversi di studiare: (a) uno lento e tortuoso, (b) uno veloce graduale e diretto allo scopo, (c) uno confuso ed inefficace che non raggiunge lo scopo. Queste tre icone possono aiutare a visualizzare concretamente il concetto di metodo, che è la strada più breve per raggiungere uno scopo (d).

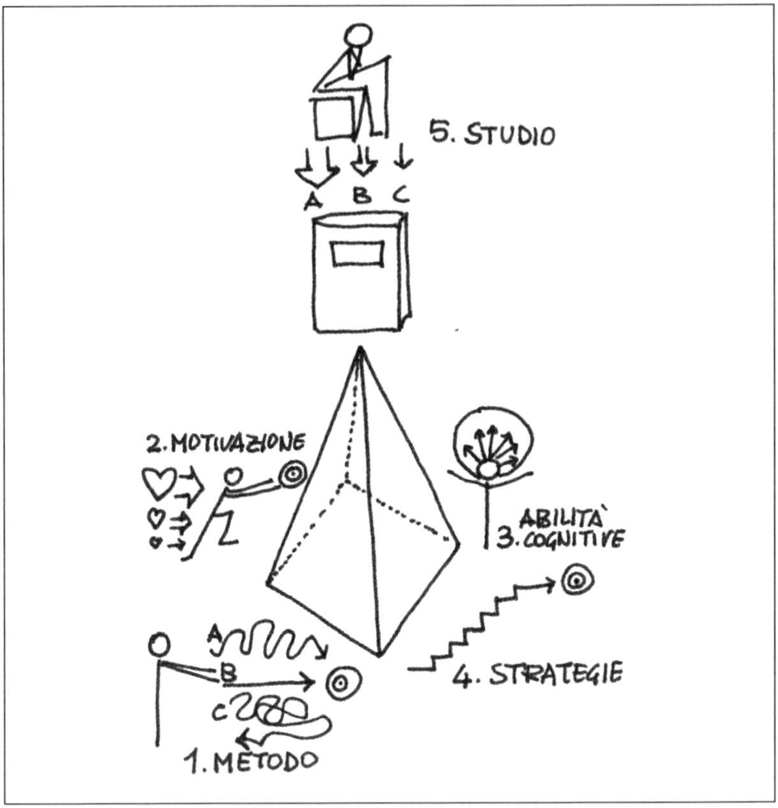

Tav. 9. Visualizzazione spaziale e figurativa dei cinque fattori del successo scolastico.

2. La motivazione. Un omino spinto da tre cuori di diversa ampiezza (a) grande, (b) media, (c) piccola, può rappresentare il concetto della forza della motivazione verso un obiettivo e il coinvolgimento emotivo che spinge verso il raggiungimento di uno scopo: «*Questa materia mi prende. Mi attrae. Mi conquista*».

3. Le abilità cognitive e metacognitive. Un omino con un'aureola intorno alla testa può rappresentare graficamente l'ampliamento delle varie abilità cognitive e meta-

cognitive, necessarie per raggiungere risultati eccellenti. Saper guidare efficacemente la propria attenzione, saper ragionare, riflettere, collegare le informazioni, sono abilità che devono essere allenate se si vuole raggiungere l'efficienza mentale nello studio e nella vita.

4. Le strategie. L'immagine di una scalinata può aiutare a visualizzare il concetto di percorso e di strategie operative per conseguire un risultato.

5. Lo studio come impegno. Alcune frecce di diversa ampiezza, (a) grande, (b) media, (c) debole, rivolte verso un libro, possono rappresentare il diverso grado di intensità dell'investimento personale o impegno verso lo studio.

È opportuno, a questo punto, creare un'immagine mentale, quasi una fotografia, di tale schema figurativo, fino a visualizzarlo con l'immaginazione in modo molto vivido.

Allenandosi a vederlo chiaramente nel proprio schermo mentale, si è facilitati nell'assimilazione dei vari concetti e nella padronanza di ciò che si sta apprendendo. Inoltre è gratificante, riuscire a padroneggiare con una sola immagine molte informazioni e concetti.

In questo libro sarà preso in considerazione il tema del metodo di studio, mentre la presentazione delle tecniche di studio (sottolineare, prendere appunti, schematizzare, creare mappe), l'approfondimento delle strategie di lettura, di comprensione e di produzione di un testo scritto o tema, i suggerimenti per sviluppare le numerose abilità cognitive e metacognitive (attenzione, concentrazione, elaborazione, memorizzazione, assimilazione recupero, transfer), le indicazioni per irrobustire la motivazione e per far fiorire la propria intelligenza, la presentazione dettagliata di efficaci e potenti mnemotecniche applicabili allo studio, sono descritte dall'autore in altri libri specifici (vedi Bibliografia).

7. Questionario sul metodo di studio

Lo studente che vuol conoscere in modo dettagliato come studia, può compilare il seguente "Questionario sul metodo di studio" e osservare il risultato percentuale che emerge. Il punteggio sotto il 30% è insufficiente. Dal 30 al 50% è sufficiente. Dal 50 al 70% è buono, dal 70 al 90% è molto buono, quando è superiore al 90% è ottimo. Quando si avvicina al 100% è eccellente.

Si può usare questo strumento varie volte durante l'anno scolastico e nei successivi percorsi di studio.

Tutte le domande possono essere analizzate nel dettaglio utilizzando le seguenti sei sottoscale:

COM = Sensazione di competenza (1, 8, 12, 16, 22, 30, 31, 37, 49, 50).
CON = Capacità di autocontrollo (2, 3, 6, 23, 24, 25).
IMP = Impegno (7, 9, 13, 32, 34, 35, 36, 41, 44, 46).
MNT = Capacità di automonitoraggio nello studio (4, 5, 15, 17, 33).
MOT = Motivazione (10, 11, 14, 18, 19, 20, 21, 45, 47).
TEC = Tecniche di studio (26, 27, 28, 29, 38, 39, 40, 42, 43, 48).

QUESTIONARIO SUL METODO DI STUDIO

Istruzioni. Si può scegliere tra le quattro possibilità della scala di valutazione: 0 = Mai o quasi mai, 1 = Qualche volta, 2 = Spesso, 3 = Molto spesso,

1. Assimilo velocemente i nuovi concetti.	0 1 2 3
2. Sono capace di autocontrollo quando studio.	0 1 2 3
3. Sono capace di impormi una disciplina nello studio.	0 1 2 3
4. So valutare e pesare il mio modo di studiare.	0 1 2 3
5. So riconoscere i miei punti forti e le mie lacune nelle varie materie.	0 1 2 3

6. Riesco a concentrarmi efficacemente nello studio.	0 1 2 3
7. Mi impegno nello studio.	0 1 2 3
8. So affrontare e superare le difficoltà dello studio.	0 1 2 3
9. In classe partecipo attivamente alle spiegazioni.	0 1 2 3
10. Mi impegno ogni giorno a migliorare la mia formazione ed intelligenza.	0 1 2 3
11. Lo studio mi sta aiutando a conoscere le mie potenzialità o talenti.	0 1 2 3
12. Riesco a colmare le mie lacune nello studio.	0 1 2 3
13. Curo adeguatamente la memorizzazione di ciò che imparo.	0 1 2 3
14. Mi interessa conoscere come funziona la mia mente.	0 1 2 3
15. So prendermi cura dei miei punti deboli o lacune della preparazione.	0 1 2 3
16. Il mio metodo di studio è efficace e soddisfacente.	0 1 2 3
17. Mi interrogo sul modo migliore di apprendere e ricordare.	0 1 2 3
18. Lo studio mi dà soddisfazione e gratificazione.	0 1 2 3
19. Mi piace imparare.	0 1 2 3
20. Mi piace studiare.	0 1 2 3
21. Riesco a vedere l'utilità di ciò che studio.	0 1 2 3
22. Nello studio riesco ad organizzarmi in modo produttivo.	0 1 2 3
23. Possiedo una buona capacità di resistenza alla fatica mentale.	0 1 2 3
24. Nello studio sono riflessivo.	0 1 2 3
25. Nello studio sono sistematico.	0 1 2 3
26. Mentre ascolto le lezioni, prendo appunti.	0 1 2 3
27. Studio prendendo appunti ed elaborando schemi concettuali.	0 1 2 3
28. Rielaboro gli appunti per renderli più organizzati e schematici.	0 1 2 3
29. Tengo in ordine i miei appunti.	0 1 2 3
30. So collegare le nuove informazioni con quelle acquisite.	0 1 2 3
31. Possiedo una buona visione dei problemi contemporanei.	0 1 2 3
32. Approfondisco gli argomenti di studio integrandoli con altri testi.	0 1 2 3
33. Quando studio, controllo come sto imparando.	0 1 2 3
34. Di fronte al nuovo rievoco ciò che so già sull'argomento.	0 1 2 3
35. Ripasso ciò che so già prima di studiare un nuovo capitolo.	0 1 2 3
36. Ripasso con cura ed elaboro gli argomenti studiati precedentemente.	0 1 2 3
37. Possiedo con sicurezza i contenuti essenziali delle materie che studio.	0 1 2 3

38. Prima di scrivere un testo, elaboro una scaletta o mappa delle idee centrali.	0 1 2 3
39. Quando studio, faccio schemi e mappe con le parole chiave.	0 1 2 3
40. Quando studio, mi impegno ad individuare e sottolineare i concetti essenziali.	0 1 2 3
41. Dedico del tempo ad approfondire argomenti di studio.	0 1 2 3
42. Utilizzo il tempo di studio in modo organizzato e produttivo.	0 1 2 3
43. Ogni giorno faccio una lista di ciò che devo studiare e mi impegno a rispettarla.	0 1 2 3
44. Se nello studio incontro delle difficoltà, insisto e mi applico di più.	0 1 2 3
45. Coltivo la mia motivazione verso lo studio, il sapere e la cultura.	0 1 2 3
46. Rielaboro costantemente e sistematicamente ciò che apprendo.	0 1 2 3
47. Discuto appassionatamente con i miei compagni di argomenti culturali.	0 1 2 3
48. I suggerimenti e le indicazioni sul metodo, fornite dai miei insegnanti, sono utili ed efficaci.	0 1 2 3
49. So dare senso e valore a ciò che studio.	0 1 2 3
50. I miei voti sono soddisfacenti.	0 1 2 3
Totale punteggio grezzo	
Totale percentuale = Punteggio grezzo per 100 diviso 150	

In base al punteggio conseguito, è possibile valutare il proprio metodo di studio e adottare le strategie migliori per studiare con efficacia e risultati gratificanti.

8. Lo studente strategico

Lo "studente strategico" è consapevole della necessità di adottare numerose strategie di studio, ma soprattutto, le pratica abitualmente, come uno sportivo segue le indicazioni prescritte nella sua tabella di allenamento.

Le principali caratteristiche di uno studente strategico sono le seguenti:

- *Conosce un buon numero di strategie di studio.*
- *Apprezza il notevole vantaggio che offrono.*

- *Sa quando, dove e come applicarle.*
- *Sa autoregolarsi nell'apprendimento.*
- *Sa autovalutarsi.*
- *Sa autocorreggersi.*
- *Sa autogratificarsi.*
- *Di fronte ad un insuccesso, riflette su dove ha sbagliato e si domanda come può rimediarvi con l'impegno e con le strategie.*
- *Affronta le interrogazioni, i compiti di verifica e gli esami, come sfide cognitive, per mettersi alla prova e per valutare la propria preparazione.*
- *Possiede una teoria incrementale (migliorativa) dell'intelligenza e, perciò, si impegna a potenziare le sue abilità cognitive e metacognitive.*
- *Si prende cura della propria formazione e della propria mente.*
- *È attento alle spiegazioni in classe e partecipa con domande pertinenti e costruttive.*
- *È animato da motivazione intrinseca e tende all'autorealizzazione di sé.*
- *Sa rimotivarsi continuamente.*
- *Studia in modo organizzato e programmato.*
- *Sa quando riposarsi, divertirsi e svagarsi, da solo e in compagnia.*
- *Sa collegare lo studio alla propria formazione e alla propria vita.*

Conosco molto bene l'obiezione di alcuni docenti che dichiarano di non aver mai incontrato studenti così motivati ed equipaggiati di strategie. Spesso li descrivono spenti, demotivati, banali.

Certo. Molti lo sono. Ma a chi tocca motivarli? Entusiasmarli? Appassionarli?

Ai docenti e a tutti gli adulti.

In questo libro sono descritte alcune strategie per aiutare ogni studente a diventare "esperto" nel suo mestiere, nel suo apprendistato che dura da 3 a 18 anni più 5 di anni di università (vedi tavola n. 10). In tutto 21 anni di studio.

È mai possibile che in 16 anni di scolarità quotidiana non ci sia posto per insegnare a studiare, per fornire ottime strategie di studio, per facilitare la conoscenza dei propri talenti, per potenziare il proprio stile di apprendimento, per valorizzare le forme molteplici della propria intelligenza?

Se succede questo, la scuola rischia di servire a poco.

Se ai docenti succede di non incontrare mai o quasi mai studenti motivati e padroni di un buon metodo di studio, forse vuol dire che la scuola come sistema deve essere rivista totalmente (o almeno profondamente). Deve essere la scuola (e i docenti per primi) a fornire agli studenti le strategie migliori e, soprattutto, le motivazioni più elevate: solo così è possibile aiutare questi ragazzi e ragazze a conseguire grandi competenze e risultati eccellenti nell'arte, nella scienza, nella vita, ed essere utili alla comunità e al mondo.

Tav. 10. Da 3 a 18 anni uno studente passa a scuola 16.000 ore: sono poche per diventare uno studente esperto?

2 Il metodo

Il metodo è la consapevolezza, ma anche la scelta, della strada più breve, più veloce e più economica per raggiungere risultati soddisfacenti (vedi tavola n. 11).

Qualunque attività può essere svolta in modo efficiente se si utilizza una procedura corretta, guidata da un buon metodo di lavoro e cioè dalla previsione, dalla pianificazione, dalla realizzazione consapevole passo per passo e dalla valutazione finale.

Ci vuole metodo per preparare una festa di compleanno, giocare a scacchi, allenarsi in uno sport, gestire i propri rispar-

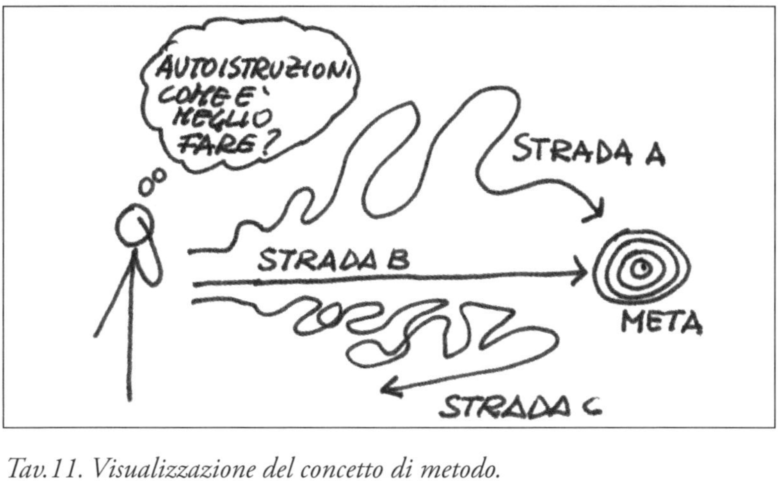

Tav. 11. Visualizzazione del concetto di metodo.

mi, riparare qualcosa che si è rotto, sbloccare il computer, andare d'accordo con gli altri, corteggiare, studiare, prepararsi per un'interrogazione o un esame.

Il metodo è indispensabile quando una materia è difficile.

Il metodo, infatti, offre un orientamento, una guida, una mappa.

Spesso l'insegnante offre numerose indicazioni metodologiche, quando interviene dicendo: *"Osservate questo schema. Questo concetto è un pilastro fondamentale della concezione di questo autore. Seguite tale procedimento per giungere a questi risultati."*

Quando si ascoltano queste frasi, bisogna attivare subito la vigilanza cognitiva per afferrare quelle indicazioni che sono un'efficace e comoda "segnaletica" stradale nello studio e nell'apprendimento.

La consapevolezza del metodo si raggiunge con un'accurata capacità di *"dialogo interiore"*, fatto di corrette autoistruzioni su ciò che è meglio fare, di autocontrollo passo per passo su ciò che si sta facendo e di valutazioni finali su ciò che è stato fatto (vedi tavola n. 12).

Tav. 12. Dialogo interiore e autoistruzioni.

Il metodo è una strategia *metacognitiva,* perché fornisce una *riflessione sul modo migliore di conoscere, apprendere e ricordare.* Il metodo è la conoscenza delle varie strategie cognitive. Grazie al metodo, è possibile riflettere sul modo migliore di pensare e di agire, per raggiungere il massimo risultato con il minimo dispendio di energia.

Il metodo di studio è una ricerca personale che parte dalla riflessione sul modo personale di apprendere e termina con l'elaborazione di strategie efficaci per migliorare il proprio modo di studiare.

Si può imparare meglio e più rapidamente, se si impara il modo migliore di studiare. Prima di studiare è necessario imparare a studiare, cioè fornirsi di un valido ed efficace metodo di studio.

Non serve *"studiare di più",* se non si studia con metodo.

Il metodo di studio serve per guidare e controllare il nostro modo di conoscere:

- *ci avverte quando stiamo procedendo in modo chiaro o confuso, attento o distratto, corretto o errato, produttivo o sterile,*
- *ci stimola ad apprendere nel modo più efficace,*
- *ci indica le strategie migliori per rielaborare le informazioni,*
- *ci facilita l'assimilazione e la memorizzazione di ciò che si va imparando,*
- *ci spinge verso comportamenti intelligenti, ingegnosi e creativi.*
- *ci assicura un'efficiente applicazione di ciò che è stato appreso.*

L'intelligenza è strettamente connessa con il metodo di studio. Chi studia con metodo diventa più intelligente, ingegnoso e creativo. Le persone intelligenti sanno escogitare molte strategie metodologiche per raggiungere i loro scopi. Tutte usano un meticoloso metodo di studio e una forte motivazione.

1. Il metodo come capacità di autoistruzione

Il metodo può essere definito come la capacità di darsi delle corrette ed efficaci autoistruzioni *("Adesso devo fare prima questo e poi quello")* su ciò che si intende fare, su ciò che si sta facendo e su ciò che è stato fatto.

Sono delle autoistruzioni per pensare bene, per sviluppare una testa ben fatta (vedi tavola n.13).

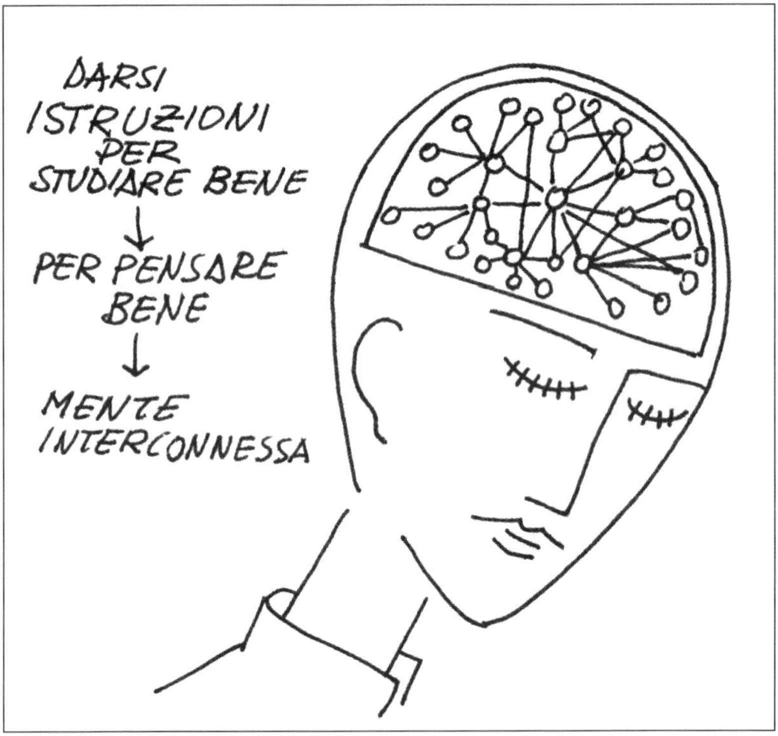

Tav. 13. Il metodo di studio come capacità di autoregolazione nell'apprendimento.

La capacità di autoistruzione consiste nel controllare continuamente il proprio modo di procedere nella soluzione di un problema.

Chi possiede un metodo di studio si chiede costantemente:

"Come sto studiando? Com'è la mia motivazione in questo momento? Com'è la mia attenzione? Come posso migliorare la mia capacità di apprendimento e di memorizzazione?".

Si possono adottare autoistruzioni come le seguenti:

"Procedi gradualmente dal generale al particolare, da una visione globale di insieme ad una visione analitica e dettagliata, dal noto all'ignoto, dal facile al difficile, dal concreto all'astratto, da ciò che è intuitivo a ciò che è razionale. Scomponi ciò che è complesso in piccole sequenze o piccoli passi. Procedi lentamente: non essere impulsivo o frettoloso nelle conclusioni. Chiediti quali sono le cause e le conseguenze degli eventi. Sii attivo nello studio e cura il metodo di studio, organizzando le informazioni in schemi e sistemi di conoscenze. Prima di studiare, riattiva la tua motivazione e le tue preconoscenze."

Con tali domande si sviluppa l'autoregolazione cognitiva e lo studente diventa sempre più capace di guidare la propria mente e la propria attenzione. Impara a sviluppare l'osservazione sistematica, che gli servirà sempre a scuola e nella vita.

Un allievo del naturalista svizzero Louis Agassiz (1807-1873) racconta la lezione di vita ricevuta dal suo maestro. Un giorno si presentò per chiedergli di poter lavorare nel suo laboratorio. Lo scienziato prima gli chiese cosa avesse approfondito nei suoi studi poi gli assegnò un compito, apparentemente semplice. Gli disse solo: «*Osserva questo pesce nella bolla di vetro e, quando avrai finito, vieni a parlarmene*». Lo studente si mise a osservare il pesce e dopo qualche minuto pensava di aver compreso tutto sul pesce e la sua specie. Andò dal maestro con la sua risposta classificatoria pronta. Agassiz, però, gli disse che non aveva svolto il compito di osservazione accurata e sistematica. Se voleva lavorare nel suo laboratorio, doveva imparare a sviluppare l'osservazione. Lo studente andò via abbattuto. Poi comprese cosa si aspettasse il suo docente. Ritornò nel laboratorio e passò ore a osservare il pesce nella bolla di vetro. Ne tratteggiò la figura da varie angolazioni. Disegnò i particolari delle squame, le nervature delle pinne, i colori del corpo, l'apertura della bocca con i suoi dentini affilati. Riempì molte pagine di disegni e di particolari ingranditi. Poi si presentò da Agassiz che apprezzò molto il suo impegno e lo prese con sé come assistente nel suo laboratorio: aveva imparato cosa volesse dire osservare in modo sistematico.

Tav.14. Metodo significa imparare ad osservare in modo sistematico. La lezione di Louis Agassiz

Per essere intelligenti bisogna saper osservare in modo sistematico (vedi tavola n.14).

Un giorno uno studente tornò a casa con un tema da svolgere: "Descrivete un albero". Gli sembrava così banale e se ne lamentò con il padre: «*Io non so che cosa devo scrivere su un argomento così inutile*». «*Inutile?*» replicò il padre e aggiunse: «*Inutili gli alberi? No, per niente. Ad esempio, un albero può vivere senza di te, ma tu non puoi vivere senza gli alberi*». «*Ma, dai, non scherzare*». «*Non scherzo. Guardati intorno, in questa stanza. In questo momento, dove sei seduto? Su una sedia?». «Bene, chi ne ha fornito il legno?». «L'albero». «Dove è appoggiato il tuo piatto?». «Sul tavolo». «Bene, chi ha dato la materia prima?». «L'albero». «Che cosa succederebbe se nelle colline circostanti fossero abbattuti tutti gli alberi?». «Sarebbe brutto». «Certo. Ma si verificherebbero anche molte frane, cambierebbe il microclima, scomparirebbe la fauna. Forse dovremmo andare a vivere altrove, perché il luogo diventerebbe inospitale. Inoltre, sai distinguere un albero da un altro? Vai a osservare la diversità di foglie, di rami, di corteccia, di frutti. E poi, ha mai sentito il suono di un albero? Com'è il fruscio di un olivo o di un cipresso o di un pino? Da cosa dipende il suo diverso leggerissimo sussurro? E il tipo di legno che utilizziamo per scaldarci, chi ce lo dona? E quale legno è stato scelto per costruire tutti questi mobili? Tutto questo ti sembra inutile e banale?».* Il ragazzo rimase muto, mortificato, e aggiunse solo: «*Ho capito*». Poi nel pomeriggio andò a fare una passeggiata nel bosco in collina e guardò tutto con occhi nuovi. Si era svegliato. Adesso stava imparando a osservare bene il mondo intorno.

Stava imparando a osservare con metodo.

Il metodo di studio indica la capacità di usare bene la propria mente e di rivolgersi delle appropriate autoistruzioni nel settore dell'apprendimento.

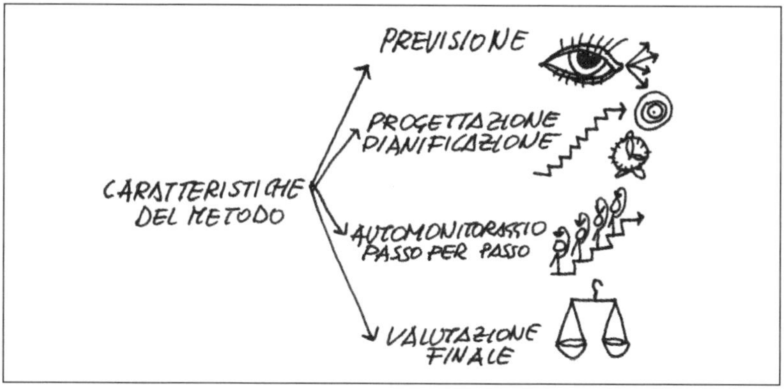

Tav. 15. Caratteristiche del metodo.

2. Le autoistruzioni indispensabili in ogni metodo

Le autoistruzioni presenti in ogni azione realizzata con metodo, riguardano i seguenti aspetti (vedi tavola n. 15):

- *la previsione,*
- *la progettazione o pianificazione,*
- *l'automonitoraggio passo per passo,*
- *la valutazione finale.*

2.1. La previsione

Prima di mettersi a studiare, è utile prevedere le numerose variabili dello studio. Alcune di esse sono le seguenti:

- *tempi (quando e per quanto tempo studiare),*
- *scadenze (compiti, interrogazioni, esami),*
- *materiali e sussidi (libri, appunti, computer, videoregistrazioni di films e di documentari, corsi di istruzione programmata),*
- *risorse (lezioni dell'insegnante, prerequisiti),*
- *scopi (obiettivi immediati, a medio termine, a lungo termine),*
- *costi (sforzi, fatica, impegno),*
- *benefici (vantaggi, incentivi, gratificazioni).*

La capacità di previsione è il presupposto della successiva capacità di progettazione.

Si può procedere in questo modo:

"Che cosa devo studiare? Quanto tempo ho a disposizione? Quali sono i miei prerequisiti (cioè le informazioni che ho già acquisito)? Qual è la mia situazione di partenza in questa materia? Quali obiettivi specifici posso propormi? Quali prestazioni effettive desidero raggiungere? Per quale scopo devo studiare oggi? Dovrò

prepararmi per un compito scritto? Per un'interrogazione orale? Per un test di verifica a risposte multiple? Come posso utilizzare nel modo migliore il mio tempo di studio? Quali difficoltà incontrerò? Qual è il mio atteggiamento emotivo verso questa materia? Mi piace? Possiedo un buon metodo adatto allo studio di questa particolare disciplina? Se procedo in questa direzione, quali conseguenze prevedo? Per scrivere un bel testo (saggio o tema) su questo argomento, di cosa ho bisogno? Dove posso documentarmi? Come posso rendere concreti e tangibili i miei progressi nello studio di questa materia? Come posso essere certo che sto migliorando nella padronanza di questa materia?".

2.2. La progettazione o pianificazione

Dopo aver previsto le numerose variabili dello studio, è necessario stabilire delle priorità e pianificare tempi, tappe, materiali e procedure.

Ad esempio, la strategia del *problem solving* che può essere applicata di fronte ad ogni difficoltà è caratterizzata da una sequenza corretta di attività da svolgere consapevolmente (vedi tavola n. 16).

Il *problem solving* prevede:

1. *L'ascolto dei propri bisogni (e della propria insoddisfazione).*
2. *La definizione di obiettivi specifici.*
3. *La raccolta dei dati per capire e risolvere il problema.*
4. *L'elaborazione di alcune ipotesi di soluzione.*
5. *La scelta di un percorso.*
6. *L'azione guidata dalla consapevolezza e dal metodo.*
7. *La valutazione del risultato.*

Per una progettazione più dettagliata nello studio, si può procedere nel modo seguente con la tecnica dell'automonitoraggio:

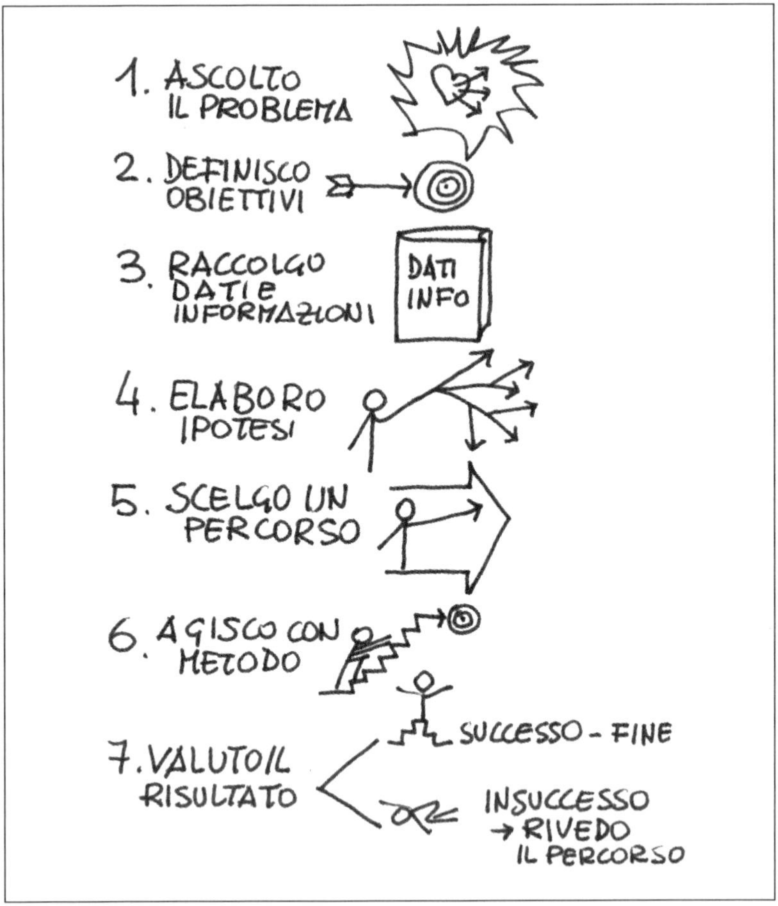

Tav. 16. La sequenza del problem solving *come modello di un buon metodo.*

"Per raggiungere tale risultato devo organizzarmi in questo modo. È necessario studiare dapprima questo argomento, che è basilare, e poi passerò ai successivi, ordinati in sequenza, secondo il grado di difficoltà. Dopo svolgerò le esercitazioni pratiche, per essere certo di aver compreso in modo soddisfacente ciò che ho studiato. Per non arrivare con l'acqua alla gola, all'ultimo momento, è meglio elaborare un piano orario delle ore di studio della

settimana. È opportuno che io definisca il metodo di studio più appropriato in questa situazione e per questa disciplina, perché il metodo di studio adatto in storia è differente da quello che devo usare in matematica. Cosa mi serve per studiare con efficacia e soddisfazione entrambe queste discipline? Devo elaborare una lista di autoistruzioni differenti. Adesso mi metto al lavoro utilizzando le indicazioni di metodo fornite dai miei differenti docenti? Inoltre, devo essere sensibile alle mie condizioni psicofisiche, e, a tal fine, è indispensabile prevedere adeguate pause, per evitare di studiare quando non sono pienamente efficiente. Devo organizzare il mio tempo di studio sulla base del mio ritmo di attenzione e sulla base del mio ciclo veglia-riposo. Se riesco a raggiungere buoni risultati, mi premierò. Se non contengo i miei impegni, recupererò sottraendo tempo allo svago o al divertimento. Ma se mi voglio anche divertire è bene imparare a studiare subito con metodo".

Una buona pianificazione aiuta a visualizzare concretamente gli obiettivi, le priorità, le tappe e le scadenze. Accende il senso di responsabilità verso i propri impegni di studio. Aiuta ad autovalutarsi. Aiuta a prevedere le difficoltà e a ricorrere subito a strategie alternative e creative. Stimola l'elaborazione di autoistruzioni per guidare la propria mente. Incoraggia a suddividere bene gli impegni e a ottimizzare il tempo a disposizione. Evita gli accumuli di contenuti da studiare. Bilancia il tempo di studio con le pause. Rende concreti gli obiettivi da raggiungere ora per ora. Sviluppa la perseveranza e la tenacia. Suggerisce di studiare tutte le materie. Assicura la concentrazione. Stimola l'autovalutazione. Rende molto probabile il successo nell'apprendimento.

Dopo la progettazione, si passa alla fase della realizzazione pratica. Si inizia a studiare concretamente dedicando il giusto tempo di studio. In questa fase è necessario possedere una buona capacità di automonitoraggio.

2.3. L'automonitoraggio

Il termine automonitoraggio significa autocontrollo e autovalutazione costante. L'automonitoraggio significa fare da insegnante a se stessi e rivolgersi delle autoistruzioni corrette ed efficaci (*«Adesso fai così. Adesso controlla. Adesso usa questa regola. Verifica la correttezza della procedura»).* Aiuta ad interiorizzare ed assimilare il metodo per applicarlo poi costantemente come un'abitudine di studio (vedi tavola n. 17).

Tav. 17. Automonitoraggio passo per passo: Come sto studiando adesso? E adesso?

È necessario automonitorarsi passo per passo, cioè, controllare gradino per gradino quello che si sta facendo e, soprattutto, *"come"* lo si sta eseguendo. Quando si studia senza automonitoraggio si verifica frequentemente un calo di attenzione. Quando, invece, si studia con l'automonitoraggio passo per passo, l'attenzione continua a rimanere sveglia e vivace (vedi tavola n. 18).

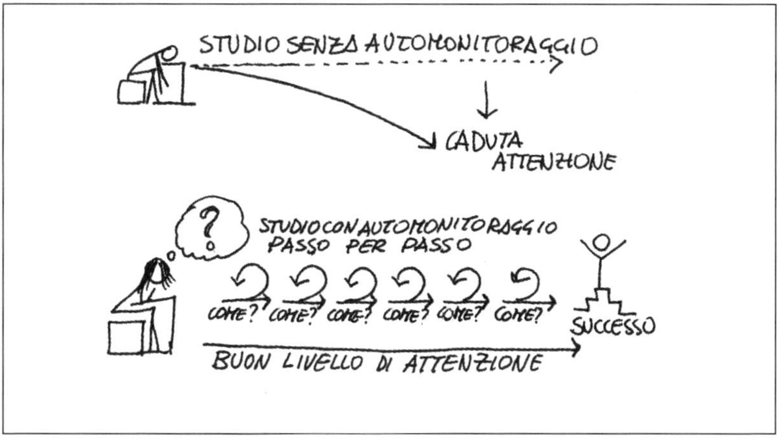

Tav. 18. Con l'automonitoraggio la concentrazione rimane alta. Senza automonitoraggio l'attenzione si affievolisce e scivola nel sonno.

Un esempio dettagliato della tecnica dell'automonitoraggio o autoregolazione cognitiva può essere il seguente:

"In questo momento, la motivazione è alta o bassa? L'autostima è positiva o negativa? Le condizioni psicofisiche sono ottimali? Ho riattivato i prerequisiti? Sono pronto? Va bene. Si parte. Adesso sto effettivamente studiando. Come sto procedendo? Sto utilizzando bene il mio tempo? E adesso cosa sto facendo? Sto raggiungendo i miei obiettivi? Qui sto trovando difficoltà e non so perché. Adesso ho capito: avevo trascurato questo aspetto. Devo stare più attento. Talvolta sono troppo frettoloso e mi capitano delle sviste. A che punto sono? Quanto mi manca per finire? Sento un po' di stanchezza. È meglio fare una breve pausa. Prima però voglio finire questo paragrafo. Adesso mi concedo una pausa. Penso che mi farà bene. Adesso riprendo a studiare. Come mi sento dopo la pausa? Come valuto il mio livello di attenzione? Questo argomento mi sta sembrando difficile. Come posso renderlo più accessibile? Ci sono delle strategie specifiche che posso utilizzare in questo caso? Potrei fare, ad esempio, uno schema dei punti principali che ho sottolineato. Adesso che ho fatto questo schema, come mi sento? Mi sembra di padroneggiare meglio l'argomento. Bene. Continuo

così. Mi sto avvicinando all'obiettivo? Sto raggiungendo il livello di prestazione che avevo stabilito? In questo momento sto incontrando una difficoltà di comprensione. Che cosa faccio? Procedo oltre, sperando di ricevere ulteriori informazioni dal testo o mi fermo finché non ho compreso in modo soddisfacente questo punto? Sono consapevole del fatto che questo brano argomentativo presenta un'elevata complessità concettuale? Come posso schematizzare i dati, i concetti, i principi, le teorie?".

L'automonitoraggio riguarda anche il controllo passo per passo delle varie abilità cognitive come le seguenti: la conoscenza, la comprensione, l'applicazione, l'analisi, la sintesi e la valutazione o capacità di giudizio critico.

"Che cosa conosco di questa disciplina? Conosco i termini o le definizioni più importanti? Ho compreso il significato di questo concetto? Sono capace di ripeterlo o ridirlo con parole mie? Saprei spiegarlo ad un'altra persona? Sono capace di individuare la catena di causa ed effetto di questo procedimento? Sono capace di applicare questi concetti ad altre situazioni o ad altri contesti? Come posso scomporre, distinguere, discriminare gli elementi di questo insieme? Come posso metterli in confronto con questi altri? Come posso ricomporre questi vari elementi? Come posso organizzarli in un sistema coerente? Come posso integrare queste numerose informazioni? Come posso progettare questa ricerca, ristrutturando da un altro punto di vista i dati che ho raccolto? Come posso dare loro una nuova impostazione? Come posso elaborare qualcosa di creativo in questo settore? Come posso giudicare ciò che ho fatto finora? Quali obiezioni potrei rivolgermi rispetto all'impostazione o alle argomentazioni presenti in questo paragrafo, capitolo o libro? Qual è la validità e l'attendibilità di questa mia ricerca?".

Alcuni studenti mi hanno chiesto preoccupati: *«L'automonitoraggio è sempre efficace?». «Perché mi fate questa domanda?». «Perché a me disturba continuare a chiedermi cosa sto facendo e come lo sto svolgendo? Invece di studiare mi perdo e non mi concentro».*

Una precisazione: l'automonitoraggio è necessario nelle difficoltà e di fronte a errori ricorrenti. Serve quando il problema è complicato, il testo difficile da comprendere e quando un precedente compito in classe è stato disastroso. In questi casi è opportuno riflettere e comprendere dove e perché si è bloccati o si è carenti.

Quando, invece, lo studio è soddisfacente e l'apprendimento facile e scorrevole, non è necessario attuare l'automonitoraggio. Nessuno di noi si chiede come sta salendo le scale quando è sano. Ma se il piede è dolorante, sta attento a come lo appoggia a ogni gradino.

L'eccesso di automonitoraggio è rischioso e può portare al blocco dell'azione come è successo al millepiedi che fu confuso e paralizzato dalla domanda: *«Quale piede muovo per primo?».*

L'eccesso di automonitoraggio può aumentare l'ansia e allontanare l'attenzione dalle richieste specifiche del compito da affrontare. La diminuzione di concentrazione fa svolgere il compito molto male. L'eccesso di automonitoraggio è una forma di iper-riflessione su se stessi *("Non mi ricordo niente. Mi sento confuso. Andrà malissimo, lo scommetto!").* Si tratta di una forte sottrazione di energia mentale. La memoria di lavoro si sovraccarica di due compiti: quello di affrontare l'interrogazione o l'esame e quello di sedare l'ansia (vedi tavola n. 19).

La memoria di lavoro (il luogo della mente dove prepariamo la lista dei compiti da svolgere e cerchiamo di assolverli gradualmente) assomiglia alla Ram del computer. Quando tutte le sue risorse sono esaurite a causa dei numerosi "task" (compiti o programmi aperti) il computer si blocca ed esce

Tav. 19. L'eccesso di automonitoraggio crea ansia e riduce la prestazione.

la fastidiosa scritta *"Memoria insufficiente: chiudere una o più applicazioni e ritentare"*.

2.4. Studiare con la doppia mente: la mente esecutiva e la mente regolativa o strategica

La strategia dell'automonitoraggio sviluppa la consapevolezza della potenza della propria mente e dimostra il suo funzionamento autoregolativo (vedi tavola n.20).

Una parte della nostra mente (quella esecutiva) è concentrata a svolgere un'azione, ad esempio, un ritratto o un tema. Un'altra parte (quella metacognitiva) controlla come sta "venendo" il ritratto oppure il tema e suggerisce subito delle correzioni, modifiche e aggiustamenti. L'armonia di queste due parti della nostra intelligenza assicura dei risultati eccellenti a scuola e nella vita.

È stato chiesto a un grande pilota di moto quali fossero i segreti delle sue numerose vittorie. Ha risposto che vi erano almeno due ingredienti fondamentali: l'intelligenza meccanica

Tav. 20. L'automonitoraggio e la percezione della doppia mente: quella esecutiva e quella regolativa o strategica.

e quella strategica. L'intelligenza meccanica gli permetteva di sapere a quale velocità doveva eseguire un determinato percorso. L'intelligenza strategica gli indicava quale furbizia attuare nei confronti dei propri concorrenti. Ecco le sue parole: «*La moto è molto connaturata a me. È quasi un'estensione del mio corpo. Sono talmente abituato a questa interazione, che posso anche lasciarla andare per conto suo, perché so bene come gestirla con piccoli movimenti del corpo. Ho automatizzato questa interazione. Mentre corro, però, uso anche un'altra parte della mia mente, per capire quale strategia devo usare. Alcune volte parto per primo e lascio tutti indietro. Altre volte parto per primo e poi rallento e porto indietro al mio avversario. Poi accelero di sorpresa. Poi di nuovo mi tengo indietro, studiando come guida l'altro e in base a quello che fa, scelgo di usare la strategia che per quel momento è vincente. Ma questo lo posso fare, perché l'altra parte della mia mente, quella meccanica, è automatizzata al massimo livello. Ci vogliono tutte e due per vincere*».

Questo esempio, applicato allo studio, ci fa capire meglio la necessità di combinare bene la mente esecutiva e la mente regolativa o strategica. La mente esecutiva deve automatizzare le informazioni di base, come, ad esempio, le tabelline, le coniugazioni dei verbi, le forme di tutti i duecento verbi irregolari inglesi. La mente regolativa o strategica deve sviluppare le soluzioni metodologiche migliori per permetterci di raggiungere i risultati eccellenti e vincenti.

Per svolgere un buon tema, non basta possedere dei buoni contenuti. Bisogna attivare anche una lista di indicazioni strategiche e tenerle sempre in mente (nella memoria di lavoro) mentre si sta scrivendo, per potersi orientare subito: «*È chiaro quello che ho scritto? Posso renderlo più efficace? È meglio togliere questa ripetizione: quale altro vocabolo sarebbe più pertinente?*». Grazie a questi criteri metodologici, è possibile scrivere bene anche mentre si compone un testo. La mente esecutiva procede con molta sicurezza se è ben guidata dalla mente strategica, che fa da regista, che assegna i ruoli, che dà indicazioni, che richiede modifiche, che impone revisioni, che cancella delle scene, che modifica la sequenza narrativa.

Per rendere strategica la propria mente è indispensabile allenarla a lungo con buone indicazioni di metodo.

Ricordo l'obiezione di uno studente di fronte al mio libro su come scrivere un tema (M. Polito 2003d). Impressionato dalle numerose pagine diceva: «*Ma è assurdo dover leggere 300 pagine su come si fa un tema, se poi io devo scriverne solo tre. Devo sapere tutte queste cose?*». Gli risposi: «*No. Per riempire tre pagine non serve leggere questo libro. Ma, se vuoi scrivere bene, con efficacia, chiarezza ed eleganza è indispensabile conoscere le varie strategie e imparare ad applicarle giorno per giorno. Scegli tra scrivere e scrivere bene. È una tua scelta*».

2.5. La valutazione

Dopo aver finito di studiare, è necessario verificare e valutare subito il risultato raggiunto.

Un esempio di autovalutazione dettagliata può essere la seguente:

"Sono soddisfatto del risultato raggiunto? Quanto mi è costato? Quali vantaggi ho conseguito? Il rapporto costo-benefici, sforzo-risultati è accettabile? Quali argomenti ho afferrato rapidamente e quali ho appreso lentamente? Forse dovrei studiare in modo attivo, cioè imparando, ad esempio, a sottolineare con accuratezza, a prendere appunti, a creare schemi e mappe, a stabilire collegamenti. Ho notato che se studio in modo attivo sono più sveglio e imparo di più. Come posso valutare il mio metodo di studio attuale? È accurato? Disordinato? Soddisfacente? Stimolante? Non sono soddisfatto di questa ora di studio, quindi devo rivedere le mie strategie di studio: è bene che riveda attentamente il modo in cui ho studiato fino a questo momento. Oggi sono contento del risultato del compito: questa volta sono stato in gamba; vedo che studiare in questo modo conduce a risultati molto gratificanti. Ho fatto fatica a comprendere questo capitolo, ma poi ce l'ho fatta prendendo appunti. In questa materia ho un ritmo di apprendimento più lento: penso che dovrei fare in questo modo, per colmare le mie lacune in questo settore dello studio".

La capacità di valutazione consiste nel giudicare:

- *il proprio lavoro ("Ho lavorato bene! Bravo"; oppure "Ho studiato per due ore, ma non mi sento soddisfatto, perché ero stanco e poco concentrato: serve studiare in questo modo?"),*
- *i propri risultati ("L'esame è stato soddisfacente". "Sono riuscito a organizzare dei buoni schemi e mappe concettuali! Ho fatto un buon tema!"),*

- *il proprio ritmo ("Ho fatto molta fatica a capire questo gruppo di concetti!"),*
- *il proprio impegno ("Mi sono impegnato molto!"),*
- *le proprie abilità ("Mi sento un po' carente in questo settore!"),*
- *i propri limiti ("Dovrei colmare le lacune in questa materia!"),*
- *lo scarto tra le attese e i risultati ("Pensavo di riuscire a studiare queste 25 pagine di storia in due ore e ne ho impiegate il doppio. Perché? Come me lo spiego?"),*
- *le proprie risorse ("Adesso possiedo delle buone mappe concettuali in questa disciplina!").*

La valutazione riguarda sia gli aspetti cognitivi, sia gli aspetti motivazionali. I due aspetti non sono separabili (vedi tavola n. 21).

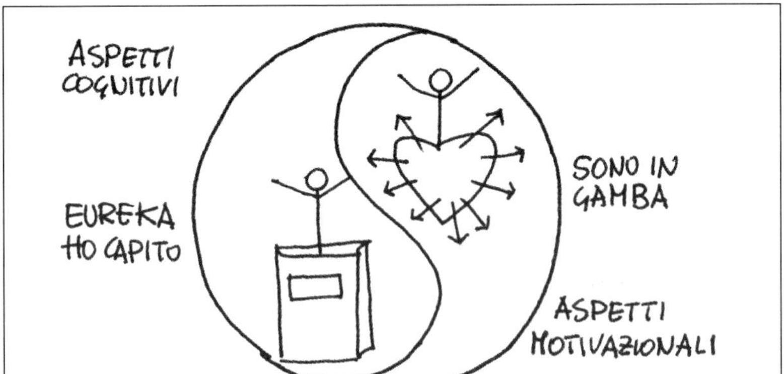

Tav. 21. Aspetti cognitivi e motivazionali dello studio.

Quando uno studente afferma: *«Eureka! Ci sono riuscito! Ho risolto il problema!»,* esprime, da un lato, la soddisfazione cognitiva, ma, dall'altro, anche la soddisfazione emotiva. Si sta gratificando e autorinforzando: *("Sono capace. Sono in gamba!").* La sua autostima cresce e stimola una più forte automotivazione: *"Questa materia mi piace. Ottengo dei buoni risultati. Mi sento capace ed efficiente. Mi piace sentirmi così e voglio continuare a sentirmi intelligente, esperto, competente".*

2.6. Darsi un voto di comprensione ad ogni paragrafo

Di fronte a testi difficili ed impegnativi, è possibile controllare meglio il proprio percorso di apprendimento, assegnando a se stessi un voto di comprensione a ogni paragrafo letto e studiato. Si può procedere in questo modo. Si legge paragrafo per paragrafo e ci si assegna il voto domandandosi: «*Quanto ho capito questo brano?*». Il voto di comprensione può essere insufficiente (5), sufficiente (6), buono (7), molto buono (8) oppure ottimo (9) o eccellente (10) (vedi tavola n. 22).

Alcuni paragrafi riceveranno un voto di comprensione alto, altri basso. Quando è più basso, bisogna chiedersi: «*Perché non sto comprendendo bene?*». Si può rileggere il brano per soffermarsi sui punti più difficili, chiedendo aiuto al vocabolario o, l'indomani, all'insegnante. Con il sostegno del vocabolario e

Tav. 22. Attribuirsi un voto di comprensione ad ogni paragrafo letto o studiato.

con le spiegazioni supplementari del docente è possibile che il voto negativo in un paragrafo possa trasformarsi in positivo.

Con questo metodo di autoregolazione, lo studente si rende conto che la maggior parte dei blocchi di comprensione riguarda le parole difficili o i concetti di cui non si conosce il significato o dei quali non si ha alcuna rappresentazione mentale. Ad esempio, di fronte alla parola "Lebbra" o "Laringe" non viene niente di chiaro in mente.

Dopo aver compreso i termini e i concetti più difficili, bisogna memorizzarli immediatamente, dedicando del tempo alla memorizzazione. Ad esempio, si può ripetere varie volte e in molte tonalità sonore *"Lebbra-Malattia-contagiosa-infettiva-della-pelle, Lebbra-Malattia-contagiosa-infettiva-della-pelle, Lebbra-Malattia-contagiosa-infettiva-della-pelle"*. Oppure *"Laringe-Organo-della-voce-contenente-le-corde-vocali, Laringe-Organo-della-voce-contenente-le-corde-vocali, Laringe-Organo-della-voce-contenente-le-corde-vocali"*.

Ogni materia ha alcune parole specifiche. Se si memorizza il lessico specifico di ogni disciplina, si amplia rapidamente la comprensione del testo.

3. Il quaderno del proprio metodo di studio

È utile predisporre un quaderno in cui raccogliere le proprie osservazioni sul metodo di studio, segnando giorno per giorno le difficoltà, ma anche le regole empiriche che si ritengono efficaci ed adatte al proprio stile cognitivo (vedi tavola n. 23).

Su tale quaderno si possono annotare, ad esempio, le autoistruzioni elaborate per svolgere un tema:

"Quando devo fare un tema la prima cosa a cui devo pensare è se ho compreso bene la richiesta contenuta nel titolo. Dopo devo

Tav. 23. Quaderno del proprio metodo di studio con l'annotazione delle proprie riflessioni quotidiane e strategie.

cercare di rintracciare nella memoria tutto ciò che è pertinente con l'argomento da trattare. È importantissimo abbozzare uno schema delle varie parti del tema. Devo stare attento a scrivere in modo semplice ma vivace. Devo curare l'equilibrio della composizione e l'architettura del paragrafo, ecc.".

L'abilità di automonitoraggio, o di autoistruzione, rende lo studente capace di autoregolazione e lo stimola ad essere più responsabile verso se stesso e più autonomo nello studio.

Il metodo è lo strumento indispensabile per avere successo nel campo del sapere e dello studio. Esso fa risparmiare tempo e fatica ed incrementa notevolmente i risultati scolastici, la stima di sé e la motivazione.

In questo modo si rende visibile e tangibile il proprio metodo di studio e si è in grado di correggerlo, migliorarlo e personalizzarlo.

4. Un esempio di metodo personalizzato

Il filosofo francese, Renato Cartesio (1596-1650) in un libro del 1637, intitolato *"Discorso sul metodo per un retto uso della propria ragione e per la ricerca della verità nelle scienze"*, presenta quattro regole che possono aiutare ognuno a utilizzare bene la propria mente (vedi tavola n.24).

La regola dell'**evidenza**: *"Non devo mai accettare niente per vero, se non ciò che ho riconosciuto come tale. Devo evitare accuratamente la fretta e il pregiudizio. Devo accogliere nella mia mente solo ciò che è così chiaro e distinto da escludere ogni possibilità di dubbio»*.

La regola dell'**analisi**: *"Devo dividere ogni problema complesso nelle sue parti più semplici, per poterlo risolvere meglio»*.

La regola della **sintesi:** *"Devo guidare i miei pensieri in modo ordinato e, procedendo da oggetti semplici e facili a quelli difficili*

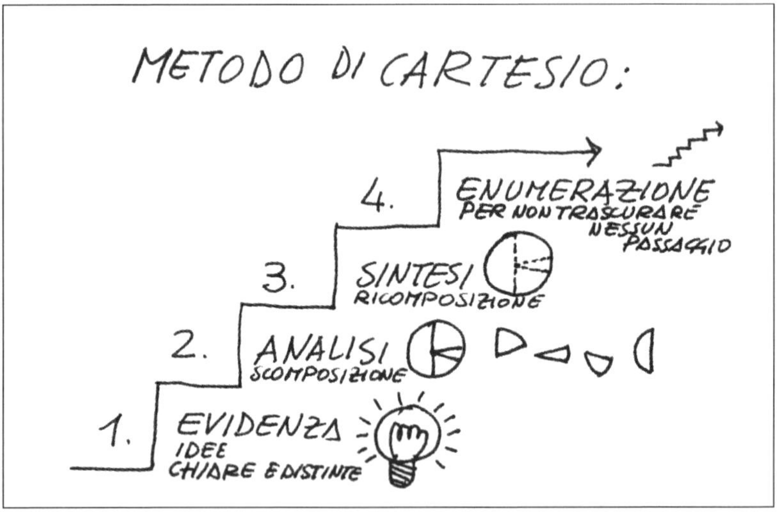

Tav. 24. Le 4 regole del metodo di Cartesio: evidenza, analisi, sintesi, enumerazione.

e complessi, devo salire un poco alla volta, gradino per gradino, nella conoscenza».

La regola dell'**enumerazione** o della revisione finale: *"Devo eseguire delle enumerazioni (revisioni) così complete e delle sintesi così generali, da essere sicuro di non aver tralasciato nulla».*

Se una persona si attiene scrupolosamente a queste regole metodologiche può essere sicura di usare al meglio la propria intelligenza, che ha allenato costantemente con metodo e autodisciplina.

Ognuno, però, deve stilare la propria lista di suggerimenti metodologici per guidare la propria mente.

3 La motivazione verso lo studio

Prima di studiare è indispensabile motivarsi, cioè attivare la voglia di apprendere, di migliorarsi, di diventare sempre più intelligente.

Senza questa necessaria premessa, lo studio diventa improduttivo o è percepito inutile e senza valore. È svalutato, disprezzato, odiato.

Si può studiare in queste condizioni?

No. È impossibile.

Bisogna automotivarsi, altrimenti si sprecano le numerose opportunità offerte dalla scuola e si rischia di rimanere ignoranti e incompleti, con un'alta probabilità di essere presi a calci nel sedere, di essere ingannati, messi nel sacco, presi per il naso, incapaci di farsi rispettare.

La competenza crea rispetto e ammirazione.

Bisogna studiare per diventare competenti. Molto competenti, per realizzare i propri talenti e per dare al mondo il proprio contributo di intelligenza e di creatività.

La motivazione è la spinta che anima e sostiene un comportamento orientato a raggiungere uno scopo significativo e prioritario.

Una forte motivazione stimola un comportamento deciso e focalizzato allo scopo, mentre una debole motivazione produce un comportamento incerto e confuso (vedi tavola n. 25).

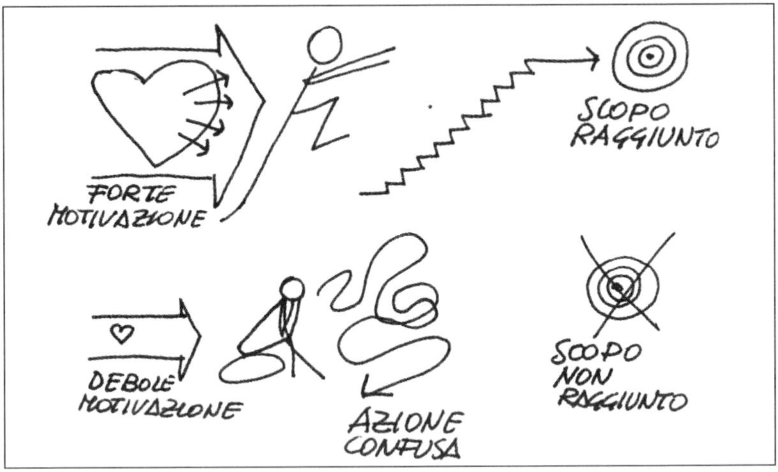

Tav. 25. Motivazione forte ed azione efficace.

Una grande motivazione *(«Voglio diventare più intelligente e competente»)* fa riversare nello studio un forte interesse, un'intensa voglia di apprendere, una solida tenacia di fronte alle difficoltà. In definitiva, una forte motivazione conduce al successo e alla gratificazione nello studio.

La motivazione, inoltre, determina ciò che si deve ricordare e ciò che si può dimenticare. Si ricorda più facilmente ciò che interessa, ciò che piace, ciò che ha senso, ciò che è utile (vedi tavola n. 26).

Si dimentica più facilmente ciò che è noioso, ciò che non piace, ciò che appare senza senso, ciò che è inutile. In altri

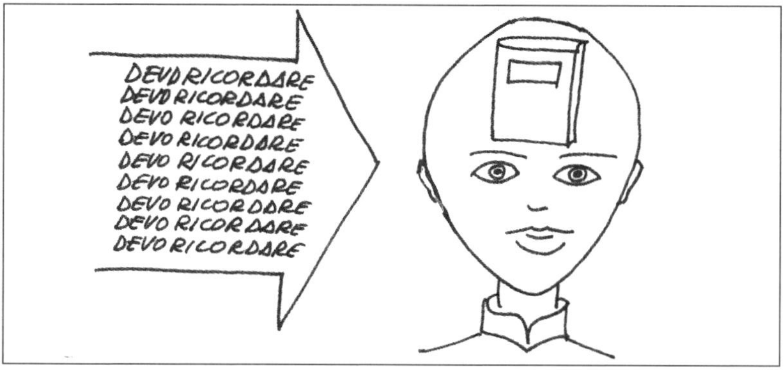

Tav. 26. La motivazione a ricordare.

termini, si dimentica facilmente quando non si è motivati a ricordare, perché, in tal caso, le informazioni apprese perdono importanza e rilievo e vanno a finire sullo sfondo della nostra memoria.

In breve, solo la motivazione, accompagnata dal metodo e da strategie efficaci, garantisce con certezza il successo nello studio.

1. Dare senso e valore allo studio

Molti studenti non studiano o smettono di studiare, perché non capiscono (non riescono a capire) perché siano costretti a studiare certi argomenti: «*A cosa mi serve conoscere tutte le guerre che hanno fatto i Greci e i Persiani. Mi servono a capire il mondo di oggi? Dei Greci interessa approfondire la loro civiltà, la loro cultura, la loro arte, che è molto raffinata. Ma ricordare tutte quelle date, quei luoghi, a cosa mi serve? In quinta elementare ho dovuto memorizzare una lunga serie di guerre di conquista intraprese dai Romani. Adesso non ricordo più niente e non mi interessa più conoscerle. Ho perso tempo a studiare cose che ho dimenticato completamente. Che ne è stato del mio tempo? Chi me lo ridà? Perché devo studiare qualcosa che non mi servirà? Ho chiesto anche ad un docente di storia se ricorda tutte le date che ha studiato all'università e mi risposto di no. Ricorda solo quelle più importanti. Perché allora ci tormentano tanto con tutte queste nozioni. Perché non ci spiegano quello che serve sul serio? Perché non ce lo dimostrano che servono su serio? Sono capaci di convincerci?».*

Per studiare bene bisogna riuscire a collegare lo studio alla propria vita. Se non si riesce, non si raggiungono buoni risultati.

Per studiare con soddisfazione e motivazione, bisogna chiedersi continuamente: *«A che cosa mi serve studiare questa disciplina o questo argomento? In che modo mi serve per capire il mondo di oggi? In che modo posso migliorare il mondo conoscendo bene questi concetti?».*

Una buona risposta a queste domande di senso fa rianimare anche lo studente più scoraggiato e spento.

2. I fattori della motivazione verso lo studio

I fattori che creano una forte motivazione verso lo studio sono numerosi.

Facciamo una breve lista:

- *il desiderio di imparare e la conseguente considerazione positiva, o valorizzazione, dello studio come una grande opportunità per diventare più competenti e intelligenti,*
- *il desiderio di fare bella figura e di impressionare gli altri,*
- *il desiderio di competere con se stessi ("Sono in gamba o no?"),*
- *il desiderio di avere successo e di eccellere sugli altri, oppure il desiderio di dimostrare agli altri il proprio valore ("Vi farò vedere io di cosa sono capace"),*
- *il desiderio di compensare le frustrazioni ("Non riesco in questo campo, ma riuscirò nello studio"),*

- *il desiderio di ricevere gratificazioni dal proprio ambiente familiare e sociale,*
- *il "dover" sostenere un esame o un'interrogazione (talvolta, senza lo stimolo di un'interrogazione o di un esame, si studia di meno o molto poco),*
- *le buone abitudini di studio,*
- *il precedente successo («Sono in gamba perché sono riuscito in questo esame molto difficile!») o insuccesso scolastico («È andata male, ma adesso rimedio studiando meglio»),*
- *la consapevolezza delle proprie attitudini ("Riesco bene in quasi tutte le materie"),*
- *l'interessamento della propria famiglia,*
- *la personalità dell'insegnante ("È un insegnante che ti fa amare la materia che insegna"),*
- *l'organizzazione didattica della scuola che si frequenta,*
- *la motivazione degli insegnanti.*

Ognuno di questi fattori incide sulla motivazione di uno studente, in modi ed in gradi diversi.

3. Motivazione intrinseca ed estrinseca

Si distinguono due tipi di motivazione: quella interna o intrinseca e quella esterna o estrinseca.

La motivazione intrinseca scaturisce dai valori e dagli interessi dello studente *(«Voglio diventare competente ed esperto in questa disciplina»);* la motivazione estrinseca scaturisce da stimoli esterni *(«Devo studiare altrimenti i miei genitori mi ossessionano e mi tormentano»),* che, spesso, coinvolgono superficialmente la personalità di uno studente (vedi tavola n. 27).

La motivazione interna è intrecciata con il desiderio di automiglioramento, con il piacere di apprendere, con la curiosità di scoprire nuove soluzioni, con l'eccitazione dell'autocompetizione (sfida con se stessi), con l'obiettivo dell'autorealizzazio-

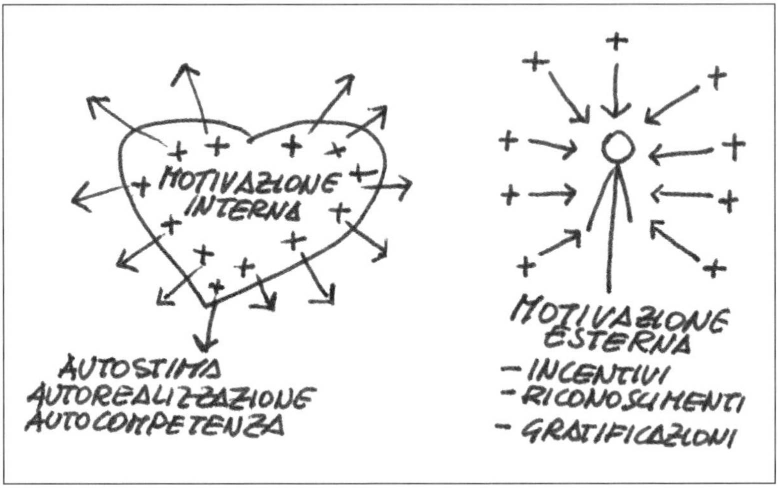

Tav. 27. Motivazione interna e motivazione esterna.

ne (sviluppando i propri talenti) e del proprio progetto di vita (*«Da grande voglio diventare…»*).

La motivazione esterna è intrecciata con la necessità di evitare rimproveri e punizioni, con la pressione a compiacere gli altri, con la bramosia di esibirsi e di fare bella figura, col bisogno di ricevere lode e approvazione, con la smania di competere con gli altri.

Di fronte alle frustrazioni o alle distrazioni, la motivazione interna è più resistente di quella esterna.

4. La forza della motivazione

Una forte motivazione è indispensabile, soprattutto, quando si incontrano ostacoli, difficoltà e frustrazioni. Le difficoltà nello studio sono inevitabili, perché lo studio implica la fatica, l'impegno e lo sforzo. Per affrontare tali difficoltà si può agire in due direzioni: migliorare il proprio metodo di studio e accendere la motivazione o la voglia di studiare.

È necessario chiedersi:

"Quanto mi interessa ciò che sto facendo? È veramente importante per me? Quanto è importante?".

Anche i docenti sono responsabili della motivazione dei propri studenti. Il loro entusiasmo per la materia che insegnano, la loro passione educativa per farla apprendere bene, la loro abilità didattica per accompagnare gli studenti, passo dopo passo, nella padronanza della propria disciplina, la loro sensibilità ed empatia nell'incoraggiare, sostenere, aiutare, sono strategie motivazionali di grande impatto per ogni studente.

I docenti devono, prima di tutto, motivare ed entusiasmare verso ciò che insegnano e solo dopo possono far apprendere con efficacia e soddisfazione.

Solo se si riesce a fare emergere una forte motivazione, è possibile affrontare agevolmente le difficoltà.

Agendo sulla motivazione, si può modificare il peso e la dimensione delle difficoltà di studio: esse potranno sembrare più semplici e più facili da affrontare e risolvere.

Con un'alta motivazione, le difficoltà sono percepite come risolvibili. Con una bassa motivazione, le difficoltà sembrano insolubili e sono accompagnate da sensazioni di sfiducia e di autosvalutazione: *"Non ce la faccio! Non ce la farò mai"*.

In breve: non sono le difficoltà che inibiscono una persona, ma lo scarso livello di autostima, la debolezza della motivazione e la povertà delle risorse.

Quando si è motivati, le difficoltà sono percepite come opportunità di automiglioramento e non come minaccia di fallimento.

5. Alcune indicazioni per automotivarsi verso lo studio

Come si può raggiungere un'alta motivazione?

Alcune indicazioni per automotivarsi verso lo studio, con la tecnica del *"dialogo interiore"* o capacità di autoistruzione, sono le seguenti: curare l'autostima, valorizzare lo studio, elaborare un autocontratto di impegno con se stessi, pianificare lo studio, automonitorarsi passo per passo, elaborare un piano per autorinforzarsi.

5.1. Curare l'autostima

"È necessario che io mi liberi dalle immagini negative di me stesso come persona e di me stesso come studente. Devo cercare di sostituirle con immagini positive (vedi tavola n. 28). Devo curare la mia autostima: se è alta, mi sento capace e ciò aumenta la probabilità di avere successo; se è bassa, sento che non ce la farò mai e che sono una delusione e così allontano da me la probabilità di avere successo. È necessario che io impari ad interrompere, con la tecnica delle autoistruzioni positive, il circolo vizioso del dialogo interno dell'insuccesso."

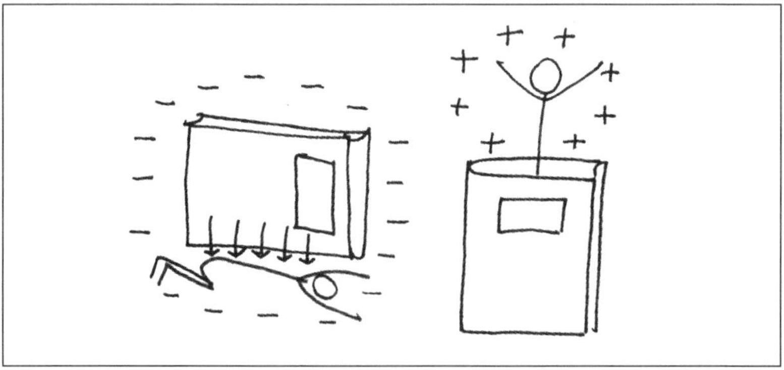

Tav. 28. Curare l'autostima.

Chi studia di più? Chi si sente un fallito o chi è convinto che può migliorare e ci riesce giorno per giorno? (Vedi tavola n. 29)

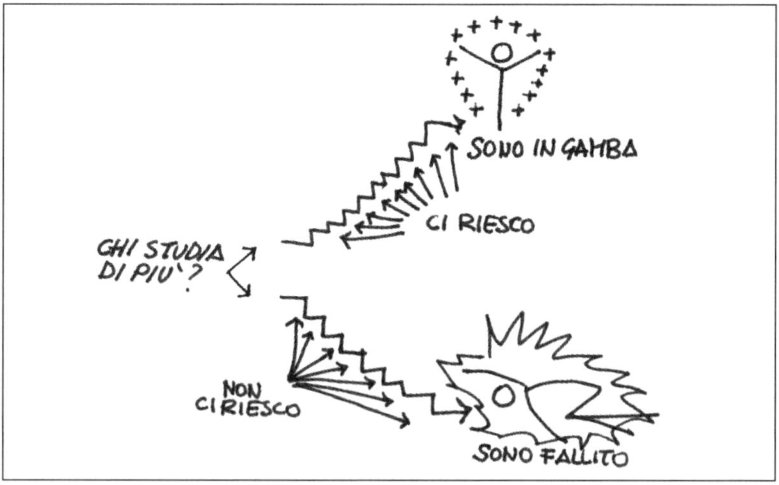

Tav. 29. L'autostima come forza motivazionale.

5.2. Questionario sull'autostima

Lo studente che vuol conoscere in modo dettagliato come sia il livello della propria autostima, può compilare il seguente "Questionario sull'autostima" e osservare il risultato percentuale che emerge. Il punteggio sotto il 30% è insufficiente. Dal 30 al 50% è sufficiente. Dal 50 al 70% è buono, dal 70 al 90% è molto buono, quando è superiore al 90% è ottimo. Quando si avvicina al 100% è eccellente.

Si può usare questo strumento varie volte durante l'anno scolastico e nei successivi percorsi di studio.

L'autostima, infatti, incide sull'apprendimento, sulla motivazione e sul successo a scuola e nella vita.

Le domande del Questionario possono essere analizzate nel dettaglio nelle seguenti cinque sottoscale:

AEF = Sensazione di autoefficacia (1,2, 9, 10, 13, 19, 22).
ASP = Livello di aspirazione (3, 5, 12, 30).
ASS = Auto-sostegno ed auto-incoraggiamento (11, 23, 24, 25, 27).
IPO = Immagine di sé positiva (6, 14, 17, 18, 21, 26, 28,29).
VOL = Forza di volontà (4, 7, 8, 15, 16, 20).

QUESTIONARIO SULL'AUTOSTIMA

Istruzioni. Si può scegliere tra le quattro possibilità della scala di valutazione: 0 = no o per niente, 1 = un po', 2 = abbastanza, 3 = molto

Sono capace di svolgere bene ciò che faccio o intraprendo.	0 1 2 3
Sento di essere capace di influire sugli eventi della mia vita.	0 1 2 3
I miei obiettivi sono importanti e significativi.	0 1 2 3
Mi impegno a raggiungere gli obiettivi che mi sono prefissato.	0 1 2 3
Immagino di riuscire e di avere successo.	0 1 2 3
Ho fiducia nelle mie capacità.	0 1 2 3
Sono capace di autocontrollo.	0 1 2 3
Di fronte a situazioni difficili mi impegno a superarle.	0 1 2 3
Riesco a prevedere gli eventi.	0 1 2 3
So anticipare le conseguenze delle mie azioni.	0 1 2 3
Cerco di imparare dai miei errori.	0 1 2 3
Mi piace confrontarmi con compiti impegnativi.	0 1 2 3

Riesco a migliorare i miei risultati scolastici.	0 1 2 3
Mi sento ingegnoso.	0 1 2 3
Sono perseverante e tenace.	0 1 2 3
Di fronte alle difficoltà mi faccio forza e mi incoraggio.	0 1 2 3
Sono soddisfatto del mio impegno scolastico.	0 1 2 3
Sento che posso migliorare la mia intelligenza con l'impegno.	0 1 2 3
So controllare e guidare la mia attenzione.	0 1 2 3
Sono capace di resistere allo sforzo.	0 1 2 3
Sono soddisfatto dei miei risultati scolastici.	0 1 2 3
Quando studio utilizzo un buon metodo di studio.	0 1 2 3
Di fronte ad un errore cerco di comprendere la causa e di correggermi.	0 1 2 3
Quando studio cerco di darmi delle istruzioni corrette ed efficaci.	0 1 2 3
Quando studio so pormi degli obiettivi chiari.	0 1 2 3
Sono soddisfatto del mio metodo di studio.	0 1 2 3
So come superare i miei limiti e carenze.	0 1 2 3
I miei insegnanti mi stimano.	0 1 2 3
I miei compagni mi stimano.	0 1 2 3
Apprezzo il valore dello studio, della scuola e della cultura.	0 1 2 3
Punteggio grezzo	
Percentuale = Punteggio grezzo per 100 diviso 90	

5.3. Visualizzarsi positivamente

"Devo imparare a visualizzare con chiarezza i risultati positivi che mi aspetto e imparare quasi a pregustarli: in questo modo mi sento maggiormente motivato a raggiungerli. «Non si tratta di esaltarmi, ma di incoraggiarmi, di pensare positivo, di riconoscere con lealtà pregi e difetti, di rialzarmi dopo ogni caduta»".

5.4. Valorizzare lo studio

"Devo valorizzare lo studio, la scuola e la cultura. Solo se riesco a valorizzarli come opportunità per diventare più competente, riesco a concentrarmi e a impegnarmi. Devo riuscire a inserire il valore dello studio all'interno dei miei valori esistenziali, di autorealizzazione dei miei talenti, e di contributo professionale alla società che si sta prendendo cura di me. Pertanto, non devo studiare solo per trovarmi un lavoro, ma devo studiare per scoprire il piacere di apprendere, di migliorarmi, di coltivare i miei talenti, di realizzare i miei sogni e il mio progetto di vita."

5.5. Curare il proprio portfolio inserendovi le competenze migliori

Per motivarsi a studiare, si può utilizzare lo strumento concreto del «Portfolio» (J. Zubizarreta 2009), che è un contenitore delle opere migliori di una persona. Un artista vi deposita i suoi quadri più belli, un architetto vi colloca i suoi progetti, un musicista i suoi spartiti, un regista i suoi video.

Uno studente può cominciare a raccogliere i suoi successi scolastici: i voti, i diplomi, le borse di studio, la patente del computer. Può aggiungervi la foto della vittoria della propria squadra, l'attestato di partecipazione a un training sulle abilità sociali, il corso di teatro, di danza, di clownerie. Vi può depositare i migliori compiti scolastici nelle varie materie. Può inserire le sue tesine, ricerche e mappe concettuali. Può tenere nota delle sue pagelle e dei vari giudizi espressi dai docenti anno per anno. Può raccogliere pensieri e massime di vita per orientare meglio il proprio comportamento (vedi tavola n.30).

Può cominciare a delineare il profilo della sua personalità «*Mi presento. I miei valori. I miei interessi. I miei punti forti. I miei difetti*». Può descrivere i suoi progressi a scuola: «*Oggi sono*

Tav. 30. Documentare la propria crescita nel Portfolio delle proprie competenze migliori.

riuscito a parlare in inglese per 15 minuti senza fermarmi. Bellissima sensazione». Può esplorare e coltivare i propri talenti. Può depositarvi i suoi progetti. I sogni nel cassetto. I suoi spunti creativi per realizzare "brevetti" scientifici e tecnologici.

Quando il portfolio si gonfia, lo studente può sfoltirlo, togliendo alcuni attestati e lasciando le opere migliori e i progetti che egli sente più affini alla propria personalità. Sfogliando questi successi, può sviluppare un'autostima forte, realistica, conquistata eroicamente ogni giorno. Può osservare la propria crescita e trasformazione, diventando più consapevole del proprio progetto di vita. Può sentirsi più sicuro per coltivare i propri talenti e per affermarsi poi sul piano sociale.

Una persona così consapevole non ha bisogno di raccomandazioni né di copiare agli esami, perché è una persona forte, buona e giusta. Lo studio è diventato per lui una palestra per la mente, per il cuore, per il carattere.

5.6. Elaborare la lista delle proprie motivazioni per studiare

L'automotivazione è un'abilità fondamentale del successo a scuola. Quando uno studente sa motivarsi, vola verso le vette del sapere e delle competenze professionali.

Senza motivazione tutto diventa insopportabile.

Gli studenti non apprendono quando non vedono il legame tra lo studio e la "loro vita". Non imparano perché non attribuiscono valore allo studio. Hanno un grande bisogno di essere accompagnati dai docenti, dai genitori e dall'intera comunità a valorizzare lo studio per sviluppare la propria personalità, per dare il proprio contributo professionale alla comunità in cui si è cresciuti, per realizzare il proprio progetto di vita.

Bisogna curare ogni giorno le motivazioni per studiare, specialmente nei momenti di abbattimento.

Ecco una lista di motivazioni, che ogni studente può arricchire in modo personale.

Studiare mi serve per…

- *Essere padrone di me stesso.*
- *Crescere nel corpo e nella mente.*
- *Scoprire il mondo.*
- *Capire il meccanismo delle cose.*
- *Imparare a leggere nel libro della natura.*
- *Acquisire sicurezza e autonomia.*
- *Affermarmi nella vita senza ricorrere all'aiuto di altri.*
- *Non farmi imbrogliare.*
- *Non essere umiliato. Non prendere calci nel sedere.*
- *Non restare ignorante.*
- *Non essere preso in giro.*

- *Essere libero. Emanciparmi. Non essere schiavo di nessuno.*
- *Imparare a studiare. La conoscenza è la vera ricchezza.*
- *Valutare criticamente la realtà.*
- *Ragionare bene.*
- *Essere utile agli altri con il mio sapere e le mie competenze.*
- *Comunicare con gli altri e comprenderli meglio.*
- *Realizzare le proprie potenzialità*
- *Nutrire i pensieri e l'anima.*
- *Realizzare i miei sogni e desideri più profondi.*
- *Sognare un mondo migliore.*
- *Staccarsi dalle frustrazioni quotidiane.*
- *Crescere dentro.*
- *Conoscermi davvero.*
- *Leggere, comprendere e interpretare il mondo circostante.*
- *Vivere la mia vita da protagonista.*
- *Arricchire la mia esperienza.*
- *Rispondere alle mie domande esistenziali.*
- *Coltivare i miei talenti. Sentirmi bravo e competente.*
- *Soddisfare la mia curiosità.*
- *Raggiungere gli obiettivi che mi sono prefissato.*
- *Arricchire la mia intelligenza.*
- *Diventare "cittadino del mondo".*
- *Non essere comandato dagli stupidi, dagli incompetenti, dai prepotenti.*
- *Non finire in mezzo alla strada a combinare guai.*
- *Non essere un anonimo.*
- *Corteggiare le ragazze anche con l'intelligenza.*
- *Dire al mondo che ci sono anch'io.*
- *Essere stimato e rispettato dagli altri.*
- *Essere libero dai vari condizionamenti.*
- *Avere più scelte e più opportunità di lavoro.*
- *Viaggiare e conoscere il mondo.*
- *Fare carriera.*
- *Guadagnare bene.*
- *Pensare liberamente e affermare il mio punto di vista.*
- *Studio per vivere meglio.*

Ho sentito alcuni studenti che, di fronte a questa lista, hanno dichiarato: *«È incredibile. Non avremmo mai pensato che ci fossero così tanti motivi per studiare. Se sono così tanti, allora è più facile impegnarsi nello studio»*.

5.7. Elaborare un autocontratto

Un autocontratto è un impegno preso con se stessi che sviluppa il senso di responsabilità e di autodisciplina (vedi tavola n. 31).

Tav. 31. L'autocontratto per essere responsabili verso se stessi e verso la propria crescita.

"In questa settimana mi impegno a studiare in questo modo, utilizzando questo tempo; voglio raggiungere questi risultati; se, alla fine della settimana, o alla scadenza di questa data, sarò riuscito a mantenere questo impegno, mi premierò in questo modo. Se non manterrò fede a questo mio impegno, mi toglierò questo premio o beneficio. In questo modo mi è più facile esercitare l'autocontrollo, concentrarmi nello studio, affrontare i conflitti tra motivazioni, come, per esempio, il conflitto tra il volermi divertire e il dover studiare."

5.8. Pianificare le attività di studio

"È utile pianificare le mie attività di studio. Devo fare un'accurata diagnosi di ciò che mi serve per essere efficiente nello studio e devo elaborare delle strategie per studiare con successo e soddisfazione. Devo fissare obiettivi realistici e devo verificare i risultati. Devo stabilire delle priorità. Quali sono gli obiettivi immediati? Quali sono gli obiettivi a medio termine e quali sono gli obiettivi a lungo termine o finali? Devo diventare consapevole di tutto ciò che comporta lo studio: investimento affettivo, metodo, materiali e strumenti, contenuti e strategie. Il fatto che sia io a gestire il mio tempo di studio, aumenta il senso del controllo ed è gratificante perché mi sento autonomo, responsabile verso me stesso e capace di prendere decisioni che riguardano la mia vita."

5.9. Allenarsi ed esercitarsi con lo studio personale.

Gli studenti (M. Polito 2010) sono abbastanza convinti della necessità dell'esercizio e dell'allenamento, ma poi trascurano di dedicare un tempo adeguato allo studio personale per assimilare quello che hanno appreso. Riconoscono il valore dello studio personale per rinforzare ciò che hanno imparato in classe, per controllare come l'hanno appreso e per esercitarsi nell'applicazione pratica. Ma quando si tratta di studiare o di svolgere i compiti per casa, questa convinzione teorica si frantuma e precipita a livelli molto bassi. Così facendo, è altissimo il rischio di non ricordare nulla dopo un po' di tempo, anche se, in precedenza, tutto è stato compreso bene in classe.

È necessario coltivare in se stessi un maggiore entusiasmo verso lo studio personale.

Infatti, l'esercizio, l'allenamento regala molti doni.

Eccone alcuni.

L'esercizio nello studio personale regala:

- *Sicurezza.*
- *Serenità. Tranquillità. Allontanamento dell'ansia.*
- *Autostima. Fiducia.*
- *Sensazione di competenza.*
- *Soddisfazione nel sentirmi capace.*
- *Consapevolezza di ciò che sono e di ciò che posso.*
- *Superamento dei miei limiti precedenti.*
- *Autonomia.*
- *Entusiasmo.*
- *Rimotivazione.*
- *Precisione.*
- *Consolidamento dei concetti che ho appreso.*
- *Chiarezza di idee.*
- *Voglia di continuare nella strada intrapresa.*
- *Abitudine alla disciplina. Autodisciplina.*
- *Acquisizione di un buon metodo.*
- *Elasticità mentale.*
- *Padronanza nelle varie materie scolastiche.*
- *Positività e ottimismo.*
- *Sensazione di essere più esigente con me stesso.*
- *Gioia di apprendere ogni giorno qualcosa di nuovo.*
- *Mi insegna a vivere.*

5.10. Automonitorarsi

"La conoscenza immediata dei risultati del mio studio mi aiuta ad autoregolarmi più rapidamente e rinforza i comportamenti che hanno avuto successo. Devo usare l'automonitoraggio passo per passo. Devo controllare spesso il mio livello di attenzione per studiare nelle condizioni migliori. Ogni tanto devo fermarmi, per fare delle pause di riflessione e per verificare come sta procedendo il mio studio. È utile segnare su un foglio i passi di avvicinamento alla meta: metterò una crocetta per ogni cinque pagine studiate e memorizzate efficacemente. Così vedrò concretamente come sta

procedendo il mio metodo di studio. Ho notato, infatti, che studio di più e meglio quando vedo che mi sto avvicinando alla meta: la visione del traguardo mi carica positivamente. Invece mi scoraggio e studio molto meno, quando vedo la meta molto lontana o irraggiungibile (vedi tavola n. 32)."

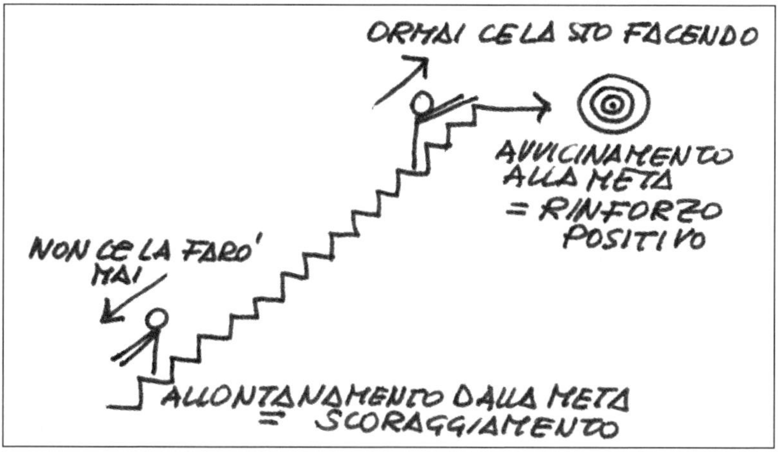

Tav. 32. L'avvicinamento alla meta come rinforzo e l'allontanamento dalla meta come scoraggiamento.

5.11. Autorinforzarsi

"Per tenere alta la mia motivazione devo predisporre un piano di autorinforzi: un autorinforzo passo per passo mentre studio ed un autorinforzo finale se conquisterò buoni risultati (vedi tavola n. 33). Se avrò successo, è giusto valorizzarmi ripetendomi mentalmente che sono stato in gamba e che posso essere soddisfatto di me. Se avrò un insuccesso mi devo incoraggiare. Con l'autorinforzo potrò affrontare efficacemente frustrazioni, insuccessi e difficoltà, e potrò acquisire stabilmente le virtù della costanza, tenacia, perseveranza, forza di volontà. Devo elaborare tale piano di autorinforzo nell'autocontratto".

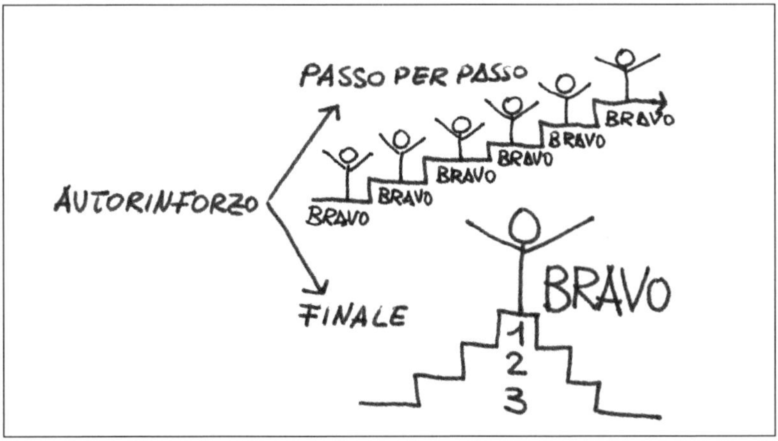

Tav. 33. L'autorinforzo lealmente conquistato crea un'autostima solida ed una motivazione rigogliosa.

6. Motivazione e successo

La motivazione cresce quando si ha successo e decresce con l'insuccesso (vedi tavola n. 34).

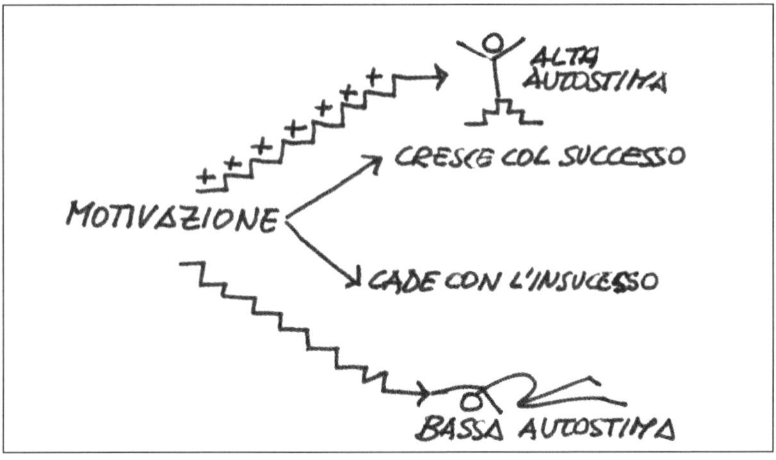

Tav. 34. Motivazione e successo. La motivazione cresce col successo passo per passo e diminuisce con continui insuccessi e frustrazioni.

Il successo è un rinforzo positivo dell'autostima *("Sono in gamba")*. L'insuccesso è generalmente una minaccia per l'autostima *("Sono un fallito")*. Il successo crea un forte legame tra l'esperienza positiva del passato e l'aspettativa di nuove conquiste e stimola una persona a conseguire altri successi futuri.

L'insuccesso crea un circolo "vizioso" (vedi tavola n. 35): insuccesso → bassa autostima → disinteresse → nuovo insuccesso →una più bassa autostima → disinteresse → nuovo insuccesso.

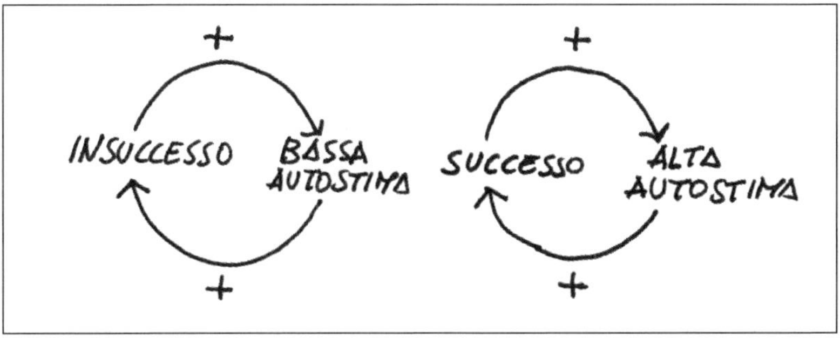

Tav. 35. Relazione tra successo, insuccesso e autostima.

Il successo crea un circolo "virtuoso": tra situazione di successo → concetto positivo di sé → entusiasmo → aspettativa di nuovo successo → raggiungimento di un nuovo successo → maggiore autostima → maggiore entusiasmo → maggiore investimento → nuovo successo → migliore autostima.

La tendenza al successo scolastico dipende dalla forza della motivazione, dalla probabilità di successo, dagli incentivi, dai rinforzi positivi o riconoscimenti raggiunti.

Per far emergere la voglia di studiare è necessario sperimentare, oltre lo sforzo, anche il successo come studente *("Ho preso un bel voto")* e come persona *("Sono un ragazzo dotato")*. La voglia di studiare svanisce quando si sperimenta una lunga serie di insuccessi scolastici, che minano l'autostima di se stessi come studenti e come persone.

6.1. Che cosa fare di fronte ad un insuccesso scolastico?

Innanzitutto è necessario evitare di negare la realtà dicendo che non è successo nulla. Un compito disastroso o una bocciatura devono essere valutati seriamente.

È necessario chiedersi a che cosa possa essere attributo l'insuccesso scolastico. Poco impegno? Poco studio? Scarse abilità? Mancanza di basi? Conoscenze frammentarie? Assenza di metodo? Bassa autostima? Deboli motivazioni? Svalutazione dello studio, della scuola e della cultura? Ansia? Angoscia? Depressione? Ribellione? Disorientamento esistenziale?

Le molteplici ragioni di un insuccesso scolastico devono invitare alla calma e alla riflessione. Un problema complesso richiede un'ampia diagnosi e una terapia articolata.

Subito dopo bisogna intervenire in modo mirato, ricorrendo alle strategie più efficaci, che riguardano: la motivazione, il metodo di studio e l'autostima.

7. Il conflitto tra opposte motivazioni

Il tipo più frequente di conflitto tra opposte motivazioni (vedi tavola n. 36) è quello tra il dovere *("Devi studiare, perché devi studiare. Se non studi sarai punito e penalizzato")* ed il piacere *("Non è divertente studiare. Lo studio è faticoso. Voglio divertirmi.").*

Altri conflitti sono i seguenti: il conflitto tra l'impegno e la paura di non farcela *("Devo fare questo esame, ma ho paura di non riuscire a superarlo");* tra lo sforzo e la sensazione di incapa-

Tav. 36. Conflitto tra motivazioni.

cità *("Devo studiare, ma mi sento una frana. Sono stupido. Non ho le capacità.")*.

In un conflitto tra opposte motivazioni, prevarrà naturalmente la più forte; qualunque essa sia, ma la più forte.

Il modo migliore per risolvere i conflitti tra le diverse motivazioni è quello di favorire, dentro di noi, una *"democratica discussione"*, chiedendosi:

"Cosa voglio? Cosa voglio veramente? Cosa voglio più di tutto? Voglio questo, ma anche quest'altro! Come posso equilibrare queste diverse e contrastanti esigenze? Penso che sia meglio fare prima questo che è più importante o urgente e poi farò quest'altro!"

Attraverso tale democratica discussione, si potranno chiarire i vantaggi e gli svantaggi di ogni esigenza in conflitto, i costi e i benefici; gli aspetti positivi e quelli negativi, gli aspetti necessari e quelli superflui.

Bisogna parlare a se stessi e scegliere cosa sia meglio fare, ascoltando le varie esigenze o voci della propria personalità.

Con la tecnica del dialogo interiore di *"contrattazione delle parti in conflitto"* (vedi tavola n. 37), si permette a se stessi di ascoltare le ragioni di ogni parte della propria personalità e le obiezioni delle altre parti; alla fine, dopo il dibattito interno, sarà più facile trovare una soluzione di chiarificazione o di compromesso.

Tav. 37. La contrattazione fra le parti in conflitto.

8. Prima lo sforzo, poi il premio

Di fronte ad un conflitto tra motivazioni contrapposte (Dovere-Piacere), è bene fare dapprima ciò che è meno piacevole *("Prima studio, poi mi diverto")* e dopo quello che è più piacevole. In tale sequenza, l'attività piacevole che viene dopo lo sforzo può essere "percepita" come "premio" per l'autodisciplina e autocontrollo esercitati su se stessi *("Sono stato bravo.*

Adesso, però, mi diverto). La sequenza inversa *("Prima mi diverto e poi studio")* induce a rimandare gli impegni con il rischio di non eseguirli mai.

9. Fare prima le cose più sgradevoli

Alcuni studenti sono disponibili a studiare solo ciò che piace e sono poco equipaggiati ad affrontare le situazioni difficili dello studio. Pensano che sia possibile evitare sempre le cose spiacevoli, ma è solo un desiderio infantile che si infrangerà di fronte agli urti scomodi della realtà. Per diventare adulti bisogna attrezzarsi per affrontare sistematicamente difficoltà, ostacoli, frustrazioni e imprevisti.

Una buona strategia è quella dell'eroismo che consiste nell'affrontare e risolvere, per prime, proprio le attività più difficili o sgradevoli.

Quali sono i vantaggi di questa strategia?

Il più grande vantaggio è che aumenta la sensazione di controllare meglio la propria vita: ci si sente protagonisti delle proprie scelte. Ogni prova superata rende più forti. Inoltre, si toglie di mezzo una seccatura e si ha la mente libera di dedicarsi ad altro. Infine, dopo aver svolto le attività difficili, quelle più facili diventano gratificanti e sono percepite come premio. Il principio di Premack (1965) dichiara: *«Se fai le cose più difficili prima, quelle successive, le più facili, sembreranno ancora più semplici e diventeranno un premio»*. È la stessa conclusione del detto popolare: *«Prima il dovere e poi il piacere»*.

Se uno studente deve preparare una relazione noiosa, per prima cosa, può renderla meno noiosa se ingaggia una sfida con se stesso *("Vediamo se riesco a farla in 45 minuti, al posto delle due ore previste")*.

Poi deve darsi delle autoistruzioni precise e nette *("Adesso, comincio a scrivere le prime 5 righe")*. Deve essere molto deciso con se stesso e disciplinarsi con lealtà, perché ogni volta che rimanda, aumenta la considerazione negativa di ciò che evita.

Nel momento della realizzazione pratica delle attività spiacevoli, deve vigilare per svolgerle bene.

Dopo averle terminate, si sente liberato da un peso. Si sente bravo, perché è riuscito a fare quello che gli pesava. Se l'ha svolto bene, si sente ancora più soddisfatto. Si sente forte, perché ha saputo affrontare e risolvere i propri guai.

Alla fine, si può premiare e dedicarsi alle sue attività divertenti, senza le interferenze di quelle sgradevoli.

10. Quando una materia diventa simpatica

Non tutte le materie di studio sono simpatiche. Alcune possono suscitare anche delle forti antipatie.

L'atteggiamento verso le materie può variare da un atteggiamento positivo di attrazione a uno negativo di repulsione (vedi tavola n. 38).

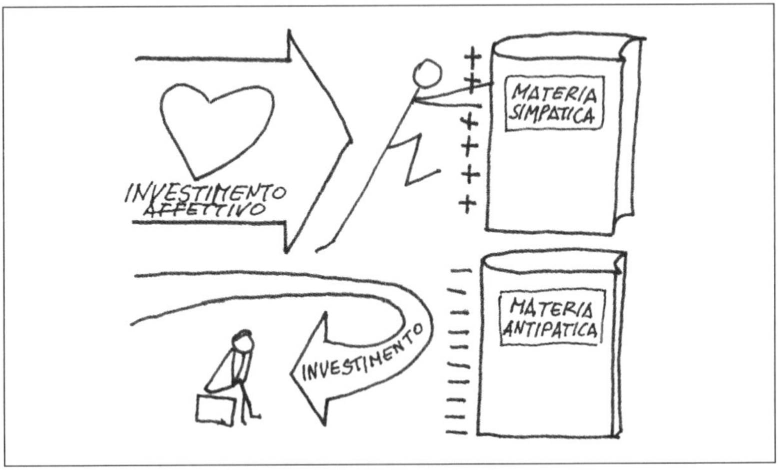

Tav. 38. Materie simpatiche e materie antipatiche.

Le cause della simpatia o dell'antipatia sono molteplici. La maggior parte di esse affonda le proprie radici nella motivazione o demotivazione verso lo studio; altre dipendono dall'atteggiamento positivo o negativo, entusiasta o apatico, dell'insegnante.

Una materia diventa la preferita, quando, studiandola, si raggiungono risultati gratificanti che rinforzano l'autostima dello studente:

"Sono riuscito ad avere buoni risultati in questa materia. Mi sento capace di affrontare ulteriori difficoltà. Mi sento bravo. Mi ritengo intelligente. Mi piace studiare. Continuerò a studiare ancora di più. Voglio approfondire questo argomento."

L'insieme di queste sensazioni positive proietta una luce favorevole su tale materia, che è percepita come piacevole e che è studiata con più impegno e migliori strategie. Tale maggiore investimento affettivo, acceso dalla motivazione ed illuminato dal metodo, allevia il peso della fatica dello studio, almeno per quella materia.

11. Quando una materia diventa antipatica

Una materia diventa antipatica, oppure odiosa, quando nonostante l'impegno, si conseguono in essa ripetuti insuccessi, che generano frustrazioni e sensazioni negative non solo verso quella materia, ma anche verso l'insegnante, verso se stessi e verso le proprie capacità mentali. In tale contesto, l'autostima è minacciata dal dubbio di non essere intelligenti o di non essere all'altezza, ed è corrosa dalla paura di essere giudicati inetti e incapaci anche dagli altri:

"Pur studiando, faccio sempre fiasco. Non sono riuscito ancora a prendere un voto soddisfacente. Non ci riuscirò mai. Non mi

sento proprio tagliato per lo studio di questa materia. Forse non sono per niente intelligente. Mi sono illuso. Sono una frana. Sono un fallito."

L'insieme di tali sensazioni negative fa apparire la materia in una luce molto sfavorevole *("Non mi piace studiare questa materia. È assurda, incomprensibile, insopportabile, odiosa").*

Nessuno investe la propria energia ed impegno in qualcosa che conduce inevitabilmente a sensazioni di delusione o di insuccesso. Non è logico, né economico, investire la propria energia nella prospettiva di un fatale insuccesso. Pertanto, quando una materia è vissuta negativamente, perché considerata come fonte di amarezza e di continui insuccessi, lo studente si rifiuta di studiarla per evitare ulteriori ferite alla sua autostima *("Non voglio nemmeno sentirla nominare").*

In tali condizioni, si verifica un disinvestimento affettivo *("Non mi interessa più niente"),* che genera un enorme senso di affaticamento, anche di fronte a piccole difficoltà, accompagnato da insoddisfazione e frustrazione in alcuni casi da angoscia e panico.

11.1. Si può modificare l'antipatia verso una materia?

Si può modificare l'antipatia verso una materia, fino a farla diventare simpatica? La risposta è sì.

È possibile, ma alle seguenti condizioni.

È necessario:

- *rivalutare tale materia da un altro punto di vista, è possibile elaborare più facilmente delle motivazioni positive («Voglio il diploma? Allora, dai. Dimostra forza, determinazione, coraggio, forza di volontà»),*

- *considerandola una sfida, oppure un gradino necessario alla propria formazione generale («Vediamo se riesco a prendere il toro per le corna»),*
- *ricostituire o rafforzare il proprio livello di autostima come studente e come persona,*
- *impadronirsi di un solido metodo di studio e di efficaci tecniche di apprendimento e di formidabili strategie di memorizzazione,*
- *imparare a investire meglio il proprio impegno nello studio, disciplinando l'attenzione e ottimizzando il tempo di studio («Quando studio, devo solo concentrarmi al massimo»),*
- *saper individuare i prerequisiti o i concetti fondamentali di quella materia (ad esempio, il lessico specifico di una disciplina) e poi studiarli con ordine e memorizzarli con tenacia,*
- *imparare a osservare e a valorizzare i piccoli progressi e a premiare la propria forza di volontà e tenacia,*
- *chiedere aiuto, senza vergognarsi, a persone competenti che possono aiutarci: insegnanti, compagni più esperti, pedagogisti e psicologi.*

12. Ognuno è artefice delle proprie motivazioni

Ognuno è artefice delle proprie motivazioni, sia di quelle fiacche sia di quelle forti.

Ognuno, nel proprio dialogo interiore, *"costruisce"* frasi, ragionamenti, riflessioni, che conducono a una valutazione positiva o a una valutazione negativa di se stessi o della realtà.

Uno può dire:

"Non sono capace. Non sono tagliato per lo studio. Non sono intelligente!".

Queste frasi riducono a zero il livello della motivazione.

Un altro può dire a se stesso:

"Ci posso riuscire, a patto che ogni attività che mi propongo abbia per me un valore vitale ed esistenziale."

Questa seconda riflessione può portare la motivazione ad essere potente ed efficace.

Un proverbio popolare afferma: *"Attacca il tuo carro a una stella"* e suggerisce di trovare delle alte e nobili motivazioni. Motivarsi significa dare un significato ed un valore a ciò che si fa.

Se non si è motivati, è bene non studiare. È necessario elaborare una buona motivazione **prima** di studiare.

Bisogna rendere significativo ciò che si deve imparare e l'apprendimento sarà più facile e gratificante.

Se lo studio è connesso alla realizzazione di sé, allo sviluppo dei propri talenti, alla sensazione di competenza, allora è possibile riversare nell'apprendimento molto entusiasmo che fa superare le inevitabili difficoltà.

Anche i docenti devono dare il loro contributo motivazionale testimoniando il loro entusiasmo per la materia che insegnano e coltivando nei loro studenti la voglia di apprendere bene la loro disciplina.

Una forte motivazione fornisce continuamente agganci cognitivi e *"inchioda"* i ricordi nella memoria (vedi tavola n. 39).

Tav. 39. Motivazione e buona memoria. La motivazione inchioda ciò che si deve memorizzare.

In conclusione, i fattori del successo nello studio sono i seguenti (vedi tavola n. 40): 1. una forte motivazione ad apprendere, 2. stimoli didattici significativi ed entusiasmanti, 3. studio efficace, 4. rinforzi e riconoscimenti per i risultati raggiunti.

Tav. 40. Fattori del successo nello studio.

4 Lo studio come impegno

Non basta studiare, bisogna *"saper studiare"*, cioè, studiare con metodo.

Il metodo di studio comporta la conoscenza delle strategie cognitive, la padronanza delle leggi dell'apprendimento e della memoria, la cura degli ingredienti per coltivare la motivazione e l'autostima.

Studiare significa applicarsi con impegno e attivamente a diventare esperti in qualche attività. Lo studio implica il concetto dello sforzo, che significa "farsi forza e incoraggiarsi nelle difficoltà", ricorrendo al metodo e alla motivazione.

Il metodo di studio, con la tecnica dell'automonitoraggio che le è propria, fornisce la consapevolezza della via migliore per raggiungere risultati soddisfacenti.

La motivazione *(«Voglio diventare ancora più esperto e competente»)* fornisce la spinta e l'entusiasmo che rendono l'apprendimento interessante, significativo, gratificante (vedi tavola n. 41).

Lo studio scolastico può essere definito l'impegno, l'entusiasmo, la passione, la dedizione, l'investimento di energia, riversate e incanalate nel campo dell'apprendimento.

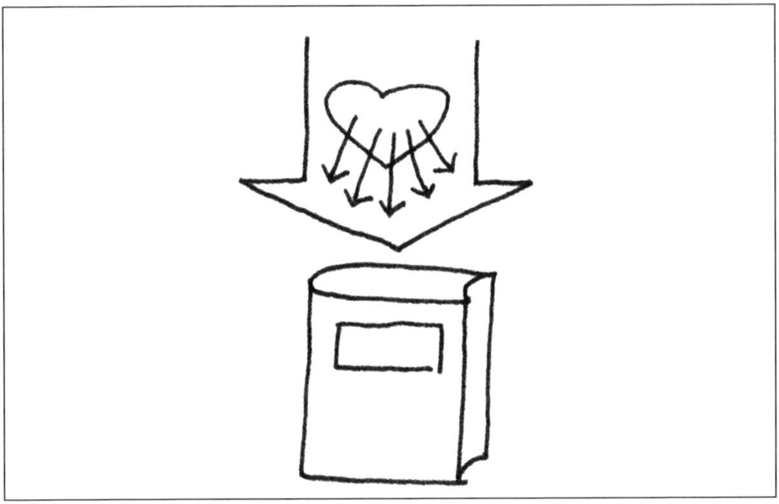

Tav. 41. Studio come investimento di impegno ed energia nel campo dell'apprendimento.

Lo studio comprende molte fasi: si parte dalle informazioni da afferrare saldamente, si procede con un'intensa elaborazione e collegamento dei contenuti e si termina creando abilità, competenze e sistemi di conoscenze.

Lo studio comprende molte abilità cognitive. Alcune di esse sono le seguenti: l'attenzione, la concentrazione, la comprensione, la rielaborazione, l'assimilazione, l'automatizzazione di alcune conoscenze e procedure. Sono abilità che devono essere allenate quotidianamente.

Lo studio comprende, inoltre, delle abilità più specifiche come le seguenti: prevedere cosa si dovrà studiare, porsi delle domande sistematiche, leggere accuratamente i testi e i contenuti, sintetizzare attraverso schemi, verificare e valutare la padronanza di ciò che si è appreso (vedi tavola n. 42).

Tav. 42. Abilità di studio.

1. Analogia delle api: lo studio come rielaborazione

Seneca, filosofo latino (4 a.C.-65 d.C.), nella lettera numero 88 a Lucilio, illustra, con l'analogia delle api, una stimolante sintesi di cosa debba essere lo studio (vedi tavola n. 43).

Nel nostro studio - egli scrive - "imitiamo le api: esse, errando qua e là, suggono i fiori adatti al miele; e tutto quello che portano all'alveare lo dispongono con ordine nei favi... anche noi dobbiamo imitare le api: cominciando col distinguere perché così meglio si conserva quanto abbiamo raccolto dalle diverse letture; poi,

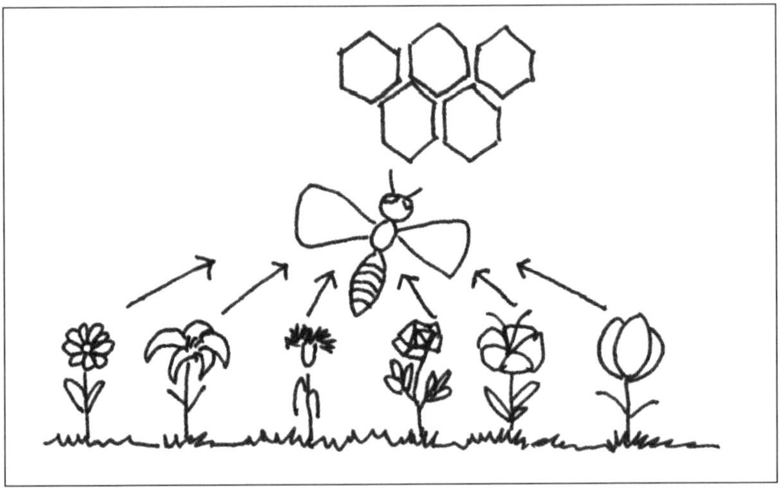

Tav. 43. Analogia delle api: lo studio come rielaborazione.

col diligente lavoro dell'ingegno, dobbiamo fondere in un pensiero coerente il frutto delle diverse letture, in modo che, quand'anche non si possano nascondere le fonti a cui abbiamo attinto, tuttavia appaia che i nostri scritti hanno un'impronta personale. Questo stesso procedimento si compie naturalmente nel nostro corpo, come possiamo constatare noi stessi: il cibo che prendiamo, finché rimane qual è, senza essere intaccato dai succhi gastrici, ci è di peso; ma in seguito alla digestione si trasforma in sangue e in energia fisica. Facciamo lo stesso con quel cibo che alimenta il nostro spirito: quando l'abbiamo ingerito, non lasciamolo qual è, affinché non ci resti estraneo. Dobbiamo digerirlo: altrimenti non si trasformerà in energie intellettuali, ma in un peso per la memoria. Prendiamo questo cibo come si conviene, e assimiliamolo in modo che, da elementi disparati, si formi una sola cosa, proprio come numeri molto diversi fra loro si confondono in un'unica somma. Facciamo anche noi così: il contributo di altri autori scompaia, assimilato nel prodotto del nostro ingegno. E anche se nella tua opera trasparirà l'autore che ammiri e che è impresso profondamente nel tuo animo, vorrei che la somiglianza fosse quella di un figlio, non quella di un ritratto: il ritratto è una cosa morta."

In breve, lo studio efficace è il risultato della rielaborazione continua delle informazioni e della loro assimilazione completa.

2. Che cosa studiare?

Tutto è degno di essere studiato.

Ma ciascuno di noi, seguendo le proprie attitudini ed inclinazioni e talenti, e, talvolta, assecondando le pressioni dell'ambiente sociale, sceglie un settore di studio, invece di un altro.

Gli orizzonti del sapere sono molto vasti. Entro i suoi confini c'è posto per tutti, per tutti quelli che vogliono avventurarsi nel settore della ricerca artistica, scientifica, tecnologica, economica, etica, filosofica, religiosa. Infatti, niente di ciò che è umano può essere estraneo allo studio.

La qualità e i contenuti dello studio cambiano con l'evoluzione della nostra personalità e con l'evoluzione dei motivi che ci animano e degli scopi che ci sostengono.

Le persone che studiano presentano molte differenze che riguardano una diversa consapevolezza di se stessi, una diversa intensità delle motivazioni e una diversa qualità degli scopi esistenziali, un differente progetto di vita.

In alcune persone si può constatare una grande fioritura di interessi culturali. Ma, non tutti questi interessi potranno essere sviluppati adeguatamente. Bisognerà scegliere, ma scegliere significa anche rinunciare.

Bisogna selezionare i settori di studio per poter dedicare loro più tempo, energia, interesse, passione, perché si è consapevoli che la padronanza di un'arte è lunga e la vita è breve.

Bisogna coltivare quei semi che sono stati precedentemente piantati ed assimilare quelle informazioni o conoscenze precedentemente apprese.

Le persone colte sono, appunto, quelle che hanno saputo coltivare i talenti ricevuti fino a farli fruttificare.

Si raccoglie solo ciò che precedentemente è stato seminato e coltivato.

3. Gli ingredienti dello studio

Gli ingredienti fondamentali dello studio, inteso come impegno e investimento nel campo dell'apprendimento, sono le seguenti:

- *la consapevolezza del valore della cultura,*
- *l'interesse e il coinvolgimento emotivo,*
- *la costanza,*
- *il metodo.*

Tali ingredienti forniscono allo studio ulteriori fonti di energia, che ne garantiscono l'efficacia e la produttività.

3.1. Consapevolezza del valore della cultura

La consapevolezza del valore della cultura nasce dalla consapevolezza di sé, delle proprie attitudini, dei propri scopi e motivazioni, dei propri stili cognitivi e delle proprie strategie (vedi tavola n. 44).

Gli studenti migliori solitamente possiedono un alto grado di consapevolezza di sé, del proprio valore, delle proprie risorse e dei propri scopi.

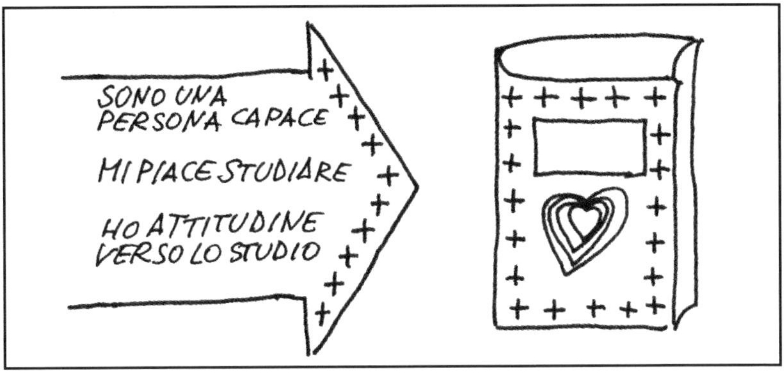

Tav.44. Valorizzazione dello studio.

Chi valorizza lo studio, studia meglio ed impara di più.

3.2. L'interesse

Leonardo da Vinci (1452-1519) ha affermato:

"Sì come il mangiare senza voglia sia dannoso alla salute, lo studio senza desiderio guasta la memoria e non ritien cosa che la pigli".

In altri termini, tutto ciò che si fa controvoglia è dannoso, anche se, di per sé, fosse la cosa più utile o più importante.

Ogni giorno, a scuola e a casa, bisogna impegnarsi ad accendere la propria motivazione (vedi tavola n. 45).

Con l'interesse, le ore di scuola trascorrono veloci e quasi volano. La lezione di un prof che sa catturare l'attenzione e sa appassionare scivola via rapidamente: *«È già finita?! Com'è passata veloce!»*. La noia, invece, allunga il tempo e lo rende insopportabile. Per liberarsi dalla pesantezza dell'apatia, spesso alcuni studenti fanno "casino" per animare il tempo passato a scuola, ma devastano la loro attenzione, concentrazione e apprendimento in classe.

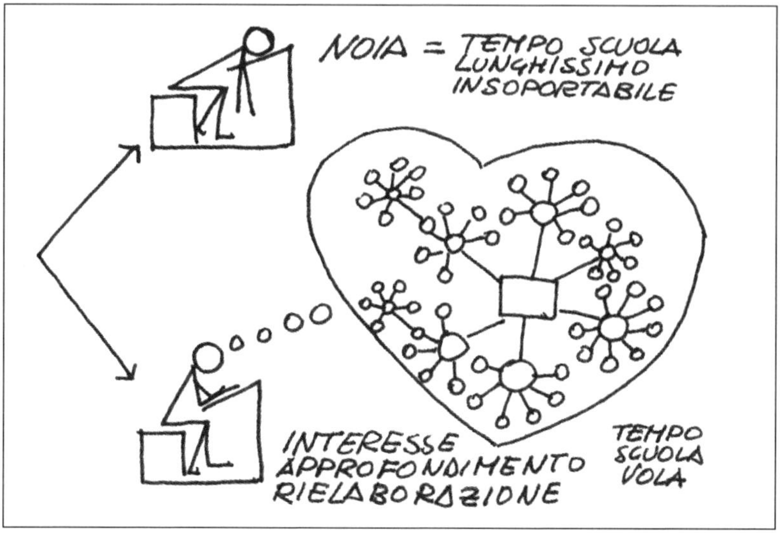

Tav. 45. L'interesse fa volare il tempo a scuola. La noia lo dilata e lo rende insopportabile.

L'etimologia latina della parola *"interesse"* significa *"essere dentro"*, cioè, essere coinvolto intimamente con quello che si fa e partecipare totalmente ad esso (vedi tavola n. 46).

Un proverbio afferma:

«Quel che ascolto dimentico, quel che vedo ricordo, quel che faccio capisco».

Solo *"facendo"* le cose (secondo la massima *"learning by doing"*, imparare facendo), solo immergendosi attivamente nello studio, solo amando ciò che si studia, è possibile apprendere facilmente, comprendere chiaramente e ricordare fedelmente.

Pertanto, è necessario riattivare i propri interessi e le proprie motivazioni, prima di studiare. Chi dimostrerà interesse, partecipazione, coinvolgimento in ciò che studia, ricaverà maggiore gratificazione e profitto nello studio.

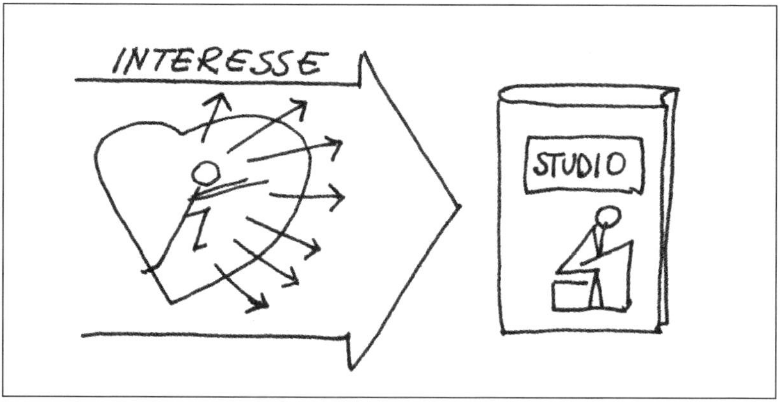

Tav. 46. L'interesse per lo studio.

Cosa si può fare di fronte ad argomenti noiosi?

Si può renderli interessanti ricorrendo all'automotivazione.

Per rendere interessante e appassionante una materia di studio, è necessario dialogare con se stessi, per scoprire l'importanza di ciò che si deve studiare o per valorizzare le materie di studio *(«Che cosa ci guadagno riuscendo a studiare questa disciplina? Che cosa ci perdo se resto ignorante? In che modo questa disciplina può contribuire a dare una forma migliore alla mia mente e una preparazione migliore per approfondire il difficile e complesso mondo contemporaneo?»).*

È necessario modificare in modo positivo le proprie convinzioni sullo studio, prima di mettersi a studiare.

Non è produttivo, infatti, studiare malvolentieri argomenti ritenuti noiosi o inutili.

L'automotivazione aiuta a trovare aspetti interessanti anche in materie ostiche o difficili *("Voglio sfidare la mia capacità di comprensione di fronte a questo problema molto difficile. Voglio mettermi alla prova!").*

È utile anche trasformare i pensieri che inibiscono lo studio *(«La matematica mi annoia»)* con pensieri più positivi, anche se parziali *(«Quando riesco a fare un esercizio bene, mi sento soddisfatto. È solo un esercizio, ma è bene che mi ricordi di questo piccolo successo»).* (Vedi tavola n.47)

Tav. 47. Neutralizzare i pensieri negativi che inibiscono l'apprendimento con pensieri positivi che lo facilitano.

Assumendo nella propria mente pensieri negativi globali *(«Con la matematica ho chiuso»)*, si rischia l'autosabotaggio impedendo a se stessi di poter migliorare. È più proficuo essere dettagliati e dire: «*Non capisco bene questa particolare formula. Perché? Mi mancano le basi? A chi chiedo aiuto? Come posso superare questa difficoltà?* ».

4. I centri di interesse

I nostri interessi. costituiscono degli ottimi agganci per catturare le informazioni (vedi tavola n. 48).

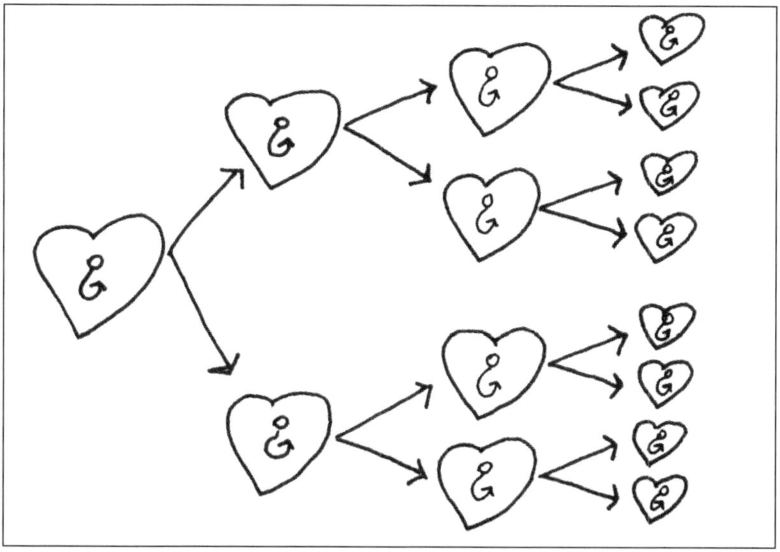

Tav. 48. Interessi come agganci.

Gli interessi mutano: alcuni germogliano, altri decadono, alcuni devono essere innestati, altri confluiscono con facilità verso interessi più rigogliosi.

Gli interessi possono nascere dal condizionamento esterno, familiare o ambientale, o da scelte personali, basate sul desiderio di autorealizzazione.

La vita è breve e non si può coltivare un gran numero di interessi e, pertanto, è necessario avere il coraggio di potare i propri interessi per incanalare meglio la propria energia.

Per studiare con intensità e con passione, è necessario conoscere i propri interessi, attitudini e *"talenti"*. Solo in questo modo, lo studio può trasformarsi in un'esperienza vitale di automiglioramento o di autorealizzazione.

Gli interessi permettono di organizzare le continue informazioni che affluiscono alla nostra mente: esse possono essere sistemate negli schemi mentali, che sono come degli scaffali o cassetti entro cui sono classificate e depositate le informazioni.

Questi interessi sottostanti animano l'attenzione e guidano la ricerca di nuove informazioni, quando si legge un giornale o una rivista, o quando si ascolta un dibattito, o quando si vede un film.

Per amplificare i propri interessi, è necessario elaborare mappe cognitive, schemi degli argomenti che interessano. Tale rielaborazione tematica faciliterà l'apprendimento e la memorizzazione. Tutte le informazioni che sono ben legate le une alle altre, e amalgamate dal cemento dell'interesse, saranno facilmente recuperate, invece le nozioni slegate e frammentarie saranno perdute: esse sono analoghe ai rami secchi.

Per conoscere i propri interessi, è necessario scandagliare assiduamente nel nostro interno, nella direzione suggerita dal dio del tempio di Delfi: *"Conosci te stesso"*.

Uno studente che è animato da forti interessi (come ad esempio musica, arte, sport, letteratura, scienza, tecnologia, economia, religione, etica) possiede gli occhi luminosi, la mente sveglia, l'intelligenza scattante, la creatività rigogliosa.

Valorizza lo studio personale e apprezza la scuola per le risorse che gli offre. Studia più di quello che gli è richiesto.

Si allena in continuazione.

Vuole affermarsi e autorealizzarsi. Gli interessi coltivati sono i migliori predittori del successo a scuola e nella vita.

5. La costanza

Un impegno saltuario conduce alla dispersione delle proprie energie e all'insoddisfazione. Solo un impegno costante garantisce risultati soddisfacenti.

Un proverbio latino dice: *"Gutta cavat lapidem, non vi, sed semper cadendo"*. Tradorro significa: una goccia riesce a scavare anche la pietra, non per la sua forza, ma per la sua costanza.

Non è sufficiente, quindi, avere l'intenzione di studiare. È necessario anche riuscire a tradurre l'intenzione di studiare in una sequenza di azioni concrete, graduali e costanti (vedi tavola n. 49).

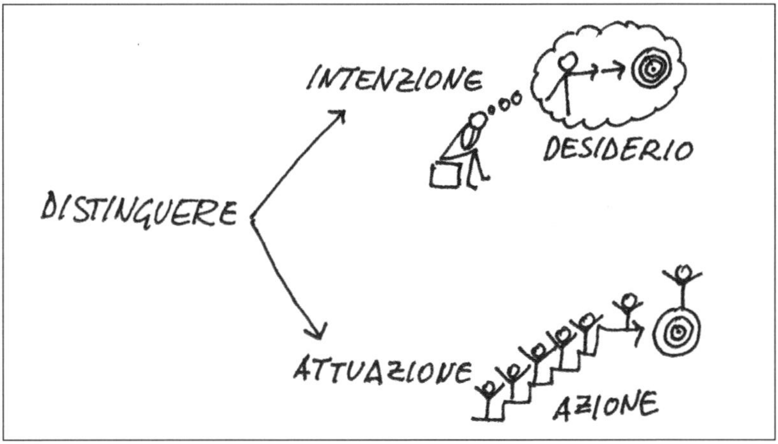

Tav. 49. Distinzione tra intenzione ed attuazione.

La costanza nello studio si sviluppa con la cura della propria motivazione *("Perché sto studiando?")* e l'automonitoraggio *("Come sto studiando in questo momento? Sono ben sveglio ed attento? Sto legando quello che studio alla mia crescita? Alla formazione della mia persona? All'arricchimento delle mie competenze?").* La costanza è la somma di numerosi piccoli atti di autocontrollo e di concentrazione *(vedi tavola n. 50)*. La costanza dell'impegno si manifesta anche come disponibilità ad esercitarsi in modo sistematico e come resistenza verso le interferenze e le distrazioni.

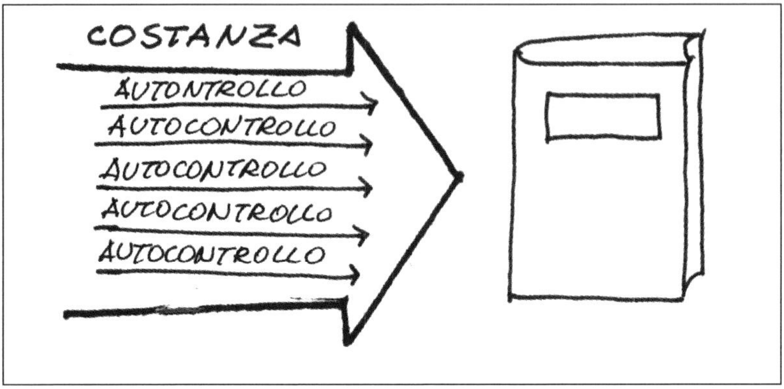

Tav. 50. Costanza ed autocontrollo.

Uno sportivo, che trascura l'allenamento sistematico e regolare, non vincerà alcuna gara, pur avendo delle buone capacità. Così uno studente, anche se dotato, non conseguirà buoni risultati scolastici, se non si impegna con costanza e forza di volontà.

L'autocontrollo rinforza l'autostima perché fornisce la dimostrazione pratica che la propria vita e la propria esperienza dipendono dalle proprie scelte (autodeterminazione).

5.1. La forza di volontà come sequenza di atti volontari

La forza di volontà è il risultato di numerosi atti volontari, dai più semplici ai più complessi: ad esempio, dallo scrivere in bella grafia, al mettere le maiuscole al posto giusto, dallo scrivere un po' con l'apostrofo e non con l'accento, fino a fare delle accurate revisioni di un testo, studiare una breve poesia dedicandole mezz'ora di meditazione, ragionare in modo rigoroso utilizzando una mappa complessa di connessioni.

L'atto di volontà è composto di varie abilità (vedi tavola n.51):

- *la capacità di prendere l'iniziativa nel fare bene qualcosa,*
- *Il dominio di sé e l'autoregolazione che permettono di guidare con sicurezza e decisione la mente e il proprio comportamento verso gli obiettivi prescelti,*
- *la decisione nell'attuare delle scelte («Devo fare questo per primo, non quello»),*
- *la tenacia e perseveranza, per raggiungere gli obiettivi pre-*

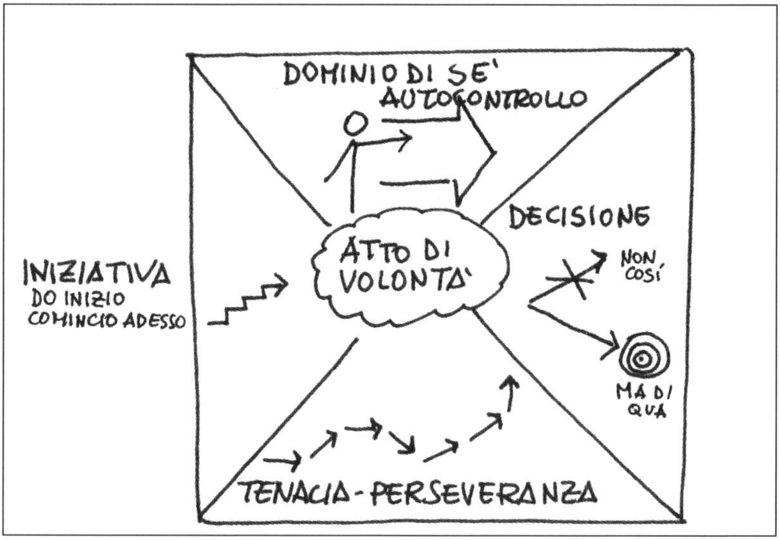

Tav. 51. Le componenti dell'atto di volontà.

stabiliti («Continua ancora per 10 minuti, finché non hai memorizzato bene questa formula»).

5.2. La favola della lepre e la tartaruga

Esopo (scrittore greco del VI secolo a.C.) ha scritto questa favola per sottolineare l'importanza della tenacia nel raggiungere, passo dopo passo, i traguardi importanti.

Una lepre si vantava con gli altri animali di essere invincibile nella velocità: «*Nessuno mi ha mai battuto e sfido chiunque a fare una gara di corsa con me*». La tartaruga rispose con calma: «*Accetto io la sfida*». La lepre si mise a ridere e la prese in giro. La tartaruga replicò: «*Non vantarti prima di aver vinto*». La lepre insisteva: «*Allora facciamo la gara?*». Fu stabilito un percorso e fu dato il via. La lepre partì come un fulmine, ma subito dopo si fermò e, per mostrare il suo disprezzo verso la tartaruga, si sdraiò a fare un sonnellino. La tartaruga invece procedeva lentamente, con impegno, passo dopo passo. Quando la lepre si svegliò, vide la tartaruga ormai vicina al traguardo. Ormai non avrebbe più potuto correre per vincere la gara. La tartaruga disse: *"Solo chi si impegna duramente vince la gara"*.

La lepre, anche se ben dotata nella velocità, ha peccato di presunzione e non si è impegnata abbastanza. La tartaruga, invece, conoscendo bene i propri limiti, si è incamminata subito e, passo dopo passo, ha vinto grazie alla sua tenacia.

Succede anche a scuola che alcuni studenti dotati possano essere smantellati dalla loro presunzione e sorpassati dai loro coetanei, più modesti nelle abilità scolastiche, ma più tenaci e costanti nel raggiungere i loro traguardi.

5.3. Analogia tra studio e sport

Per accentuare l'importanza dell'impegno nello studio, si può proporre la seguente analogia tra l'apprendimento nello studio e l'apprendimento nello sport. Tale analogia può essere persuasiva, perché molti studenti praticano lo sport e conoscono bene ciò che esso comporta (vedi tavola n. 52).

Tav. 52. Analogia tra studio e sport.

La pratica sportiva è un eccellente metodo educativo perché l'apprendimento nello sport richiede molta concentrazione, capacità di automonitoraggio *("Devo fare in questo modo. Devo migliorare questo movimento. Devo stare attento a questo punto")*, di autovalutazione *("Qui ho fatto bene. Qui invece non sono riuscito bene come volevo")* e di autorinforzo *("Bravo. Ce l'ho fatta. Evviva!")*, e, soprattutto, molta pratica *("Ancora un'altra volta. Prova di nuovo. Di nuovo ancora.")*.

Lo sport richiede un atteggiamento mentale positivo di fiducia in se stessi, per incoraggiarsi di fronte a una difficoltà *("Non considerare queste difficoltà come cause di sicuro fallimento, ma come opportunità per migliorarti e per competere con te stesso!")*, e di tenacia per conservare alto il livello della propria motivazione.

Ogni pratica sportiva prevede un rigoroso piano di allenamento che riesce ad integrare bene lo sforzo con le pause di rilassamento.

Anche nello studio ci vuole concentrazione e metodo, automonitoraggio, autovalutazione e autorinforzo, fiducia nelle proprie capacità e un'accurata programmazione delle proprie fatiche.

Lo studente motivato verso lo studio avverte la necessità di aver cura del proprio metodo di studio.

È motivato:

- *a pianificare il proprio tempo di studio,*
- *a sviluppare abilità cognitive come ad esempio, attenzione, ragionamento e strategie efficaci per apprendere e ricordare,*
- *a valutare le proprie prestazioni e i propri risultati.*

Egli apprezza il valore delle varie strategie di studio come le seguenti:

- *l'evidenziare e il sottolineare le parole chiave,*
- *il prendere appunti delle idee più importanti,*
- *lo schematizzare e la creazione di mappe cognitive,*
- *l'uso di mnemotecniche.*

Uno studio corredato da tali strategie, oltre a diventare efficace, può essere anche molto entusiasmante, stimolante e gratificante.

Consideriamo adesso altre caratteristiche dello studio.

6. Le fasi dello studio

Possiamo distinguere lo studio in varie fasi. Le più importanti sono le seguenti: apprendere o incamerare informazioni, rielaborarle, memorizzarle, recuperarle e trasferirle nella pratica o in altri settori del sapere (vedi tavola n. 53).

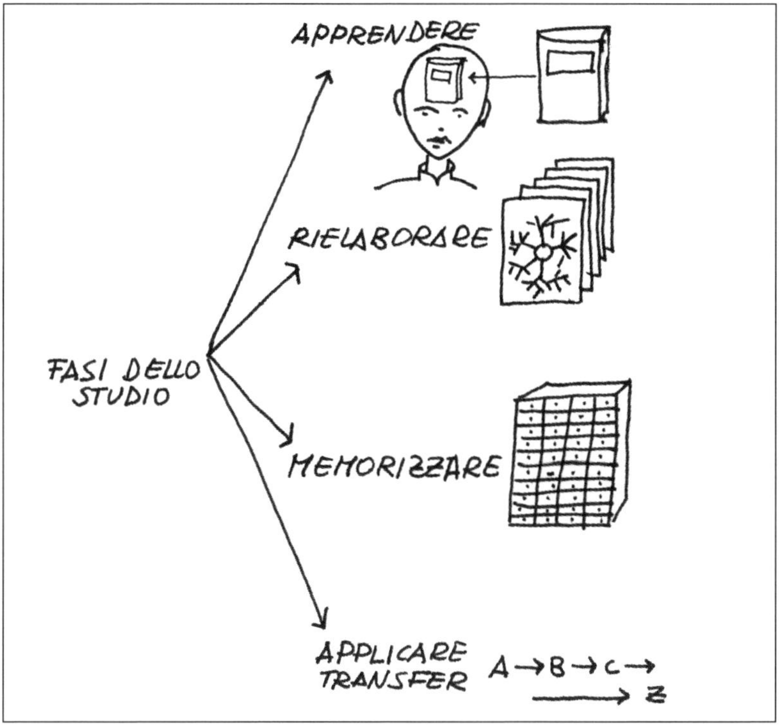

Tav. 53. Fasi dello studio.

6.1. Apprendere

Per prima cosa, si devono acquisire ("incamerare", "introiettare") le informazioni. A tal fine, è necessario conoscere bene le leggi dell'apprendimento, per studiare nel modo migliore. Ad esempio, si apprende meglio quando si riattivano le preconoscenze (*«Cosa so già su questo argomento?»*), quando si rielaborano le informazioni, quando si integra lo "studio dal basso" con lo "studio dall'alto", quando si assimila e si automatizza quello che si è appreso.

6.1.1. Essere attenti in classe con la "tecnica della telecamera"

Il primo luogo per imparare è in classe. Gli studenti che sanno sfruttare questa opportunità ricevono numerosi vantaggi: sono più attenti, concentrati, motivati.

Come si fa a stare attenti in classe?

Usando la "tecnica della telecamera" che consiste nel guidare il proprio sguardo e nel tenere continuamente puntati gli occhi sul prof che spiega, interroga, dialoga. Molti studenti apprezzano l'efficacia di questa tecnica e riferiscono che i prof sono più disponibili, più coinvolti, più entusiasti: si tratta, infatti, di un grande rinforzo per i docenti. I prof guardano con piacere gli studenti che li seguono nelle spiegazioni e annuiscono. Si crea in classe un buon clima, un'armonia, una partecipazione, un interesse, che rendono piacevole l'esperienza dell'apprendimento e dell'insegnamento. I docenti si sentono più motivati a insegnare bene, quando vedono gli occhi attenti dei loro studenti. Gli studenti imparano meglio quando i loro docenti insegnano con entusiasmo la loro disciplina (vedi tavola n. 54).

I vantaggi della "tecnica della telecamera" sono numerosi:

Il tempo in classe passa più velocemente, perché si è impegnati, coinvolti e appassionati.

Il clima è più disteso e gradevole, perché si crea una bella intesa tra docenti e studenti.

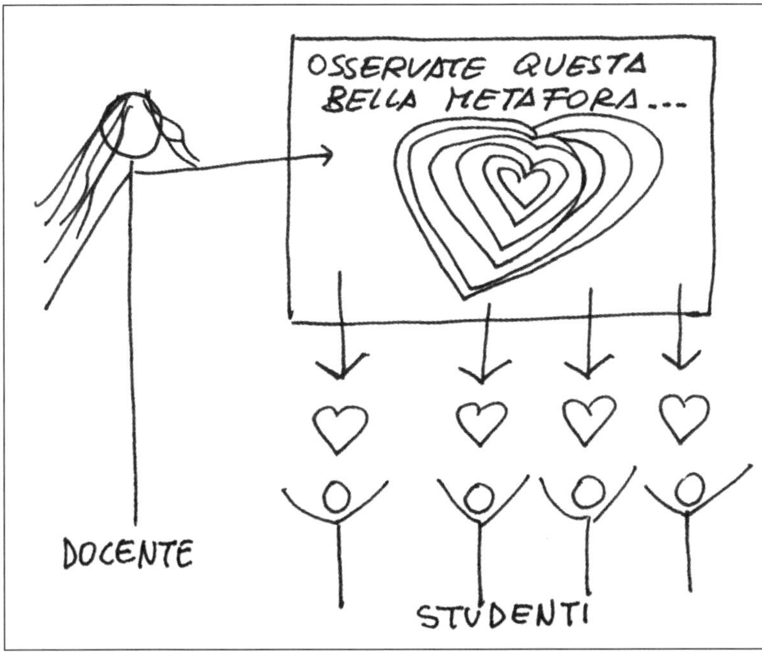

Tav. 54 Gli studenti imparano di più e meglio quando i docenti li sanno entusiasmare verso la loro disciplina.

È più facile essere attenti e, di conseguenza, è più agevole comprendere le spiegazioni dei docenti.

È più facile prendere appunti, perché il coinvolgimento è alto e la motivazione è robusta.

Emergono spesso domande pertinenti di approfondimento che stimolano i docenti a essere più disponibili e gli studenti più ricettivi.

Si valorizza il canale visivo che rimane più impresso nella mente rispetto a quello uditivo. È più facile, infatti, per molti studenti, rievocare le immagini che non le parole. Alcuni studenti, oltre a tener puntati gli occhi sul docente, utilizzano sistematicamente la ripetizione immediata subvocalica delle spiegazioni del docente, ripetendosi mentalmente le sue parole

Tav. 55 La tecnica della telecamera per stare attenti in classe.

(alcune di esse), utilizzando anche la sua inflessione e intonazione enfatica o dialettale (in alcuni casi molto divertenti da ripetere).

I docenti si sentono gratificati per l'attenzione dei loro studenti, perché sentono che le loro parole sono accolte, valorizzate, ospitate con il dovuto rispetto.

6.1.2. Integrare lo studio dal basso e lo studio dall'alto

È bene integrare lo "studio dal basso" con lo "studio dall'alto" (vedi tavola n. 56).

Lo *"studio dal basso"* indica lo studio focalizzato sul testo, al quale ci si accosta con molta cura, precisione, fedeltà ed oggettività.

Lo *"studio dall'alto"* indica lo studio guidato dai propri interessi, preconoscenze, aspettative e condensato in appunti, schemi e mappe.

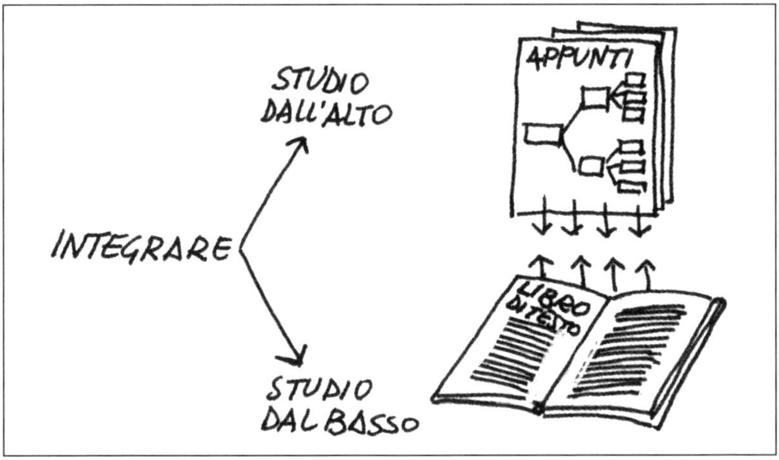

Tav. 56. Integrare lo studio dall'alto con lo studio dal basso.

Gli appunti da soli non bastano, perché devono essere rimpolpati da approfondimenti nei vari libri di testo.

Il libro di testo deve essere "scavato", personalizzato e interrogato in modo diretto, per agganciare i suoi contenuti al proprio percorso formativo e al proprio progetto di vita.

Integrando lo *"studio dal basso"*, che richiede molta disciplina, con lo *"studio dall'alto"*, che è più personalizzato ed eccitante, si favoriscono in modo eccellente la comprensione, la riflessione, la rielaborazione.

Molti studenti studiano in modo inadeguato, perche ricorrono solo alla strategia del "leggere e ripetere", che non attiva le informazioni presenti nella mente.

Prima di studiare un testo, bisogna richiamare tutto quello che si sa su quell'argomento. Quanto più ampia è tale rievocazione, tanto più rapida e gratificante sarà la comprensione.

Prima di mettersi a studiare il pomeriggio a casa è bene richiamare alla mente tutte le spiegazioni ricevute la mattina a scuola. Questo è un ottimo esempio di studio dall'alto. All'inizio questa strategia appare difficile, perché si ricordano solo poche informazioni generali. Insistendo di più, si ottengono mirabilmente numerose informazioni, che aspettano di essere ben sistemate in schemi e mappe. Dopo averle rievocate e tenute presenti nella memoria di lavoro, è sorprendente osservare come la mente sia molto più sveglia e pronta ad afferrare le informazioni provenienti dal libro di testo.

È come esplorare un territorio avendo in mente una mappa dettagliata: grazie ad essa è possibile muoversi con molta sicurezza e rapidità. Chi non possiede tale mappa, procede lentamente e con molta incertezza. Si ferma spesso e spesso si sente bloccato senza sapere come andare avanti.

Bisogna studiare avendo in mente un percorso mentale di quello che si sta studiando: in questo caso, lo studio diventa un bel viaggio, ricco di informazioni ben sistemate. È come procedere in un bel museo con una guida interiore.

L'incontro tra le proprie mappe cognitive e le informazioni che giungono dal libro di testo facilita la comprensione. Il libro è continuamente "interrogato" dalla propria curiosità e scavato dalle proprie domande. La mente è sollecitata dalle informazioni provenienti dal testo a creare nuove associazioni e collegamenti. In questo modo si realizza un'efficace e gratificante personalizzazione dello studio.

6.1.3. Il metodo dell'anticipazione

Il metodo dell'anticipazione consiste nel riattivare tutte le informazioni che si possiedono per afferrare quelle successive. Se uno studente deve studiare un paese come la Cina, oppure se per il giorno dopo è prevista una lezione in classe sulla storia, la geografia e l'economia di questo paese, è molto opportuno cominciare a chiedersi: *«Che cosa so già su questo argomento?»*. Se raccoglie molte informazioni, giunge a scuola con la mente già preparata ad afferrare meglio la spiegazione del docente oppure sa catturare meglio i concetti presenti nel libro di testo.

All'inizio possono emergere concetti staccati, ad esempio, i viaggi di Marco Polo, le conquiste dell'imperatore mongolo Gengis Khan, la costruzione della Muraglia Cinese, la creazione della carta, l'invenzione dei fuochi d'artificio, la produzione degli spaghetti, la scrittura ideografica, la filosofia di Confucio, il taoismo. Tutti questi concetti possono essere richiamati, all'inizio, in modo slegato. Poi con le domande strutturate (sistematiche), è possibile mettere ordine e creare una mappa cognitiva che facilita l'attenzione e la comprensione. Le domande strutturate (descritte dettagliatamente nel libro "Le tecniche di studio") predispongono la mente ad apprendere con prontezza e lucidità e stimolano degli interrogativi di approfondimento come i seguenti: *«Che cosa vorresti sapere domani quando il prof parlerà della Cina? Che cosa vorresti approfondire?»*. Queste domande stimolano l'attenzione e creano l'interesse che è l'ingrediente più importante della comprensione e anche del successo scolastico.

Se invece non si attua l'attivazione di ciò che si conosce già, si rischia di essere sovraccaricati dall'eccesso di informazioni che giungono dal docente o dal libro di testo: sembrano tutte nuove, importanti, e soprattutto non si sa dove collocarle. Si accumulano in modo disordinato e diventano un ingombro e un peso per la mente. Se si preparano, anticipatamente, le proprie mappe mentali, tutte le informazioni che giungono in continuazione trovano ospitalità e soprattutto una buona sistemazione nella propria mente o nel proprio percorso mentale. È più facile catalogare le informazioni in arrivo ed evitare così il sovraccarico della memoria a breve termine.

Lo studente, in questo modo, ha la sensazione di capire rapidamente, percepisce la soddisfazione di comprendere, di essere intelligente, di essere competente. Talvolta, può anche divertirsi con delle sfide anticipatorie, ipotizzando quello che dirà il prof: «*Penso che adesso parlerà di questo o di quest'altro*». È un modo per mettersi alla prova, ma soprattutto una piacevole strategia per stare attenti.

6.2. Rielaborare

Apprendere è gratificante, ma non basta. Dopo avere appreso i concetti fondamentali di una lezione, si deve continuare a studiare. Molti non lo fanno e dimenticano rapidamente quello che hanno appreso. Spesso lo devono riapprendere come se fosse la prima volta.

Si deve continuare a studiare in modo creativo, rielaborando le informazioni apprese.

Nell'apprendere si è aiutati dai docenti, i quali con le loro spiegazioni ed entusiasmo aiutano gli studenti ad afferrare bene quello che insegnano. Ma dopo questo primo passaggio, facilitato dagli insegnanti, lo studente deve intraprendere un percorso personale, attivando l'interesse verso quello che sta apprendendo, creando interconnessioni multiple tra i concetti, ripassandoli continuamente per automatizzarli, e, infine, esercitandosi per applicare nella pratica quello che ha afferrato (vedi tavola n.57).

Molti studenti si accontentano di aver appreso le spiegazioni dell'insegnante o del libro di testo. Pensano che questo sia sufficiente e trascurano tutte le altre attività dello studio. Nemmeno le prendono in considerazione, perché pensano (si illudono) che comprendere significhi ricordare.

È sufficiente un compito di verifica, un'interrogazione, un

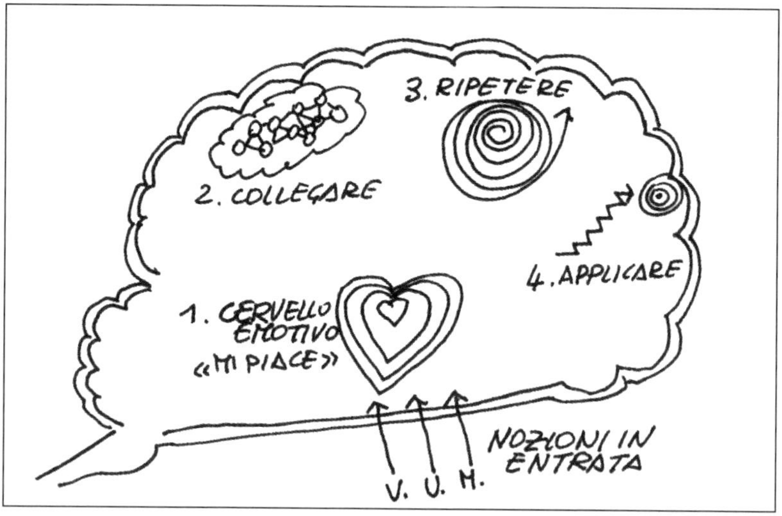

Tav. 57. Dopo aver appreso, bisogna continuare a studiare rielaborando i concetti fino all'assimilazione.

piccolo esame, per dimostrare le loro lacune nella rievocazione di quello che hanno appreso. Senza dedicare del tempo a memorizzare e ad assimilare, non si ricorda niente o pochissimo.

Le informazioni non devono essere solo apprese, ma soprattutto assimilate. È necessario rielaborarle, cioè lavorare su di esse: estraendo parole chiave, prendendo appunti, costruendo schemi e mappe, articolando reti concettuali, collegando numerosi concetti, allenandosi nell'applicazione pratica.

Non serve avere una testa piena ma una testa ben fatta (E. Morin 2000). Una bella mente, una mente intelligente è quella che sa allacciare insieme molte informazioni che provengono anche da discipline molto differenti.

È più intelligente chi sa interconnettere arte e scienza, matematica e letteratura, bioetica e nuove tecnologie, economia ed etica, diritto e religione.

Rielaborare significa collegare i nuovi apprendimenti con tutto ciò che già si conosce. Stabilendo sempre nuove associazioni e connessioni, è quasi impossibile dimenticare ciò che si è appreso. Si dimentica facilmente e quasi totalmente, se non si rielabora continuamente ciò che si apprende.

Alcuni studenti, dopo essere stati convinti dell'importanza di creare in se stessi una mente interconnessa, chiedono delle strategie per poterla sviluppare (vedi tavola n.58).

Per dare una bella forma alla propria intelligenza, bisogna cominciare a essere attenti in classe quando gli stessi insegnanti suggeriscono di collegare due concetti. È una segnaletica didattica che molti docenti esprimono in continuazione. La funzione della scuola oggi, dice E. Morin (1999), non è quella di dare informazioni, perché ci sono tante fonti di informazioni oltre alla scuola, ma soprattutto quella di aiutare gli studenti a collegare le informazioni, per crearsi una mente più sistematica

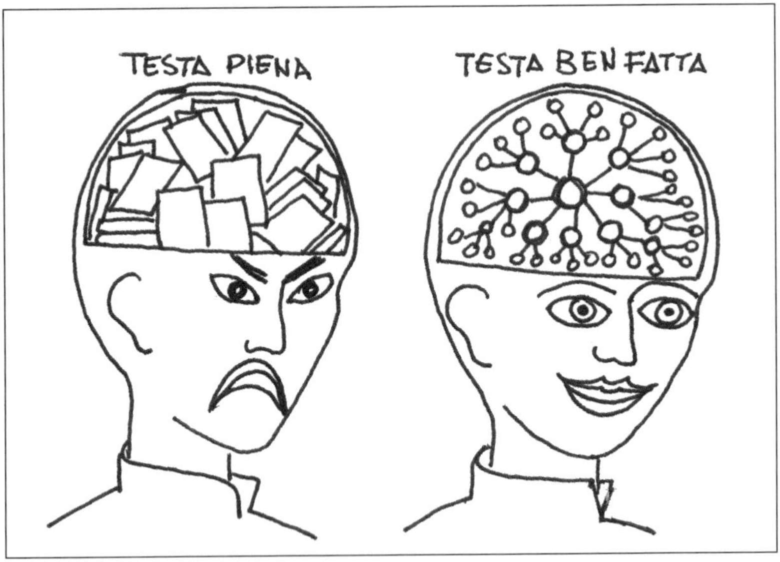

Tav. 58. Nella vita non serve una testa piena di nozioni ammucchiate ma una testa ben fatta di nozioni ben connesse e organizzate.

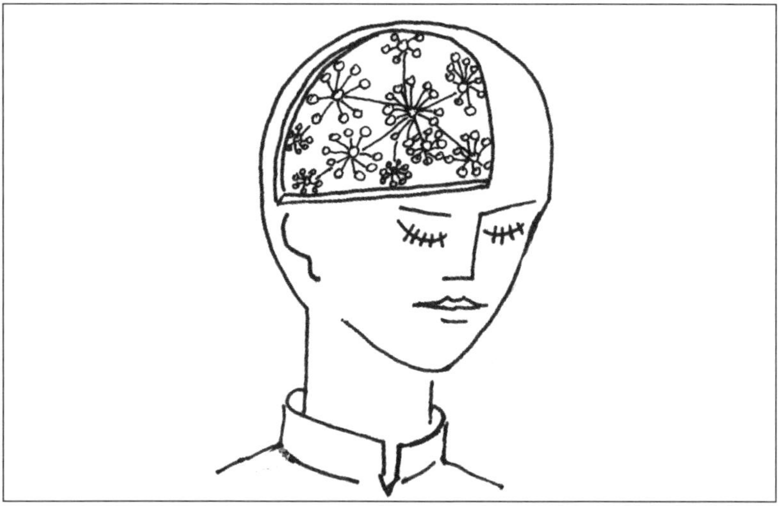

Tav. 59. Funzione della scuola oggi: collegare continuamente le conoscenze.

e capace di affrontare la complessità del mondo contemporaneo (vedi tavola n.59).

Bisogna chiedere (richiedere) soprattutto ai docenti di approfondire le connessioni tra i concetti che presentano. Non basta sentire una lezione, piena di frasi del tipo *"Freud ha detto questo o quest'altro"*. Bisogna chiedere subito: *"A suo parere, prof, in che modo questa idea di Freud ci può aiutare a capire il mondo contemporaneo? Come ci può servire per risolvere questi problemi che ci sovrastano"*.

Il primo collegamento da richiedere è quello tra lo studio e la realtà della vita con i suoi spinosi problemi da risolvere.

Di fronte ad ogni concetto che si ascolta in classe, bisogna chiedersi se si possiede una buona immagine mentale. Ad esempio, se il prof dice "casa", è molto facile immaginare ciò di cui sta parlando. Se parla di "piano urbanistico", diventa più difficile crearsi una chiara immagine mentale, se approfondisce la "regolamentazione dei piani urbanistici nelle zone sismiche", è ancora più difficile crearsi una propria immagine mentale precisa, dettagliata, sistematica. Se non si riesce con le proprie risorse, bisogna chiedere al docente qualche esempio pratico, per capire bene e per apprendere bene ciò che si deve studiare. Bisogna collegare molto bene le informazioni che provengono dal prof o dal libro alle immagini mentali presenti nel proprio archivio cognitivo. Se manca questo collegamento, si studia con grande fatica e inutilmente.

Se il prof sta parlando di "ormoni", uno studente deve chiedersi subito se emerge nella propria mente una chiara immagine di questo concetto? Molti studenti non riescono ad associarla a una rappresentazione chiara. È necessario fermarsi e chiedere al prof una definizione concreta per capire bene questo concetto, altrimenti non si può proseguire nell'apprendimento. Se il prof risponde che la funzione degli ormoni è quella di trasmettere delle informazioni, il concetto diventa più chiaro, ma diventa ancora più concreto se il prof dice: *"Ragazzi, per ricordare questo concetto, immaginate gli ormoni come degli SMS inviati dalle varie ghiandole ai vari organi, con un contenuto specifico di informazioni, e li predispongono un'azione specifica"*.

Questa immagine concreta di "Ormone = SMS" è un grande sostegno nell'apprendimento. Bisogna memorizzarla e automatizzarla subito, perché costituisce una buona base per l'approfondimento dettagliato su questo tema.

Lo stesso procedimento bisogna fare con tutti gli altri concetti specifici delle varie discipline: *"Ho una rappresentazione chiara nella mia mente di mitocondrio, enzima, equazione, logaritmo, canoni estetici, barocco...?"*. Se la risposta è positiva, l'apprendimento vola. Se è negativa, bisogna chiedere aiuto per collegare i concetti di ogni disciplina a chiare rappresentazioni mentali.

Il secondo collegamento da realizzare riguarda quello che si sta apprendendo e la sua applicabilità pratica. Molti studenti chiedono spesso: *«Prof, a che cosa ci serve studiare questo?»*. Se il prof risponde semplicemente: *«Studia e basta»,* rischia di demotivare e di offendere l'intelligenza che di per sé è curiosa. Bisogna rispondere adeguatamente sul legame tra teoria e pratica, tra concetti e applicabilità nel mondo reale. Bisogna sapere in che modo quello che si studia ci aiuta a risolvere i problemi della realtà concreta intorno a noi. Un prof che ama la sua disciplina sa benissimo come rispondere a queste domande interessate dei suoi studenti.

Il terzo tipo di collegamento riguarda l'interrelazione tra i concetti: *«In che modo la spiegazione di oggi si collega alle lezioni precedenti? Quello che ho appreso oggi, come lo metto in relazione a quello che già conosco su questa materia? Quello che ho imparato oggi in questa disciplina, come lo intreccio con le altre?»*.

Molte materie, anche se sembrano distaccate le une dalle altre, sono nella realtà più interconnesse di quello che pensiamo. I problemi sono intrinsecamente interconnessi: per costruire un ponte su un fiume bisogna mettere insieme ingegneri, architetti, urbanisti, artisti, ecologi, storici, geologi, ecologisti. Solo un cervello ben interconnesso crea una mente intelligente, capace di impostare bene i problemi e di risolverli efficacemente. *"Vivere significa risolvere problemi"*, diceva Karl Popper. Aggiungeva che non esistono discipline, ma solo problemi da risolvere con l'apporto intrecciato e sistematico di molte discipline.

Perché dobbiamo collegare continuamente le informazioni?

Perché dobbiamo affrontare e risolvere problemi complessi, che sono molto intricati e richiedono una mente interconnessa per avviare bene la loro soluzione, ricorrendo a strategie creative e ingegnose.

Chi non ha una mente interconnessa, può fare poco per risolvere i propri problemi e quelli dell'umanità.

Non una testa piena di nozioni, ma una testa ben fatta (che sa ben ragionare), suggeriva Montaigne come scopo dell'educazione.

6.3. Memorizzare

È più facile memorizzare le informazioni quando sono state rielaborate dallo studente, attraverso appunti, sommari, parafrasi, tabelle, grafici, schemi e mappe.

È utile conoscere le leggi della memoria per elaborare efficaci mnemotecniche e rapide strategie di recupero di ciò che è stato appreso.

Questo tema è stato approfondito in un libro specifico: *"Guida allo studio: la memoria. Strategie per ricordare e assimilare tutto ciò che si è studiato"* (M. Polito 2003).

6.4. Applicazione o transfer

Dopo aver ben assimilato le informazioni, è necessario esercitarsi a lungo nella loro applicazione pratica, trasferendole creativamente da un settore a un altro e cercando di risolvere problemi sempre nuovi nei vari campi del sapere.

Il ciclo completo dello studio deve valorizzare maggiormente quest'ultima fase.

Bisogna ingegnarsi a trovare l'aspetto pratico applicativo di tutto ciò che si studia, interrogandosi come segue: *«A che cosa mi serve quello che ho studiato? Come posso migliorare la mia vita con tutto quello che ho appreso? Come posso contribuire a risolvere i problemi del mondo con le competenze che ho conseguito studiando?»*.

Queste domande fanno fiorire la motivazione verso lo studio, la scuola e la cultura.

Non è sufficiente, considerare lo studio solo come un'attività di incameramento di informazioni. Molti studenti dicono spesso: *"Ho studiato, ma adesso non mi ricordo"*. Con questa espressione indicano che si sono fermati alla fase dell'incameramento, ma non hanno curato le fasi successive della rielaborazione, della memorizzazione, del recupero e dell'applicazione pratica delle informazioni acquisite. Per tale ragione, la loro prestazione non è soddisfacente, anche se hanno studiato.

Lo studio è efficace quando si rielabora e si memorizza accuratamente in funzione di uno scopo personale ed esistenziale (vedi tavola n. 60).

Tav. 60. Concludere lo studio con la rielaborazione e la memorizzazione accurata delle informazioni.

Il metodo di studio efficace conduce all'autoregolazione del proprio processo di apprendimento e regala, soprattutto, un bel dono: una mente atletica e disciplinata.

Le continue domande di automonitoraggio, di autoistruzioni, e il tempo dedicato alla riflessione e all'assimilazione, creano una mente ordinata, pronta a catturare le nuove informazioni e a collocarle subito in mappe ben costruite, articolate e aggiornate.

Le persone che trascurano l'autodisciplina si trovano spesso in situazioni confuse e disordinate. Si sentono smarrite e disorientate. Non possiedono una bussola interiore e delle mappe dettagliate che indichino loro il cammino migliore nella loro vita.

Una mente disciplinata dal metodo è l'eredità più preziosa di anni di studio. Molti contenuti saranno dimenticati, ma la cura della propria mente a fare attenzione a ogni minimo dettaglio, a distinguere tra sottilissime differenze, a pesare la forza persuasiva di concetti contrastanti, sono strategie che rimarranno utili per sempre.

7. Valorizzare le intelligenze multiple che ognuno possiede

Ognuno possiede varie forme di intelligenza (H.Gardner 1987). In alcune di esse si sente più esperto, in altre più carente. Lo studio dovrebbe aiutare a svilupparle tutte perché sono finestre sul mondo e ci permettono di osservare la realtà da molteplici punti di vista (vedi tavola n. 61).

Per conoscere meglio le dimensioni o forme più sviluppate della propria mente, lo studente può compilare il "Questionario sulle intelligenze multiple", che si trova nel libro *"Guida allo studio. L'intelligenza. Come dare la forma migliore alla propria mente"* (M. Polito 2003).

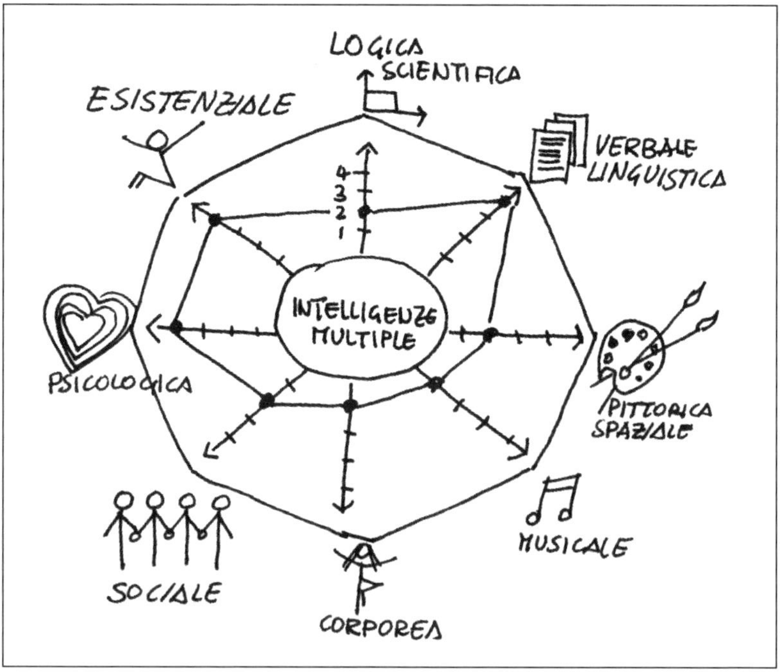

Tav. 61. Valorizzare le proprie intelligenze multiple.

Dopo aver risposto alle domande del Questionario, potrà osservare, in un grafico, quali aspetti ha coltivato meglio e quali bisognerà rinforzare di più. In base ai risultati, potrà scegliere di rendere la propria mente più efficace in alcuni settori e più armoniosa nel suo complesso.

È utile considerare le varie forme dell'intelligenza, come se fossero una squadra da mettere in campo per valorizzare meglio le proprie molteplici doti e per conseguire eccellenti risultati a scuola e nella vita.

Sapendo di possedere molte abilità (logiche e scientifiche, verbali e letterarie, visive e pittoriche, musicali, motorie, sociali, psicologiche, filosofiche), è più incoraggiante metterle tutte in campo quando si deve studiare un libro o affrontare la comprensione di una disciplina.

I cinque capitoli seguenti amplieranno il concetto di studio. Essi risponderanno alle seguenti domande:

- *Quando studiare?*
- *Quanto studiare?*
- *Come studiare?*
- *Dove studiare?*
- *In quali condizioni psicofisiche?*

Il libro terminerà con due capitoli di suggerimenti: uno per come affrontare e superare l'ansia scolastica e l'altro per realizzare un efficace piano di ripasso.

5 Quando studiare

Utilizziamo alcune domande di automonitoraggio.

"Quali sono per me le ore della giornata più favorevoli allo studio? È meglio studiare la mattina o la sera? Qual è il modo migliore per inserire pause di riposo durante il tempo di studio? Quando mi sento più concentrato? In quali ore della giornata mi sento generalmente più affaticato? Considerando queste caratteristiche del mio ritmo di attività-riposo, come posso gestire il mio tempo di studio? Quanto tempo di studio devo dedicare a questa materia? Quante pagine di storia riesco a leggere e a schematizzare in un'ora? Questa distribuzione del mio tempo di studio soddisfa le mie necessità e mi aiuta a raggiungere i miei scopi? Perdo tempo? Mi manca il tempo?".

Altre domande di automonitoraggio riguardano l'attenzione in classe: *"Come sono attento durante le spiegazioni? Quanto sono esperto nel prendere appunti? So tracciare una mappa di un argomento? Controllo sistematicamente il livello di comprensione e di padronanza di ciò che è spiegato dai docenti?".*

Gli studenti più "svegli" sanno sfruttare bene le ore di lezione. Lo considerano un tempo prezioso e cominciano a studiare già in classe. Ogni anno sono 1000 ore di apprendimento, che si possono rendere molto produttive. Certo, una battuta ogni tanto serve: alleggerisce il clima in classe. Gli studenti più acuti sono contenti di ridere, ma poi si concentrano e si rivolgono delle autoistruzioni molto chiare e vantaggiose, come le seguenti: *"Se impari bene a scuola, a casa devi solo ripassare e assimilare. Sii furbo. Studia in classe. Se non comprendi, chiedi al prof un approfondimento, un esempio. Controlla sempre se hai capito bene. Non fare finta di aver capito. Sei tu che poi dovrai recuperare il tempo perduto. Se non approfitti delle spiegazioni dell'insegnante, dovrai studiare da solo un testo difficile, che, oltre a irritarti, ti potrà frustrare per la complessità dei concetti da apprendere. Allora concentrati e soprattutto rendi produttivo questo tempo in classe"*.

Mentre l'insegnante spiega, gli studenti che vogliono "studiare già in classe" cercano di rievocare tutto quello che sanno sui concetti esposti dal docente. Collegano la lezione di oggi con la precedente. Connettono il passato con il presente (*"Come potrei collegare questo concetto della democrazia della* polis *ateniese con la nostra democrazia rappresentativa contemporanea?"*). Se un altro prof parla di Auschwitz, subito si interrogano su cosa conoscono su questo campo di concentramento. Cercano di riattivare i ricordi sull'ideologia razziale del nazismo. Si impegnano a connettere alcuni scrittori che ne hanno parlato.

Di fronte a ogni concetto pronunciato dal docente, creano immediatamente dei collegamenti e apprendono in modo attivo e creativo. Vivono un'esperienza esaltante, quando sentono di possedere una mente prodigiosa, che è capace di frugare nelle proprie mappe cognitive e di trovarvi delle nozioni ben connesse. Avvertono una notevole facilità nella comprensione, memorizzazione e assimilazione. Si rendono conto che la mente è predisposta ad apprendere bene, basta saperla guidare con metodo e motivazione.

In breve sono molto astuti: studiano a scuola e ripassano a casa (vedi tavola n. 62).

Tav. 62. Studiare a scuola e ripassare a casa.

Grazie a queste strategie di rievocazione immediata dei concetti ascoltati e di collegamento continuo e sistematico in classe, questi studenti sono agevolati nello studio personale a casa. Sanno integrare le spiegazioni dei docenti con il loro lavorio di rielaborazione, memorizzazione e assimilazione.

Per rendere produttivo lo studio personale utilizzano in modo sistematico le domande di automonitoraggio.

Esse aiutano:

- *a individuare le proprie difficoltà nella gestione del tempo di studio e ad elaborare delle strategie per renderlo più produttivo,*
- *a conoscere e rispettare il proprio ritmo di attività-riposo,*
- *a scoprire le proprie attitudini mentali, il proprio ritmo di apprendimento e il proprio stile cognitivo,*

- *a programmare il proprio tempo di studio, fissando la distribuzione delle ore di studio e rispettando le scadenze.*

1. Lista delle difficoltà nella gestione del tempo di studio

Usando la tecnica dell'automonitoraggio, ci si può chiedere:

"Quali difficoltà incontro nella gestione del mio tempo di studio? Quando, e per quali ragioni, avverto la sensazione di aver perduto tempo o di aver male utilizzato il mio tempo? Perché non riesco a programmare in tempo i miei impegni? Perché mi trovo spesso a studiare all'ultimo momento, in condizioni psicofisiche disastrose? Quali situazioni disturbano il mio tempo di studio? Perché sono disordinato? Perché non fisso degli obiettivi e delle priorità?".

Con la tecnica dell'autoistruzione, si può proseguire come segue:

"Per gestire meglio il mio tempo, dapprima scriverò sull'agenda tutte le cose da fare. Dopo distribuirò accuratamente il mio tempo nelle varie attività definendo gli obiettivi primari e quelli secondari. Devo riuscire ad utilizzare produttivamente anche i ritagli di tempo, i tempi di attesa e i tempi morti. Alla fine controllerò i risultati."

2. Rispettare il ritmo di attività-riposo

La nostra vita è inserita in un ritmo biologico ciclico, composto da periodi di tempo in cui siamo lucidi ed efficienti e da periodi di tempo in cui siamo stanchi ed affaticati (vedi tavola n. 63).

Si tratta di un ritmo biologico di attività-riposo, che va riconosciuto e rispettato. Non deve essere sconvolto, ma può essere migliorato ed adattato alle proprie esigenze di studio.

Tav. 63. Rispettare il ritmo attività-riposo.

È indispensabile imparare a riposarsi fisicamente e mentalmente, se si vuole studiare in modo efficace e produttivo. Si eviti, pertanto, di studiare quando si è stanchi fisicamente, sconvolti o depressi psicologicamente, o incapaci di concentrarsi. È meglio dedicare, in questi casi, un opportuno periodo di tempo al riposo o al rilassamento psico-emotivo.

Si riposi o si studi. È improduttivo studiare a letto quando si è assonnati. È inutile lottare contro il sonno sulla scrivania (vedi tavola n. 64).

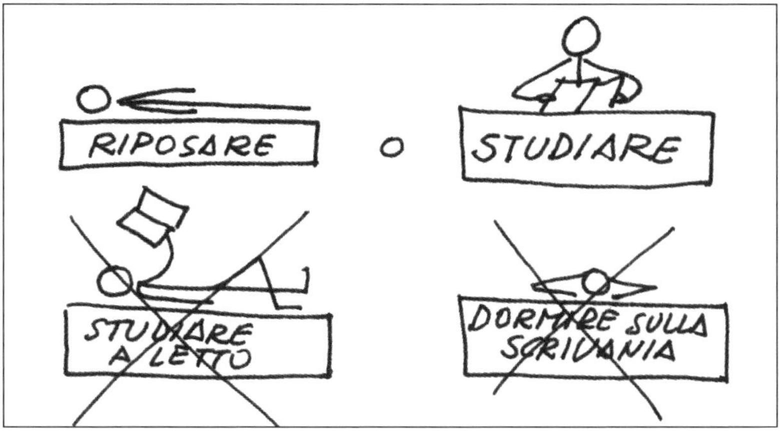

Tav. 64. Scegliere bene: o riposare o studiare.

3. Coltivare la concentrazione

Prima di studiare intensamente, è necessario dedicare un periodo di tempo, più o meno lungo, alla concentrazione:

"Devo studiare questo argomento. Qual è il modo migliore di apprendere? Come è la mia attenzione in questo momento? Come potrei riuscire a concentrarmi ancora di più? Potrei dapprima concentrarmi sulla respirazione. Poi mi concentrerei sul valore dello studio e della cultura. Poi sull'autostima."

La concentrazione va preparata e *"coltivata"*. Essa è il risultato di una lunga pratica di autocontrollo e di autodisciplina. La concentrazione è favorita quando si rimuovono le cause di distrazione, di stress, di ansia e quando si pianifica efficacemente il proprio studio (vedi tavola n. 65).

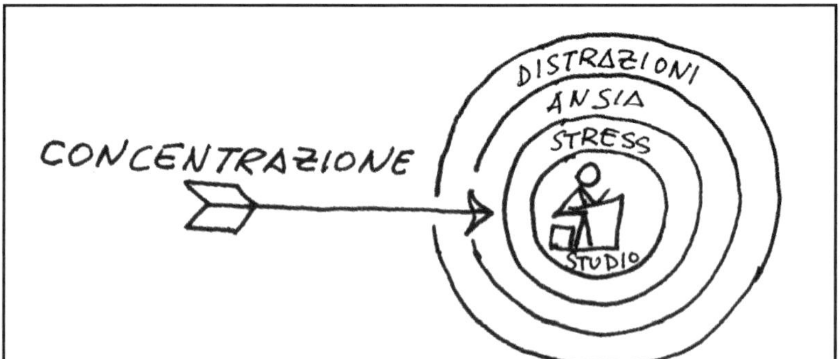

Tav. 65. La concentrazione.

Per concentrarsi si possono usare i cerchi concentrici. Si tratta di fissare per qualche minuto il centro, respirare profondamente e curare le frasi di motivazione (*"Studia per essere libero". "Studia per diventare esperto, competente e intelligente"*). Alcuni preferiscono concentrarsi seguendo con lo sguardo o con la punta di una matita il contorno del simbolo dell'infinito, rilassandosi e ripetendosi delle frasi di valorizzazione dello studio e della scuola (vedi tavola n. 66).

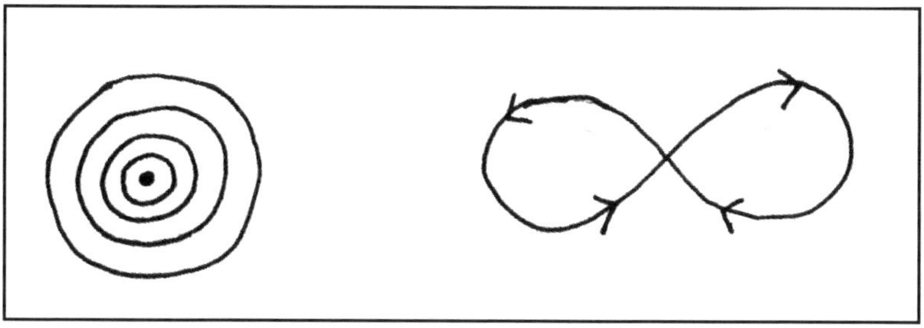

Tav. 66. Concentrarsi con i cerchi concentrici e con il contorno del simbolo dell'infinito.

Per facilitare la concentrazione prima di mettersi a studiare, è opportuno riattivare le preconoscenze sull'argomento che si dovrà studiare *("Cosa conosco già di questo argomento?")*, ed accendere l'entusiasmo e la motivazione *("Quali potrebbero essere le ragioni per studiare con più interesse questa materia?")* (vedi tavola n. 67).

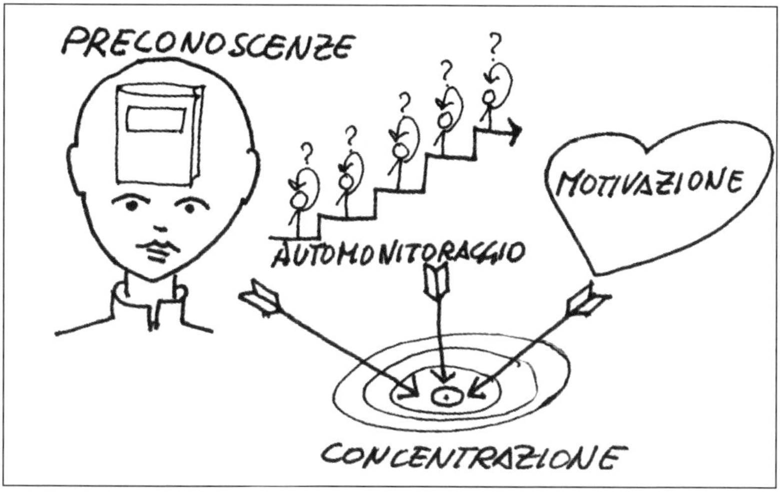

Tav. 67. La concentrazione efficace è il risultato della riattivazione delle preconoscenze, dell'automonitoraggio passo per passo e della cura della motivazione.

Grazie alla tecnica dell'automonitoraggio è possibile guidare l'attenzione. Quando si nota la sua caduta è bene decidere di inserire delle pause o dei momenti di riposo.

4. Inserire delle pause opportune

È necessario individuare immediatamente i primi segni di stanchezza o di caduta della propria efficienza. In quel momento, è opportuno chiedersi:

"Posso sforzarmi ancora un po' per rimanere concentrato? O forse è meglio fare una breve pausa? È meglio che insista su questo problema finché non lo risolvo? Oppure è meglio affrontarlo più tardi o in un altro momento, quando mi sentirò più lucido?".

La scelta di inserire una pausa opportuna è molto soggettiva e può essere facilitata dalla propria abilità di automonitoraggio.

4.1. Pause brevi o pause lunghe?

Gli studenti domandano frequentemente:

"Quanto devono essere lunghe queste pause? Sono da preferire le pause brevi o le pause lunghe?".

Sono preferibili le pause brevi, perché non interrompono la concentrazione (vedi tavola n. 68).

Alcuni minuti (5-10 minuti) sono più che sufficienti per riprendersi dalla stanchezza di un'ora di lavoro. Le pause lunghe (20-30 minuti), invece, possono creare delle difficoltà a concentrarsi nuovamente.

Ma, anche in questo caso, è bene precisare che il criterio della brevità delle pause è soggettivo.

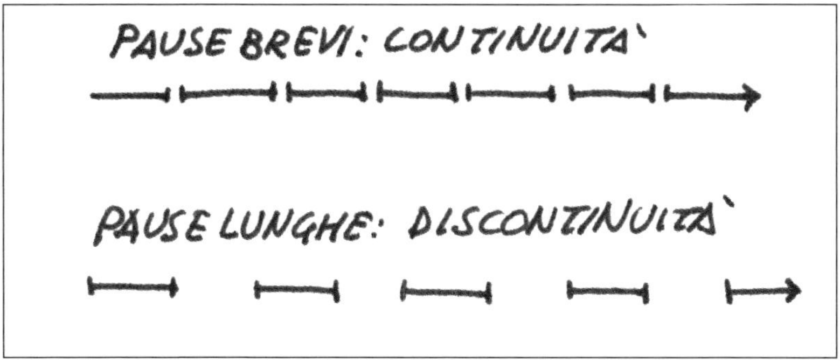

Tav. 68. Pause brevi e pause lunghe.

Ognuno può individuare e scegliere il criterio di brevità che gli sembrerà più opportuno, in base all'umore, all'efficienza mentale e alla difficoltà del compito.

Talvolta è sufficiente cambiare materia di studio, per riposarsi o per riattivare la concentrazione. In generale, è importante saper inserire delle brevi pause di riposo o degli stacchi mentali.

È una questione di rispetto verso la propria mente, che va guidata ma anche assecondata e coccolata.

5. Evitare i due estremi della sonnolenza e dell'agitazione

Si tenga conto che il periodo ottimale di studio deve tenersi lontano dai seguenti due estremi: la sonnolenza da un lato, la troppa attivazione dall'altro lato. La sonnolenza intorpidisce l'efficienza mentale. La troppa attivazione si trasforma in ansia, in agitazione e, talvolta, in panico. In tali condizioni, la prestazione è scadente o confusa. Per studiare efficacemente, è necessario essere ben riposati, ma anche ben svegli, attivi ma non iperattivi o agitati (vedi tavola n. 69).

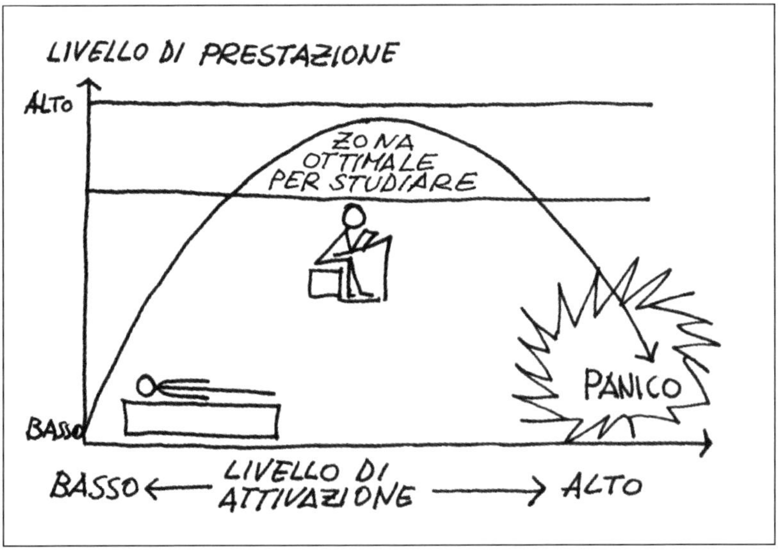

Tav. 69. Periodo ottimale per studiare: lontano dal sonno e dall'agitazione.

6. Individuare la durata media della propria attenzione

È utile individuare la durata della propria attenzione.

Ci si può chiedere:

"In genere, quanto dura la mia capacità di concentrazione? Per quanto tempo riesco a concentrarmi senza sentirmi distratto o senza stancarmi?".

In generale, si ritiene che la durata di concentrazione media della persona adulta sia di 30-40 minuti. Dopo questo periodo, l'attenzione perde vigore ed è necessario inserire una breve pausa, o cambiare argomento di studio; ad esempio, è opportuno studiare qualcosa di più semplice o di gratificante.

Ma, anche in questo caso, si deve precisare che con l'allenamento e con una forte motivazione si può riuscire a rimanere concentrati anche per alcune ore, senza bisogno di pause o di interruzioni.

6.1. Individuare il profilo ottimale di attenzione

È bene individuare il profilo della propria attenzione durante la giornata. Utilizzando lo schema della tavola n. 70, ci si può chiedere:

"In quale periodo della giornata la mia attenzione è più efficiente?".

Si analizzino le varie ore della giornata, dalla mattina alla sera, e si dia ad esse, ora per ora, un punteggio del livello di efficienza (0 = assente, 1 = poco, 2 = abbastanza, 3 = molto, 4 = eccellente).

Verrà visualizzato un grafico, che indicherà i momenti di maggiore lucidità intellettiva.

È opportuno studiare tenendo conto dei risultati di questa indagine sulla propria capacità di concentrazione.

Tav. 70. Schema per valutare l'efficienza della propria attenzione durante la giornata.

Valutazione del livello di attenzione					
ORA	0	1	2	3	4
6					
7					
8					
9					
10					
11					
12					
13					
14					
15					
16					
17					
18					
19					
20					
21					
22					
23					
24					

Tale profilo, di cui si allega un esempio (vedi tavola n. 71), suggerisce che è meglio studiare le informazioni nuove nei periodi in cui si è più efficienti; mentre è meglio ripassare le informazioni che sono state già acquisite nei periodi in cui si è meno lucidi. Il ripasso, infatti, richiede minore fatica rispetto all'apprendimento di nuove informazioni (vedi tavola n. 72).

Tav. 71. Esempio del profilo di attenzione durante la giornata.

Valutazione del livello di attenzione					
ORA	0	1	2	3	4
6					•
7					•
8					•
9				•	
10				•	
11				•	
12			•		
13		•			
14	•				
15		•			
16		•			
17			•		
18			•		
19			•		
20			•		
21		•			
22		•			
23	•				
24	•				

6.2. Studiare con l'adrenalina

L'adrenalina è un ormone che permette una buona prestazione fisica e cognitiva. Essa è "spremuta" nel sangue dalle ghiandole surrenali, quando si deve affrontare un compito, un

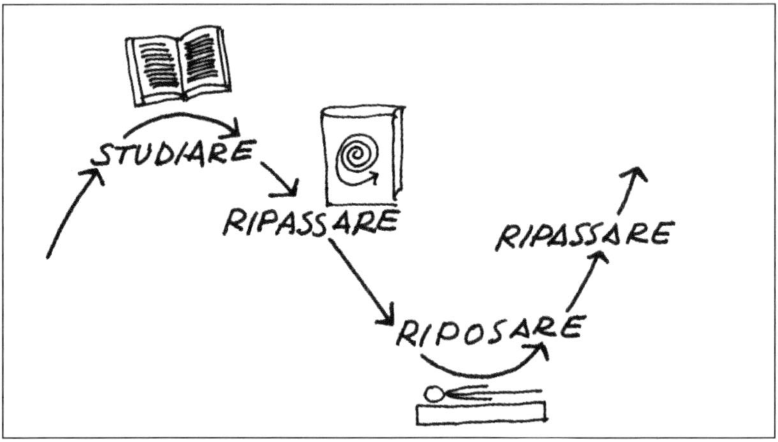

Tav. 72. Studio e curva di attenzione.

esame, una scadenza importante, un'emergenza. È come un Sms inviato al cervello con l'istruzione di attivare tutto il sistema nervoso, per affrontare missioni importanti, specialmente in situazioni pericolose. In seguito a tale allerta, il corpo e la mente sono pronti per affrontare con energia i compiti più impegnativi.

Come si ottiene il rilascio dell'adrenalina?

Preparandosi all'azione e accogliendo la sfida che il compito ci lancia. Attivando lo stretching (stiramenti e contrazioni) per ottenere un buon risveglio muscolare e lavandosi con l'acqua fresca le mani, i polsi, il collo e la faccia. Sono semplici strategie che migliorano l'attenzione e la concentrazione.

Si può attivare l'adrenalina a comando?

Sì ed è questo che fanno gli atleti quando si allenano: stabiliscono alcuni obiettivi progressivi da raggiungere ogni giorno. Un atleta possiede un'accurata tabella di allenamento, sequenziale, graduale, sfidante cioè difficile al punto giusto. È un ottimo sistema per attivare l'adrenalina a comando. Se uno studente predispone un piano di studio giornaliero, settimanale, mensile, e lo rispetta scrupolosamente, impara facilmente a spremere l'adrenalina a comando e ad essere "pronto" di fronte a qualsiasi compito impegnativo: può diventare certamente un "atleta della mente" (M. Polito 2007).

Si mette in circolo l'adrenalina quando uno studente si chiede come può svolgere bene quello che sta facendo. È sufficiente questo semplice obiettivo immediato per sentirsi più concentrato. Un'altra strategia consiste nel riuscire a fare bene qualcosa in minor tempo rispetto a quello previsto: *"Vediamo se riesco a fare questo esercizio in 10 minuti al posto di 15!"*.

Secondo la teoria del "gradiente di avvicinamento allo scopo", siamo più attivi e motivati quando l'obiettivo da raggiungere è vicino. Tutti gli studenti lo sperimentano, quando sanno con certezza che l'indomani c'è un compito in classe. Quando invece il compito è più lontano, tra una settimana o due, avvertono un minore impegno.

Gli studenti che si sanno autoregolare (autodisciplinare) e che sono capaci a stabilire degli obiettivi immediati e praticabili, riescono a concentrarsi e a studiare bene ogni giorno. Anche se il loro test di verifica è fra quindici giorni, si organizzano a studiare quotidianamente e si impegnano a distribuire bene il proprio tempo: *"Per prepararmi bene a questo compito, devo suddividere i contenuti da studiare in questo modo. Un capitolo per giorno. Comincio subito. Vediamo se riuscirò a studiarlo bene in un'ora"*.

Alcune volte, il primo passo è il più faticoso, i primi cinque minuti sono i più pesanti, la prima pagina è la più difficile. È inutile insistere, incoraggiarsi e rivolgersi delle autoistruzioni chiare e decise. Bisogna automotivarsi: *"Ci tieni a raggiungere un buon risultato? Ti piace studiare con una buona efficienza mentale? Desideri capire bene quello che studi? È gradevole sentirti preparato e sereno di fronte al compito? È bello diventare una persona in gamba? Intelligente? Esperta? Competente? Allora, comincia a studiare bene. Subito. Adesso. Solo per cinque minuti. Poi ti fai un regalo, ti gratifichi, con qualcosa che ti piace. Poi altri cinque minuti. E così di seguito. Comincia subito. Adesso. Perché, appena ti coinvolgi, tutto diventa più facile".*

Attivando l'adrenalina si riduce la percezione della fatica e aumenta l'efficienza mentale.

È utile produrre l'adrenalina a comando, specialmente prima di svolgere l'ultima revisione del compito in classe. Prima di consegnarlo, è opportuno rilassarsi qualche minuto e poi attivare il risveglio muscolare, contraendo le varie parti del corpo in modo contenuto e discreto. Con la mente più sveglia, infatti, è più facile individuare qualche errore o qualche svista.

Alcuni studenti si lamentano di studiare tanto e di non raggiungere risultati soddisfacenti: *«Spesso mentre studio, mi incanto, penso ad altro, mi distraggo, e la mia mente vaga di qua e di là e concludo poco».*

Per migliorare la propria efficienza mentale a scuola e nello studio a casa, gli stuenti devono imparare a disciplinare la propria mente, dandole delle buone autoistruzioni per essere concentrata. Il risveglio muscolare e l'attivazione dell'adrenalina sono molto efficaci per imparare a concentrarsi.

È utile anche distinguere tra attenzione e concentrazione.

L'attenzione è attivata e creata dagli stimoli esterni. Alcuni attirano di più di altri. La concentrazione è creata da noi stessi, se sappiamo guidare la nostra mente. Tocca a noi dirigerla dove desideriamo apprendere e comprendere meglio. Ad esempio di fronte ad un testo, l'attenzione può essere catturata da alcuni personaggi o eventi. Ma la concentrazione può aiutare a capire di più, quando si orienta la propria mente con istruzioni chiare a raggiungere alcuni scopi cognitivi: *"Qual è il significato di questa lettura? Qual è la sequenza narrativa? Come posso schematizzare il contrasto tra protagonista e antagonista? Quali aggettivi descrivono meglio il carattere del protagonista?"*. Queste domande di autoregolazione del proprio apprendimento sostengono una concentrazione molto efficace e produttiva.

7. Individuare il proprio ritmo ideale del tempo di studio

Il ritmo ideale del tempo di studio deve comprendere le seguenti fasi: studiare, ripassare, rielaborare, riposare. È necessario distribuire il proprio tempo di studio in queste varie fasi (vedi tavola n. 73).

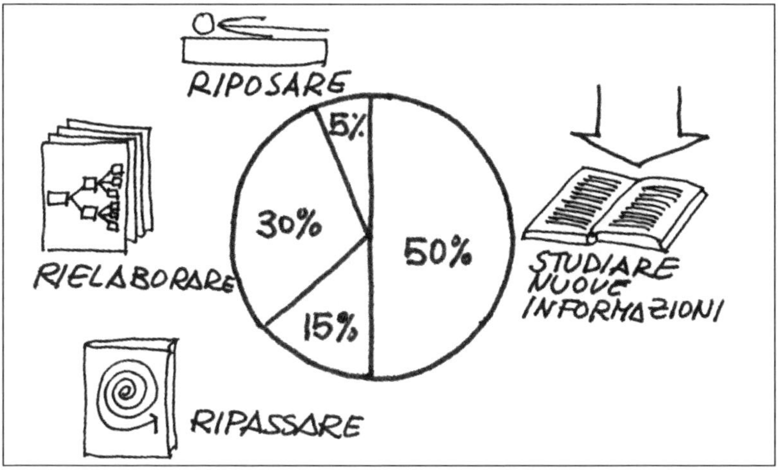

Tav. 73. Esempio di distribuzione del tempo di studio.

Un'esemplificazione di questo suggerimento potrebbe essere la seguente:

"Dedicherò il 50% del mio tempo di studio ad apprendere queste nuove informazioni. Dedicherò il 15% del mio tempo a ripassare

ciò che ho già appreso. Dedicherò il 30% a rielaborare le informazioni, facendo collegamenti e associazioni oppure schemi e mappe. Dedicherò il 5% del mio tempo a riposarmi o a rilassarmi."

8. Fare la spola tra studio concentrato e studio intervallato

Lo studio concentrato è lo studio fatto senza interruzioni o pause. Lo studio intervallato è lo studio scandito da pause di riposo, più o meno lunghe.

L'apprendimento di compiti facili, brevi, familiari, stimolanti e significativi, è facilitato da uno studio concentrato, senza pause o interruzioni.

In tal caso, le pause possono servire sia per riposarsi, ma anche per automonitorarsi sul proprio modo di studiare *("Sto studiando bene? Sto comprendendo?").* È necessario *"fare la spola"* tra lo studio concentrato e lo studio intervallato, a seconda dell'argomento da studiare (vedi tavola n. 74): se è facile o semplice, è meglio procedere con un tempo di studio continuo; se è difficile, è meglio procedere con un tempo di studio

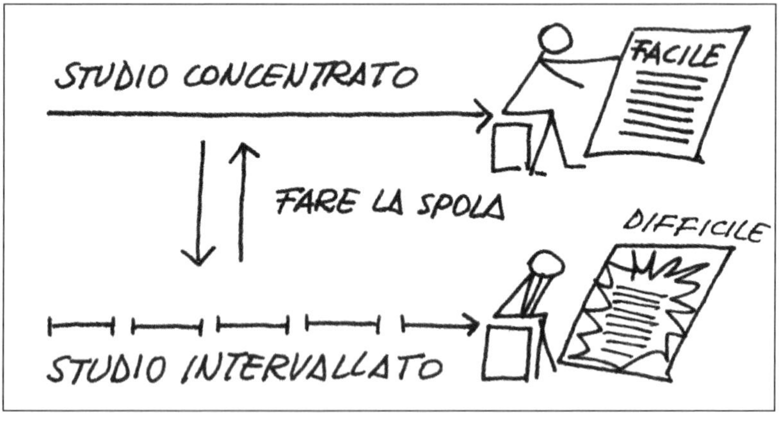

Tav. 74. Fare la spola tra studio concentrato e studio intervallato.

intervallato da pause. È utile ripetere che il concetto di pausa o di riposo è molto soggettivo e ognuno possiede proprie modalità di riposarsi.

9. Suggerimenti per la gestione del proprio tempo di studio

La gestione del tempo di studio è molto soggettiva. Essa dipende dai seguenti fattori (vedi tavola n. 75):

- *la personalità dello studente (un introverso riflette più a lungo, un estroverso è più rapido nell'afferrare gli stimoli*

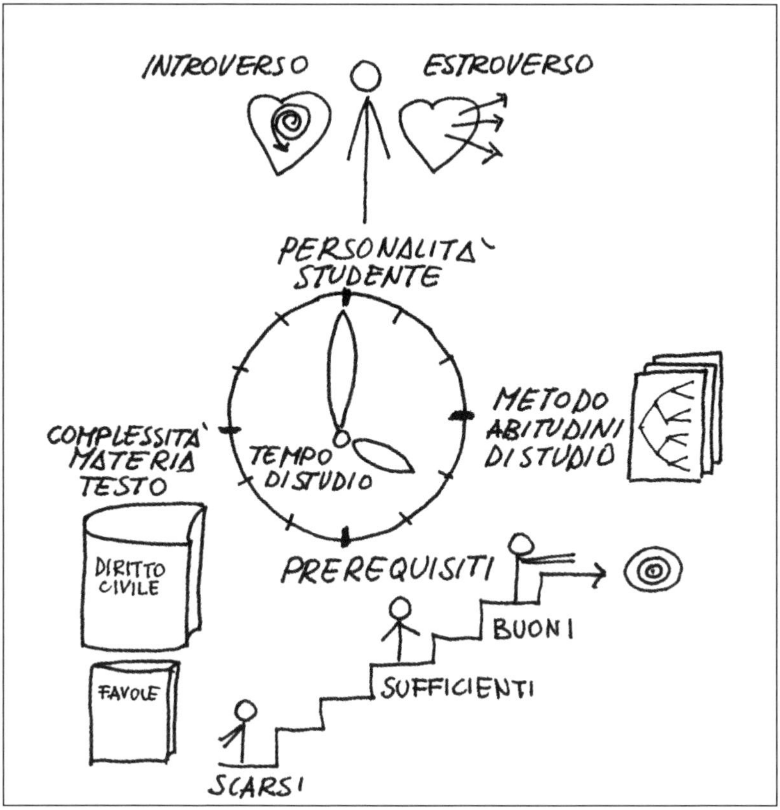

Tav. 75. Fattori che incidono sul tempo di studio.

offerti) ed il suo stile cognitivo (impulsivo o riflessivo, intuitivo o analitico, teorico o pratico, scientifico o artistico),

- *le sue abitudini di studio (metodo e strategie),*
- *i prerequisiti (adeguati o inadeguati) ed il corrispondente ritmo di apprendimento (rapido o lento),*
- *la struttura della materia di studio (semplice o complessa).*

Si considerino tali numerosi fattori, quando si procede nella programmazione e gestione del proprio tempo di studio.

A tal fine, si tengano presenti le seguenti indicazioni.

9.1. Definire tempi, priorità, obiettivi e criteri

Si definisca il numero di ore che si intendono dedicare quotidianamente allo studio:

"Posso dedicare circa 4 ore al giorno allo studio personale. In una settimana sono 24 ore, che posso distribuire secondo le seguenti necessità."

Si elabori una lista di ciò che deve essere studiato:

"Devo studiare queste materie. In particolare devo studiare questi 3 capitoli".

Si stabiliscano obiettivi specifici:

"Voglio studiare 20 pagine di storia ed elaborare uno schema grafico del capitolo".

Si definisca una scala di priorità:

"Devo studiare di più questa materia, perché mi sento insicuro."

Si scelga il criterio di prestazione che si vuole raggiungere:

"Voglio studiare questo argomento per ottenere un punteggio elevato. Non voglio accontentarmi di un punteggio medio."

Si stabiliscano il proprio ritmo di apprendimento e la quantità di tempo necessario per studiare bene:

Se riesco a studiare 10 pagine di storia in un'ora, per studiare questo capitolo di 45 pagine, mi serviranno più di quattro ore."

Si distribuiscano le ore di studio tra le varie materie (vedi tavola n. 76), tenendo conto delle proprie lacune o della complessità delle materie da studiare:

Tav. 76. Distribuire il tempo disponibile nello studio delle varie materie, secondo i propri criteri e priorità.

"Distribuirò le quattro ore di oggi in questo modo: dedicherò due ore a questa materia, perché la mia preparazione in essa non è solida; dedicherò un'ora a quest'altra materia; dedicherò mezz'ora ad esercitarmi in quest'altra materia e dedicherò l'ultima mezz'ora al ripasso rapido delle lezioni di oggi."

9.2. Elaborare un piano orario giornaliero, settimanale e mensile

Si predisponga per scritto un piano orario di studio giornaliero, settimanale e mensile (vedi tavola n. 77), facendo una lista accurata di ciò che deve essere studiato: quali materie studiare e quanto tempo dedicare ad esse.

Si controlli che il piano orario di studio sia **realistico,** per non fare il passo più lungo della gamba (cioè per non sovra-

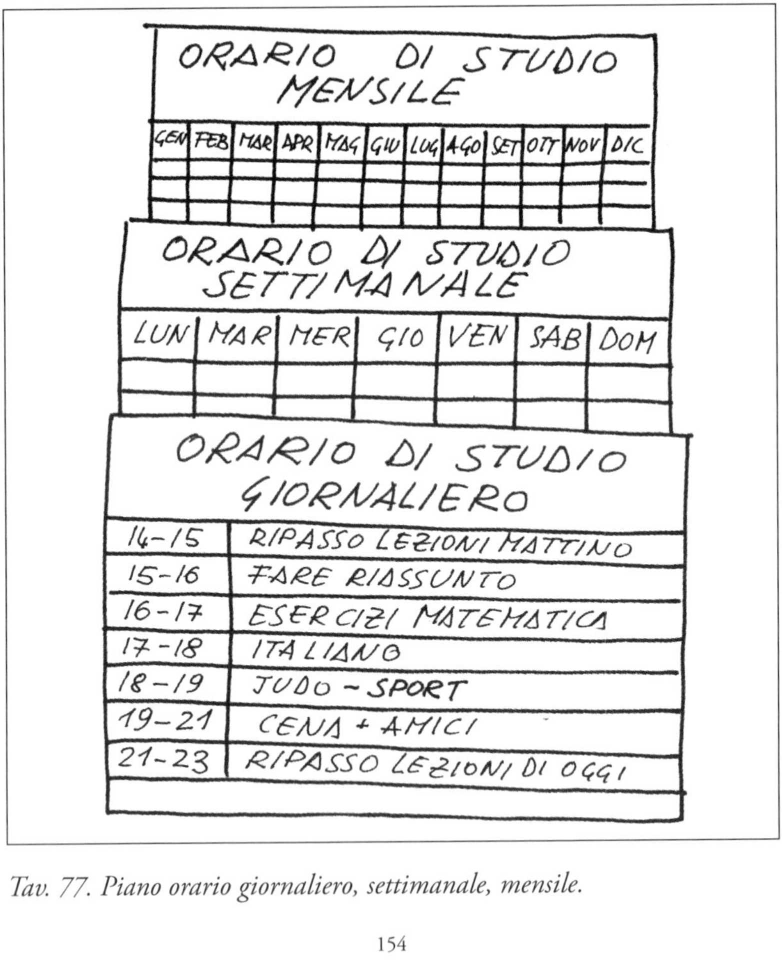

Tav. 77. Piano orario giornaliero, settimanale, mensile.

stimare le proprie capacità e per non sottostimare le difficoltà oggettive), **flessibile**, per affrontare eventuali emergenze, **equilibrato,** per studiare tutte le materie, **adeguato,** per tener conto delle preconoscenze e risorse, **operativo**, per non sognare castelli in aria, **elaborato personalmente**, per rispettare il proprio ritmo e il proprio stile di apprendimento.

Si prevedano oltre alle ore di studio, anche ore di svago e di riposo, per evitare che lo studio diventi un'ossessione.

Si evitino gli sforzi eccessivi dell'ultima ora.

Si programmino in anticipo tempi e scadenze, per razionalizzare bene i propri sforzi e suddividere il sovraccarico dei contenuti da apprendere. È deleteria la sensazione di dover affrontare un esame e sentire di non avere il tempo per prepararsi bene.

È meglio studiare un po' ogni giorno, che sottoporsi alle massacranti pressioni dell'ultima ora. Studiare ogni giorno è più rilassante e crea una più stabile e ordinata abitudine di studio.

Sull'agenda si scrivano tutte le scadenze scolastiche e si rivedano frequentemente.

9.2.1. Le scadenze come attivazione e risveglio

Molti studenti dichiarano di non riuscire a concentrarsi nello studio personale a casa quando hanno molto tempo davanti. Uno di loro si esprime così: «*Quando studio, mi distraggo continuamente. Comincio con impegno, ma dopo pochi minuti, mi ritrovo a divagare e a pensare ad altro, le mie attività, le mie amicizie, i miei interessi, il mio sport. Tutto tranne la scuola. Questo mi succede soprattutto quando ho molto tempo davanti e quando non ho delle scadenze. Se invece i miei mi dicono di sbrigarmi, perché fra un'ora si deve uscire per andare da qualche parte, mi sento spinto ad agire. È sufficiente questa piccola scadenza per spronarmi a studiare in maniera più concentrata»*.

Le scadenze creano una grande mobilitazione. Quanto più si avvicinano, tanto più aumenta l'attivazione, la vigilanza, la necessità di prepararsi ad agire. Si crea un più alto livello di adrenalina, che è un ormone responsabile del rendimento fisico e mentale. Ci si sente più attivi e svegli. In queste circostanze l'apprendimento è migliore, ma c'è anche il grande svantaggio costituito dalla fretta. Quando c'è poco tempo per apprendere una grande quantità di informazioni, l'efficienza mentale diminuisce a causa dell'ansia di non riuscire a prepararsi bene.

Uno studente può apprendere meglio se stabilisce delle scadenze, da calibrare in base alla propria persona, ma soprattutto da rispettare giorno per giorno. Ad esempio, può decidere di leggere un libro di 150 pagine in 10 giorni, segnando sull'agenda il conseguimento quotidiano di queste varie tappe.

Può studiare a tempo, usando una sveglia e programmando piccole sessioni di studio di cinque, quindici o di trenta minuti. Ad esempio può dirsi: *«Per svolgere questo esercizio, ci devo mettere cinque minuti. Vediamo se ci riesco»*. Si tratta di una scadenza e di una sfida. I due ingredienti aumentano la spinta motivazionale e la successiva soddisfazione, se riesce nel suo intento. Dandosi la scadenza di cinque minuti, aumenta l'attenzione, la vigilanza, ma anche l'adrenalina per riuscire a fare bene questo esercizio.

Se riesce, può dirsi che è stato bravo e può assegnarsi un premio o mettere da parte del denaro per acquistare cose gradite.

Se il metodo delle scadenze e delle sfide diventa abituale, può generare un buon livello di attivazione mentale che è responsabile della facilità con cui apprende e ricorda.

Inoltre, in questo modo, impara a gestire meglio il proprio tempo di studio e può guidare efficacemente la propria attenzione e raggiungere risultati soddisfacenti.

9.3. È preferibile studiare la mattina e ripassare la sera

Chiediamoci adesso:

«Si studia meglio la sera o la mattina? In quale delle due parti della giornata si ha una condizione psicofisica più propizia per lo studio?».

Innanzitutto, bisogna tener conto delle abitudini e delle preferenze personali. Di mattino presto, alcuni si sentono lucidi, altri si sentono intontiti. Alcuni preferiscono studiare nel silenzio della notte, altri si sentono incapaci di resistere al sonno.

Inoltre, ci sono vantaggi e svantaggi sia nello studio serale, che nello studio mattutino.

Lo studio serale presenta lo svantaggio della stanchezza e della fatica della giornata, ma offre il vantaggio del silenzio della notte che non interferisce con ciò che si è appreso.

Inoltre, lo studio prima di andare a dormire ha il vantaggio di fissare i ricordi, perché di notte, durante il periodo del sonno, il cervello produce una quantità maggiore di acido ribonucleico (RNA), che è in stretta relazione con la fissazione dei dati o nozioni, e cioè con la memoria.

Lo studio mattutino offre il vantaggio di una mente fresca e lucida, ma presenta lo svantaggio delle interferenze della giornata che seguirà, che interferiranno con le informazioni apprese il mattino.

Stabiliamo una distinzione. Distinguiamo, nuovamente, tra studio e ripasso.

Lo studio richiede molta concentrazione e lucidità mentale. Il ripasso, invece, può essere fatto con un livello minore di concentrazione, perché non si devono apprendere nuove informazioni, ma solo ripassare o richiamare alla mente ciò che si è appreso.

Il verbo *"ripassare"* significa, infatti, passare nuovamente in un luogo conosciuto familiare. Significa "girarci attorno". Per questo nella tav. 78 è disegnata l'icona della spirale per indicare il ripasso serale.

In generale, si può affermare che il mattino è migliore per studiare e che la sera è migliore per ripassare (vedi tavola n. 78).

Il periodo prima di andare a letto è un ottimo momento per ripassare velocemente ciò che si è appreso durante la giornata.

Tav. 78. Studiare la mattina e ripassare la sera.

Tav. 79. Tecnica del ripasso veloce sfogliando i libri e gli appunti studiati.

È utile anche adottare la tecnica del ripasso veloce, sfogliando i vari libri di testo. Si tratta semplicemente di sfogliare le pagine studiate e lasciare che l'occhio colga dei concetti qua e là, sottolineati o incorniciati. Spesso basta questo richiamo per attivare ciò che è stato appreso e ripassare (vedi tavola 79).

Anche un ripasso mentale, a occhi chiusi, prima di addormentarsi rinforza l'apprendimento e la memorizzazione.

È saggio evitare i due estremi: levatacce mattutine e nottatacce passate sui libri, con il sostegno di caffeina e nicotina.

9.4. Riposarsi bene per essere pienamente efficienti.

Gli studenti domandano spesso:

«Si può imparare durante il tempo dedicato al sonno?».

La risposta è no. Le ragioni sono le seguenti.

Per imparare è necessario possedere la piena efficienza di molte abilità cognitive, da usare in modo attivo e ciò non è possibile durante il sonno. Quindi non si può imparare dormendo (vedi tavola n. 80).

Talvolta, è possibile ripassare durante il dormiveglia, ma non durante il sonno.

Tav. 80. Non si può imparare dormendo specialmente se si sognano delle scene stupende con bellissime sensazioni.

Inoltre, è importante riposarsi per essere pienamente efficienti nell'apprendimento. Bisogna dormire bene perché il sonno è importante per memorizzare bene.

Durante il sonno, infatti, avviene la ricostituzione dell'RNA nelle cellule nervose: sappiamo che tale molecola è responsabile dell'efficienza della memoria. La ricostituzione di tale molecola è come la ricarica delle *"batterie della memoria"*, e viene *"spesa"*, durante il giorno, per apprendere nuove informazioni. Se non si dorme bene, queste batterie della memoria non sono ricaricate e quindi la memoria sarà deteriorata. Quindi è importante dormire e riposare bene per ricordare bene.

Pertanto, il tentativo di ascoltare, mentre si dorme, in alcune fasi del sonno, una lezione registrata su nastro magnetico, al fine di apprenderla più facilmente, è un tentativo insoddisfacente. Infatti, durante il sonno, non si può ascoltare attivamente e selettivamente, non si possono sottolineare le parole chiave, non si possono prendere appunti, non si possono fare collegamenti ed associazioni appropriate, non si possono elaborare le informazioni in schemi e mappe. Tutte queste caratteristiche che sono essenziali di un efficace metodo di studio, non possono essere attivate durante il sonno.

Inoltre, mentre si dorme, accade spesso che i sogni (ad esempio, di una bella vacanza al mare) possano creare forti interferenze e possano azzerare completamente lo studio di argomenti preregistrati e ascoltati passivamente senza alcuna attenzione.

Infine, il disturbo prolungato del sonno, attraverso l'ascolto di lezioni registrate, può provocare alterazioni psicologiche. Quando il sonno è interrotto o disturbato si avverte una riduzione della propria efficienza mentale e una sensazione psicologica di malessere, descritta come intontimento, o confusione.

In breve, bisogna studiare di più quando si è più efficienti. Per conoscere i periodi di maggiore efficienza e concentrazione, bisogna conoscere il proprio ritmo di attività-riposo, che va assecondato e guidato.

6 Quanto studiare

Spesso gli studenti si chiedono:

«Quanto devo studiare? È sufficiente quanto studio? O devo studiare di più?».

Non esiste una risposta uguale per tutti, perché la quantità di ciò che si deve studiare dipende da molteplici fattori.

Elenchiamone alcuni:

- *la padronanza dei prerequisiti,*
- *la forza della motivazione,*
- *la struttura del testo (semplice o complesso, facile o difficile, concreto o astratto),*
- *l'uso di adeguate strategie metodologiche,*
- *la piena efficienza delle abilità cognitive.*

Analizziamoli brevemente.

1. Fattori che incidono sulla quantità da studiare

1.1. I prerequisiti

La riattivazione delle preconoscenze (*«Cosa so già di questo argomento?»*) e dei prerequisiti (*«Possiedo le basi per studiare la matematica di quest'anno?»*) riduce notevolmente la quantità da studiare.

I prerequisiti sono tutte quelle conoscenze di base, necessarie per acquisire conoscenze ed abilità superiori (vedi tavola n. 81). I prerequisiti assomigliano alle fondamenta di una casa, sulle quali si possono costruire vari piani di conoscenze e competenze. Se uno studente possiede buoni prerequisiti, è certo che risparmierà naturalmente tempo e fatica. Con buoni prerequisiti, la quantità da studiare appare minore, mentre con scarsi prerequisiti, o "senza basi" come si dice comunemente, la quantità da studiare appare immensa e insormontabile.

Tav. 81. Attivare le preconoscenze e i prerequisiti prima di mettersi a studiare.

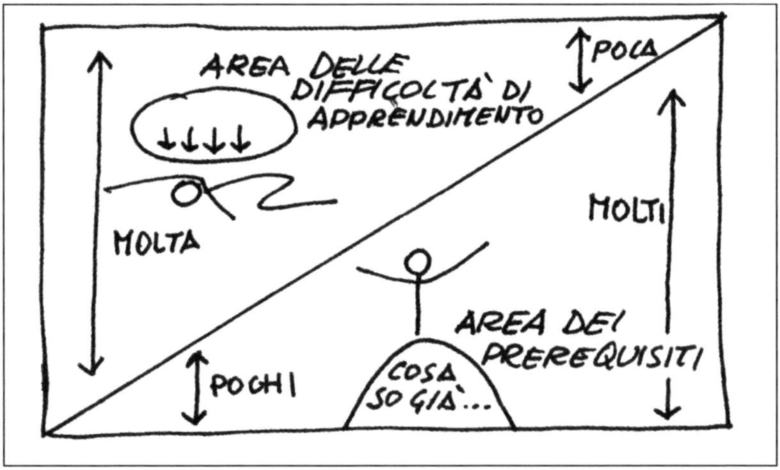

Tav. 82. Relazione inversa tra prerequisiti e difficoltà di apprendimento.

Con buoni prerequisiti si riducono, inoltre, le difficoltà di apprendimento (vedi tavola n. 82).

Senza prerequisiti (senza fondamenta o basi cognitive) l'apprendimento è molto lento, faticoso e scoraggiante soprattutto all'inizio (vedi tavola n. 83, figura a sinistra), mentre con buoni prerequisiti l'apprendimento è molto rapido, leggero ed entusiasmante fin dall'inizio (vedi tavola n. 83, figura a destra).

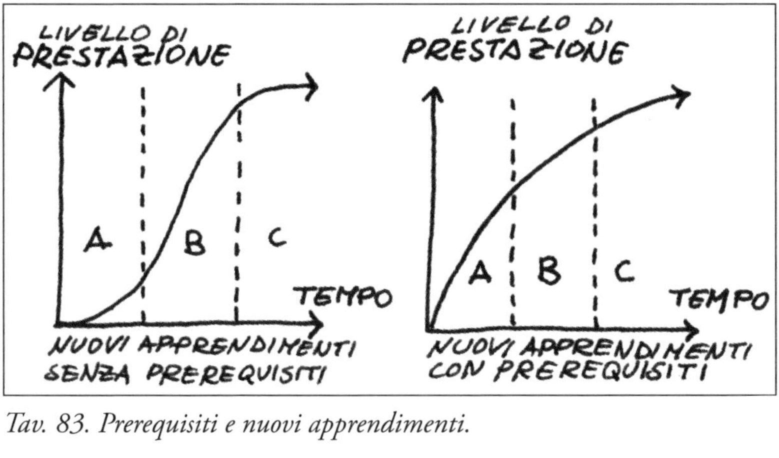

Tav. 83. Prerequisiti e nuovi apprendimenti.

Leggiamo dettagliatamente questa tavola.

Nell'ascissa delle due figure (curve) consideriamo tre periodi di tempo uguali: *(A)*, *(B)* e *(C)* che possono corrispondere, ad esempio, a tre trimestri. In ordine valutiamo la prestazione, da 0 a 100. Nella situazione di apprendimento attuata senza attivare i prerequisiti, la prestazione nel primo trimestre *(A)* è molto bassa. Mentre nelle situazioni di apprendimento attuate riattivando le preconoscenze e i prerequisiti (cioè tutto ciò che si è appreso in precedenza e che è pertinente con i nuovi contenuti), è possibile migliorare da subito, a grandi passi nella propria prestazione, come si vede nel periodo *(A)* del grafico a destra.

Anche per questa ragione, è indispensabile studiare richiamando alla mente tutte le preconoscenze pertinenti con i nuovi contenuti da studiare.

1.2. La forza della motivazione

Se uno studente è molto motivato verso lo studio, studierà con impegno e ricaverà numerose gratificazioni. Per tale ragione, il problema della quantità dello studio, è avvertito diversamente da uno studente motivato rispetto ad uno studente demotivato.

Per uno studente motivato un vasto territorio di studio diventa un'avventura esaltante, mentre per uno studente demotivato un piccolo compito diventa un'impresa impossibile.

La motivazione dà significato e valore a ciò che si studia. Una materia ritenuta stimolante si apprende rapidamente e con poco sforzo, mentre una materia ritenuta noiosa si studia lentamente e con molta fatica.

1.3. La struttura del testo

Un testo può essere semplice o complesso, facile o difficile, concreto o astratto. La sua struttura incide su quanto studiare. Ad esempio, la complessità del testo allunga i tempi di studio e dilata la quantità di ciò che si deve studiare. Un testo complesso, difficile ed astratto richiede più tempo rispetto ad un testo semplice, facile e concreto.

È necessario, perciò predisporre tempi differenti di fronte a testi differenti. Non si può leggere un testo di diritto come una favola.

Inoltre bisogna variare la velocità di lettura secondo gli scopi dello studio. Se si devono raccogliere informazioni generali, è opportuno procedere rapidamente. Se l'obiettivo è l'approfondimento di una frase molto densa, come quella di Eraclito (filosofo greco del V secolo a.C.), quando afferma che *"La vita è come un bambino che gioca a dadi"*, in questo caso bisogna procedere molto lentamente, per far emergere dalla mente le varie associazioni e analogie che possano far capire meglio la profondità del suo aforisma. Di fronte ad una poesia, ad una teoria, ad una perla di saggezza, bisogna fermarsi e contemplarne la bellezza e ascoltarne le risonanze interiori (vedi tavola 84).

Tav. 84. Ascoltare le proprie risonanze interiori di fronte a immagini poetiche e perle di saggezza.

1.4. La padronanza di strategie metodologiche

La padronanza di strategie metodologiche facilita la rielaborazione delle informazioni grazie alla quale molte informazioni possono essere sintetizzate in pochi schemi e mappe. Ad esempio, chi sa sottolineare riesce a individuare un piccolo gruppo di parole o frasi chiave che compendiano un lungo testo. Chi sa prendere appunti riesce a riassumere un grosso libro in poche pagine dense di concetti essenziali. Chi sa memorizzare con efficacia riesce a riattivare rapidamente le preconoscenze e i prerequisiti, indispensabili per gli apprendimenti futuri (vedi tavola n.85).

Chi usa un buon metodo di studio ha bisogno di meno tempo, perché sa far fruttare quello che utilizza, raggiungendo il successo e la soddisfazione con facilità a scuola.

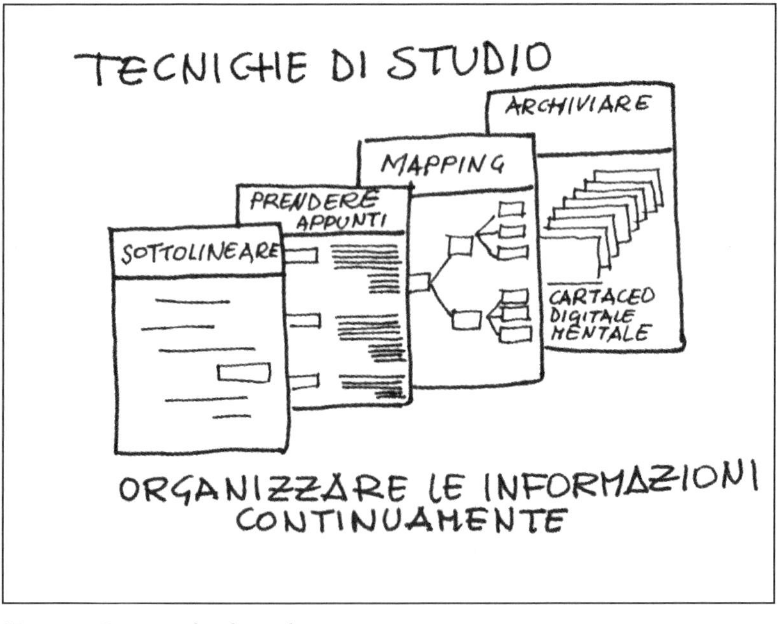

Tav. 85. Le tecniche di studio.

1.5. L'efficienza delle abilità cognitive

Quando si studia con la piena efficienza delle varie abilità cognitive (apprendimento, comprensione, rielaborazione, memoria, transfer), è possibile incamerare e assimilare una grandissima quantità di informazioni.

Quando, invece, si studia in modo sbagliato o senza attivare la piena efficienza delle abilità cognitive, tutto diventa faticoso e frustrante. Una piccola difficoltà diventa un problema insolubile.

Le abilità cognitive sono come i motori di un aereo. Per farlo decollare bisogna accendere i motori. Per studiare con efficacia bisogna accendere la mente e tenere sotto controllo i vari indicatori dell'efficienza, dell'attenzione, del ragionamento, dell'analisi, della sintesi, della memoria, dell'assimilazione, della creatività. Non si deve studiare con la mente spenta come un aereo non può decollare con i motori spenti.

2. Suggerimenti per ridurre la quantità di ciò che si deve studiare

Pertanto, per ridurre la quantità di ciò che si deve studiare o per apprendere una sempre maggiore quantità di informazioni, è necessario tener conto di alcuni suggerimenti, come i seguenti:

- *valorizzare ciò che si deve studiare,*
- *elaborare schemi e mappe cognitive,*
- *suddividere i contenuti complessi in piccoli passi,*
- *tradurre i concetti astratti in immagini concrete.*

2.1. Valorizzare ciò che si deve studiare

Si apprende facilmente ciò che è significativo.

La quantità di ciò che deve essere studiato appare sconfinata e insopportabile quando si è demotivati, mentre è percepita definita e stimolante quando si è motivati.

Ogni studente può valorizzare e rendere significativi i contenuti dell'apprendimento. Per ottenere questo scopo, egli può ricorrere alla tecnica dell'automonitoraggio:

"Quanta importanza ha lo studio di questa materia per la mia vita? Come mi potrà servire in seguito? Come posso studiarla concretamente, per riuscire a radicarla nella mia esperienza? Come posso individuare in essa alcuni aspetti positivi, per poterla studiare con più interesse?".

Se uno studente non riesce a valorizzare quello che studia, avvertirà sicuramente molta fatica e difficoltà, e, soprattutto, si sentirà schiacciato e oppresso dalla quantità numerosa di ciò che deve studiare.

2.2. Elaborare schemi e mappe cognitive

Uno schema è una riduzione logica delle informazioni essenziali. Si possono apprendere e ricordare molte informazioni se sono raggruppate in schemi verbali e figurativi.

Per elaborare schemi grafici ben ramificati, o sintesi concettuali, si può usare l'automonitoraggio nel modo seguente:

"Qual è la definizione più sintetica di questo concetto? Quali sono le caratteristiche più essenziali? Quali sono i principi su cui si basa questa teoria? Qual è la struttura concettuale di questa argo-

mentazione? Qual è il principio, o legge, che può spiegare coerentemente questa miriade di fatti? Come posso raggruppare tutti questi concetti in uno schema grafico chiaro, coerente ed esaustivo? Quale immagine può aiutarmi a memorizzare questo gruppo schematico di informazioni?".

Ad esempio, per ricordare la definizione di libertà si può richiamare alla mente la Statua della Libertà che si erge all'entrata del porto di New York (vedi tavola n.86).

Tav. 86. La statua della libertà a New York.

È una donna che tiene nella mano sinistra un libro (la conoscenza che libera dall'ignoranza) e nella destra una torcia (la luce che illumina e fa chiarezza rispetto al buio della schiavitù dell'anima e del corpo) e sulla testa un diadema principesco (la forza, la potenza, la nobiltà d'animo).

Tenendo presente questa immagine e mettendo insieme questi tre concetti, si può definire la libertà: *la capacità di affermarsi con forza e nobiltà nella vita (diadema) basandosi sulla conoscenza e cultura (libro) e sulla capacità di illuminare il mondo circostante (torcia) per liberarlo dalle tenebre dell'ignoranza.*

Un'altra definizione, potrebbe essere la seguente: *La libertà è la capacità o la potenza di poter scegliere, decidere e incidere sulla propria vita e sul proprio ambiente, basandosi sulla conoscenza della realtà circostante e sulla capacità di illuminare con la luce della verità la propria vita e il mondo intorno a noi.*

Sono alcune definizioni originali di libertà, nate dalla sintesi di aspetti differenti, rappresentati con oggetti concreti: diadema, libro, torcia.

Si può usare questa immagine come un'efficace strategia mnemotecnica, utile per ricordare il concetto astratto di libertà. Per le altre strategie della memoria si veda M. Polito (2003).

2.3. Suddividere i contenuti complessi in piccoli passi

Quando un argomento di studio è molto vasto, è utile frazionarlo in piccole parti. Quando un argomento è complesso, è bene smontarlo nelle sue parti più semplici, secondo il suggerimento dei latini *Divide et impera:* Dividi e dominerai.

Se si suddividono gli argomenti complessi in sequenze o percorsi brevi e semplici, si evita l'errore di *"fare il passo più lungo della propria gamba"*.

Un apprendimento a piccoli passi (o apprendimento parziale, cioè suddiviso in parti) è più efficace di un apprendimento a grandi passi (o globale), specialmente se si è di fronte ad un argomento difficile o ad una nuova disciplina (vedi tavola n. 87).

Tav. 87. Apprendimento a piccoli passi e a grandi passi.

Se, invece, si è esperti in una materia, si può procedere rapidamente verso apprendimenti molto più vasti, articolati e complessi. Di fronte ad argomenti nuovi, però, si deve procedere molto gradualmente, a piccoli passi.

Il compito dei docenti è proprio quello di frazionare gli argomenti complessi in piccole porzioni per aiutare gli studenti a padroneggiare passo dopo passo l'intera struttura di una disciplina.

Uno studente può procedere speditamente, se possiede i prerequisiti, le preconoscenze, o le abilità di base necessarie per affrontare un livello superiore di apprendimento. Attraverso la tecnica dell'automonitoraggio, si può stabilire quando è bene procedere passo per passo, e quando procedere più speditamente.

Ogni studente deve studiare adottando differenti velocità di lettura e di apprendimento, in base alla difficoltà della materia, alla densità dei concetti, al bisogno di riflessione e alla necessità di stabilire collegamenti. Quanto più automatizza e assimila i concetti fondamentali di una disciplina, tanto più la sua mente può procedere con velocità, prontezza e lucidità.

2.4. Tradurre i concetti astratti in immagini concrete

Un'immagine vale mille parole.

Adottando il metodo delle immagini per tradurre concetti astratti è possibile ridurre notevolmente la quantità di ciò che deve essere appreso.

Un'immagine, a differenza delle parole, è percepita immediatamente e globalmente, con un colpo d'occhio; mentre le parole, in quanto eccellenti strumenti analitici, sono percepite in sequenza l'una dopo l'altra; inoltre, solo dopo averle lette tutte, è possibile comprendere il significato dell'insieme del paragrafo.

È utile, perciò rendere concreto ciò che si deve studiare, traducendo, per quanto è possibile e in base ai propri bisogni di concretezza, i concetti astratti in concetti concreti. Un concetto concreto facilita la comprensione e la memorizzazione.

Ad esempio, il concetto astratto di giustizia è stato tradotto, in epoca medievale, nell'immagine concreta, o allegoria (vedi tavola n. 88) di una donna bendata (per esprimere il concetto di imparzialità) con una bilancia nella mano sinistra (per indicare il concetto della valutazione dei *pro* e dei *contro)* e con la

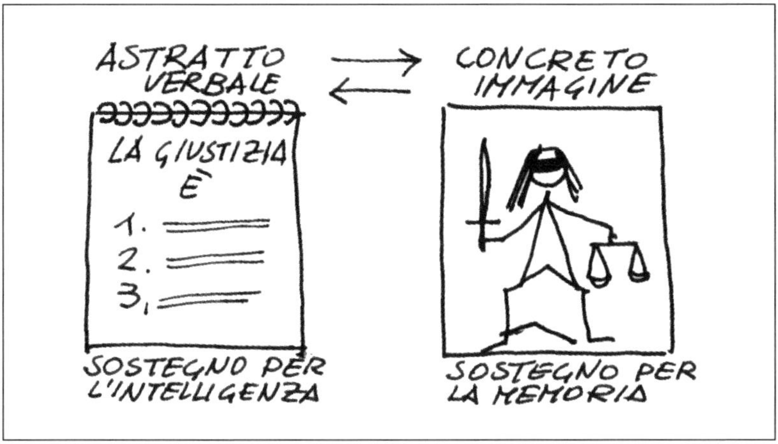

Tav. 88. Esempio di traduzione del concetto astratto di giustizia in un'immagine concreta.

spada nella mano destra (per indicare il concetto di dirimere delle questioni, sciogliere dei nodi, prendere delle decisioni, punire le ingiustizie).

Per sviluppare tale abilità di traduzione dei concetti astratti in immagini concrete, si può usare l'automonitoraggio nel modo seguente:

"In quale modo posso tradurre questo concetto astratto in uno più semplice e comprensibile, o in un'immagine concreta? Quale situazione reale è condensata in questo concetto astratto? L'autore di questa teoria cosa stava osservando concretamente quando ha formulato questa ipotesi? Per trovare spunti e suggerimenti concreti, posso ricorrere alle immagini della mitologia classica, alle varie personificazioni dei vizi e delle virtù, delle scienze e delle arti. Posso ricorrere ai simboli religiosi, politici e ideologici o ai manifesti pubblicitari".

In conclusione, la risposta alla domanda *"Quanto studiare?"* deve considerare i vari fattori dello studio: il metodo, la motivazione, le abilità cognitive, le strategie e la qualità dello studio.

Grazie a tale consapevolezza, uno studente può conteggiare il tempo necessario per studiare dieci pagine di storia, oppure dieci di scienze e dieci di letteratura. Si renderà conto che ogni materia richiede tempi differenti di studio, definiti sia dalla complessità concettuale, sia dalla propria accoglienza, motivazione, strategie di studio.

Il prossimo capitolo sarà dedicato a fornire maggiori dettagli su come programmare il proprio studio.

7 Come studiare efficacemente

La padronanza di un efficace metodo di studio permette di fare il doppio in metà tempo e con minore fatica.

Con uno slogan di gioco di parole: *"Col metodo, metà"* (di tempo e fatica).

Afferma un proverbio: *"Chi ben incomincia è a metà dell'opera"*.

1. Suggerimenti per studiare efficacemente

1.1. Riattivare le preconoscenze prima di mettersi a studiare

Si cominci a rievocare tutte le preconoscenze che già si possiedono sull'argomento che si dovrà studiare (vedi tavola n. 89). Ciò costituisce una forma di *riscaldamento* o di *preludio* (introduzione) allo studio che offre una gratificazione immediata (*"Questo lo so già"*), stimola la concentrazione e facilita l'aggancio delle nuove informazioni.

Ad esempio, se lo studio riguarda la giustizia, bisogna chiedersi: *«Che cosa so già di questo argomento? Come lo posso defini-*

Tav. 89. Riattivare le preconoscenze e gli agganci prima di mettersi a studiare.

re in modo personale? Come posso schematizzarlo in una mappa cognitiva? Come posso raccogliere esempi pertinenti? In quali occasioni ne ho sentito parlare. Come collego il concetto di giustizia a quello di libertà?».

Spremendo la propria mente in modo sistematico si ricavano molte informazioni che vi sono depositate senza essere utilizzate, perché non si dedica sufficiente tempo a rievocarle.

Una volta riattivate, ci si sente subito più intelligenti, perché si riescono ad agganciare meglio le nuove informazioni in arrivo.

Se non si riattivano sistematicamente e costantemente le preconoscenze, tutto sembra pesante da studiare.

1.2. Individuare il proprio ritmo di apprendimento

Il ritmo di apprendimento è il risultato della padronanza dei prerequisiti, dell'efficienza del proprio metodo di studio e della forza della motivazione.

È necessario conoscere accuratamente il proprio ritmo di apprendimento, per evitare di sovrastimare o sottostimare i propri impegni di studio.

Il proprio ritmo di apprendimento varia da materia a materia. È più rapido nelle materie che piacciono ed è più lento nelle materie che non piacciono.

La conoscenza del proprio ritmo di apprendimento migliora la capacità di gestione del proprio tempo di studio: "Per studiare una pagina di questo libro di storia ci metto 8 minuti. Quindi, per studiare questo capitolo, ci metterò un'ora e venti. Devo prevedere, poi, il tempo per schematizzare i punti essenziali e per ripassarli subito dopo".

1.3. Consapevolezza del proprio stile cognitivo

La consapevolezza del proprio stile di apprendimento suggerisce strategie efficaci e soprattutto congeniali.

Attraverso la tecnica dell'automonitoraggio, ci si può chiedere:

"Qual è il mio stile di apprendimento? Sono attratto dai dettagli o dalla visione di insieme? Dai particolari o dalle grandi teorie? Sono impulsivo o riflessivo? Logico o fantasioso? Sono sistematico o disordinato? Sono analitico o intuitivo (vedi tavola n. 90). Come posso riuscire a integrare nel mio metodo di studio sia la capacità di analisi che quella di sintesi? Mi rendo conto che l'analisi senza la sintesi è caotica e frammentaria e che la sintesi senza l'analisi è generica e superficiale?"

È molto utile valorizzare di più il proprio stile di apprendimento e chiedersi ad esempio *"Qual è il modo migliore per apprendere e ricordare meglio?"*.

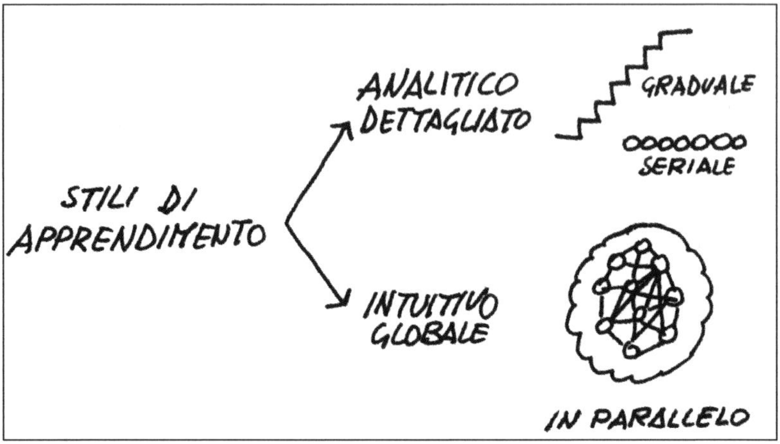

Tav.90. Stile di apprendimento: analitico e intuitivo.

1.4. La rappresentazione sensoriale delle informazioni

La maggioranza degli studenti ricorre abitualmente a una rappresentazione visiva delle informazioni (60-70%), ma la scuola è ancora prevalentemente verbale: per loro non è facile apprendere e studiare usando solo il codice verbale, scritto o orale. Una piccola parte utilizza una rappresentazione uditiva (15-20%) e un'altra piccola parte usa una rappresentazione pratica motoria (15-20%). (Vedi tavola n. 91).

Come si fa a conoscere il proprio stile di apprendimento, rispetto alla codifica sensoriale delle informazioni?

È sufficiente osservare il modo in cui si riesce ad apprendere meglio.

Il tipo prevalentemente **visivo** ha bisogno di esempi, di schemi, di grafici, di diagrammi, di mappe. Apprezza molto le immagini e le figure del libro. Studia visualizzando concetti astratti con immagini concrete (ad esempio, la definizione di libertà ricordando la Statua della Libertà di New York), utiliz-

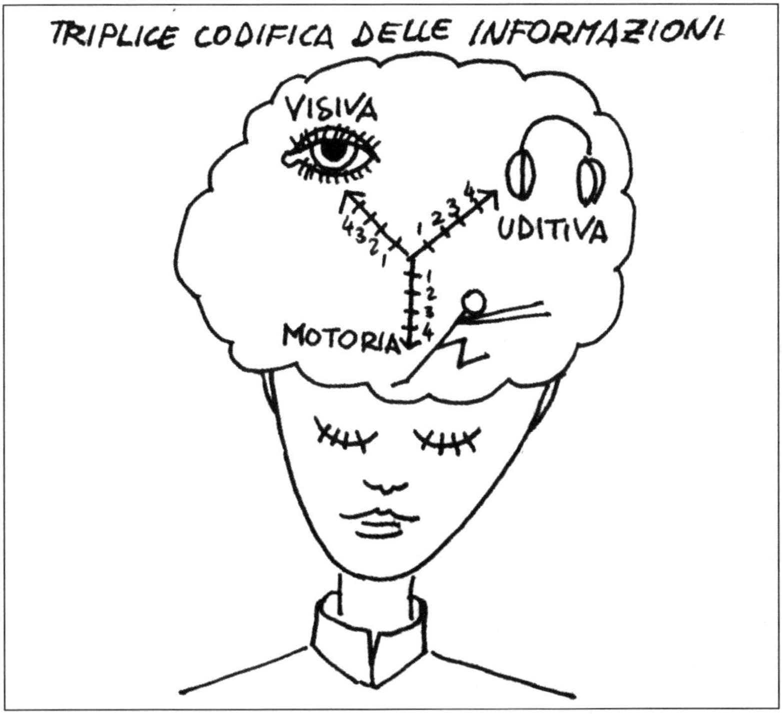

Tav. 91. Adattare il metodo di studio alla propria rappresentazione sensoriale prevalente: visiva, uditiva o motoria.

zando i ritratti o le foto dei personaggi studiate (coinvolgendosi in discussioni mentali con Darwin o Mendel), immaginando la sequenza di eventi anche piccolissimi (ad esempio, la scissione della cellula). Ha bisogno di evidenziare a colori alcune parole e frasi di un testo. Crea delle mappe cognitive e dei percorsi mentali su fogli di carta per "vedere meglio" quello che studia.

Il tipo prevalentemente **motorio** ha bisogno di sottolineare, ed evidenziare parole e frasi, di prendere appunti, di coinvolgersi in esperimenti di laboratorio, di muoversi e di fare qualcosa di pratico, come una rappresentazione teatrale di un testo o la realizzazione di un cdrom di diapositive o di un filmato su un tema specifico. Deve muovere le mani e il corpo per sentirsi coinvolto anche dal punto di vista cognitivo. Lo annoiano le lezioni o spiegazioni solo verbali, quando non ci sia niente di pratico da fare o da sperimentare. In lui prevale l'*homo faber*, costruttore di oggetti e strumenti, l'uomo artigiano, la persona pragmatica, che studia per risolvere problemi concreti.

Il tipo prevalentemente **uditivo verbale** ha bisogno soprattutto di belle parole e di attraenti sequenze di frasi, che memorizza con facilità. Impara di più, non se legge, ma se ascolta una spiegazione. Desidera discutere con qualcuno quello che sta apprendendo. Ricorre spesso alla ripetizione ad alta voce di ciò che studia, perché così si concentra meglio e le sue parole si imprimono meglio nella sua mente. Chiede spesso a qualcuno di ascoltarlo mentre ripete ciò che ha appreso. È affascinato dalla sonorità e corposità delle parole. Rivolge molta attenzione ai loro suoni, alle intonazioni, alla loro musicalità.

Questi sono tipi puri.

La maggior parte di noi, però, presenta tutti e tre questi codici, ma con percentuali differenti. Uno può essere prevalentemente visivo, poi motorio e, in piccola parte, uditivo. Un altro può essere prevalentemente uditivo, poi motorio e in, piccola parte, visivo. Ognuno deve scoprire la composizione delle proprie rappresentazioni sensoriali delle informazioni e adattare ad esse il proprio metodo di studio.

Il miglior metodo di apprendimento è quello che utilizza tutti e tre, perché coinvolge molte aree del cervello: quella occipitale (visiva), quella parietale del centro di comprensione del linguaggio (Centro di Wernicke) quella parietale del centro di produzione del linguaggio (Centro di Broca) e quella sensoriale motoria (vedi tavola n. 92)

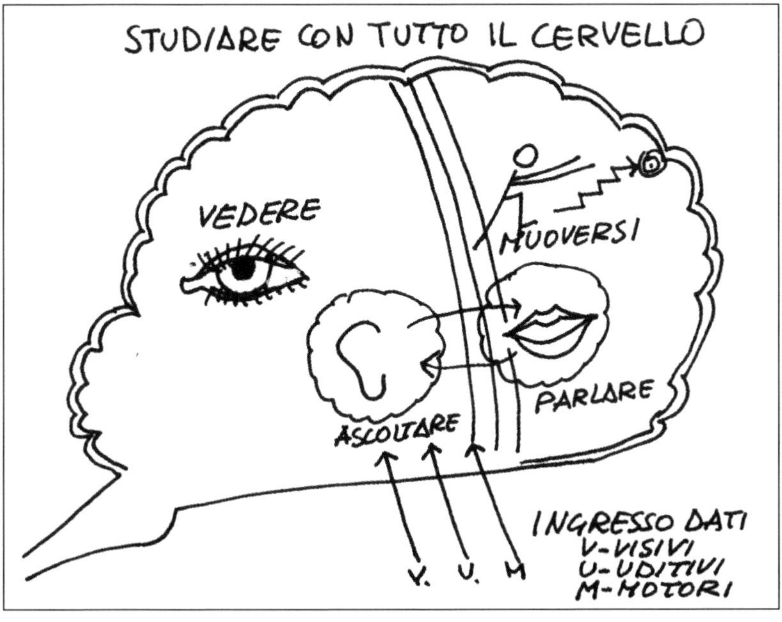

Tav. 92. Studiare con tutto il cervello, utilizzando contemporaneamente più aree, quella visiva, uditiva verbale e sensoriale-motoria.

1.5. Valorizzare il proprio stile cognitivo prevalente

Lo stile è la qualità più caratteristica di una persona. Lo stile luminoso e contemplativo di Michelangelo è molto differente dallo stile in chiaroscuro e drammatico prediletto da Caravaggio.

Ogni persona usa la mente in forme molto personali, che costituiscono il suo stile cognitivo. Anche due individui con lo stesso punteggio del Q.I. (Quoziente di Intelligenza), ad esempio con 115, usano la loro propria mente in modo del tutto differente: negli interessi, nella motivazione, nell'attenzione, nella riflessione, nella cura del dettaglio, nella visione generale della realtà.

Ogni studente può interrogarsi sul proprio stile cognitivo che è fatto di numerose dimensioni. Dopo averlo compreso meglio, può impegnarsi a svilupparle armoniosamente insieme, anche se non è facile.

Studiando le varie materie, egli può notare che in alcune l'apprendimento vola, in altre è trascinato.

Da cosa dipende?

Dalla motivazione, dagli interessi, dal metodo di studio, ma anche dai vari stili cognitivi (M. Polito 2003 e 2007).

Per comprendere il grande dono della mente, si può cominciare con la domanda generale: *"Quando è che apprendo meglio? Quando si tratta di teorie generali o di concetti specifici passo per passo?"*.

Uno studente può rispondere: *"L'uno e l'altro, ma in proporzioni differenti. Sono più facilitato nelle grandi sintesi e mi sento più in difficoltà nel soffermarmi sui piccoli dettagli"*. Un altro può rispondere al contrario.

Se ognuno conosce meglio le varie dimensioni del proprio stile cognitivo, riesce a studiare meglio, sa come valorizzare le sue eccellenze e come rimediare alle sue lacune Si assegni un punteggio: 0 = no o per niente, 1 = un po', 2 = abbastanza, 3 = molto, 4 = moltissimo. (vedi tavola n. 93).

Lo studente con stile cognitivo prevalentemente **Globale-Olistico**, ha bisogno di inquadrare ciò che studia in una visione generale d'insieme, ama schematizzare, tende a livellare le differenze e a generalizzare. Vede l'insieme (la foresta), ma trascura i dati specifici (i singoli alberi).

Al contrario, lo studente con stile cognitivo prevalentemente **Analitico-Seriale** ha bisogno di ancorarsi a dati certi, procede passo dopo passo, è preciso e rigoroso, tende a rilevare le

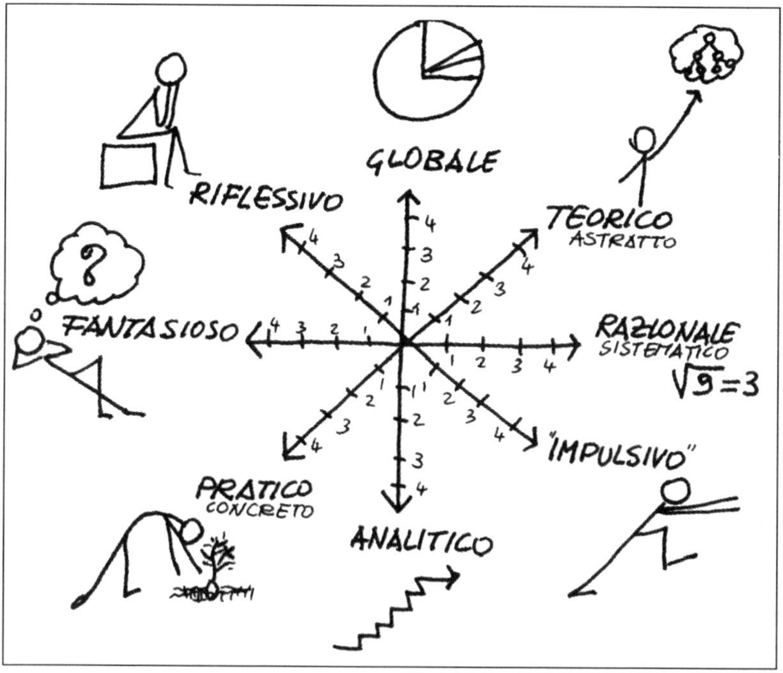

Tav. 93. Schema radiale per tracciare il profilo del proprio stile cognitivo.

differenze e le sfumature, ma gli riesce molto difficile cogliere le visioni panoramiche. Vede i singoli dati (gli alberi) ma non il loro insieme (il bosco).

Lo studente con stile cognitivo prevalentemente **Riflessivo** agisce con prudenza, pensa con cautela, crea grandi progetti e pianifica tutto. È un po' lento nelle decisioni e talvolta non sa cogliere al volo le occasioni.

Al contrario, lo studente con stile cognitivo prevalentemente **Impulsivo** agisce con rapidità, pensa con velocità, si orienta sulle cose pratiche da fare. Rischia, però, di decidere in maniera precipitosa e approssimativa. Manca di progettualità e di pianificazione generale. Spesso è un po' disordinato.

Lo studente con stile prevalentemente **Teorico** ama i modelli astratti ed è molto interessato alle teorie che spiegano i vari fenomeni. Apprezza le argomentazioni logiche e le relazioni (interconnessioni) tra le idee. Ammira l'ordine e la sistematicità. Utilizza frequentemente schemi e mappe.

Al contrario, lo studente con stile cognitivo prevalentemente **Pragmatico** rivolge il suo interesse solo a problemi concreti e pratici. Non apprezza i lunghi discorsi, le sottigliezze concettuali, le teorie. Impara di più attraverso gli esempi, le esercitazioni, i laboratori, i problemi tangibili.

Lo studente con stile cognitivo prevalentemente **Logico-Scientifico** si trova a suo agio con le descrizioni formali, astratte e concettuali. Organizza la sua mente in sequenze di ipotesi, controllo e verifica. Bada soprattutto alle incoerenze logiche e al principio di non contraddizione. È interessato solo alla realtà osservabile del laboratorio. Trascura però la poesia, la letteratura, la filosofia.

Al contrario lo studente con stile prevalentemente **Letterario-Narrativo** è molto interessato ai racconti emotivi, alle descrizioni di ambienti storici e sociali, al dramma di sentimenti contraddittori descritti nelle poesie e romanzi. È molto interessato alla vita delle persone. Apprezza anche la narrazione fantastica e giudica insopportabilmente arida la vita chiusa nei laboratori scientifici.

È molto utile conoscere bene queste varie dimensioni del proprio stile cognitivo, che sono come i colori di una tavolozza: bisognerebbe usarli tutti, ma in tonalità differenti. Alcuni pittori preferiscono i colori chiari, altri quelli scuri, alcuni quelli sfumati e altri quelli contrastanti.

Oltre a questi vari stili, è utile valorizzare le varie forme di intelligenze approfondite da H. Gardner (1987). Quali tipi di intelligenze abbiamo sviluppato di più nel nostro studio e nella nostra vita? Per rispondere a questa domanda si può utilizzare il "Questionario sulle intelligenze multiple" descritto nel mio libro sull'intelligenza (M. Polito 2003, pp. 26-38). Grazie ad esso potremo conoscere meglio le dimensioni prevalenti della nostra mente. In quali ci sentiamo più esperti? Nell'intelligenza logico-matematica, in quella verbale-linguistica, in quella visiva-pittorica, in quella musicale, in quella corporea, in quella interpersonale-sociale, in quella intrapsichica-psicologica o in quella religiosa-esistenziale?

L'apprendimento è una grande avventura se lo studente sa convogliare nello studio queste grandi risorse della mente.

Il metodo di studio diventa il luogo per conoscersi meglio e prendersi cura della propria persona in modo globale.

1.6. Variare il menù dei contenuti da studiare

È proficuo variare il menù di ciò che si deve studiare, alternando materie difficili con quelle più facili.

È meglio studiare dapprima le materie difficili e poi quelle più facili.

In tal modo, lo studio della materia più facile diventa una gratificazione e un premio, dopo essersi impegnati in qualche compito difficile. Talvolta, studiare una materia più facile dopo una più difficile può essere avvertito come riposo o come un piacevole stacco.

1.7. Individuare i primi segni di stanchezza o di distrazione

È utile individuare tempestivamente i segni della stanchezza e della distrazione, per scegliere se inserire una pausa o se è preferibile sforzarsi un po' di più.

Un rimedio contro la distrazione è il lavoro rapido a tempo delimitato:

"Ho a disposizione solo mezz'ora. In questo tempo devo riuscire a terminare questo lavoro. Devo leggere una pagina ogni 3 o 5 minuti. Al lavoro! Ci sto riuscendo! Bravo!".

È meglio studiare le materie difficili nel proprio *"tempo migliore"*, quando ci si sente più lucidi e più efficienti.

1.8. Studiare tenendo conto di tutte le fasi dello studio

Si distribuisca il proprio tempo di studio, tenendo conto di tutte le fasi dello studio: apprendimento, rielaborazione, memorizzazione, recupero e transfer (applicazione di ciò che si è appreso) (vedi tavola n.94).

In generale, gli studenti pensano che studiare significhi solo incamerare nuove informazioni e trascurano le altre fasi dello studio: la rielaborazione, la memorizzazione, il recupero e il transfer.

Tav.94. Schema delle varie fasi dello studio.

Di conseguenza i loro risultati scolastici sono scarsi. Solo la rielaborazione e l'assimilazione garantiscono il successo scolastico e creano una mente sveglia: vivace, scattante, ingegnosa, intelligente.

È utile insistere sull'indicazione di ripassare immediatamente le informazioni appena apprese, per rinforzarle nella memoria con il metodo del superapprendimento.

1.9. Guidare la mente con chiare autoistruzioni mentre si legge o si studia

Di fronte ad un testo impegnativo è necessario attivare l'automonitoraggio per autoregolare meglio la comprensione.

Alcune autoistruzioni che possono essere utilizzate sono le seguenti:

- *Attento a non perdere il filo!*
- *Dopo ogni paragrafo, impegnati a individuare la frase essenziale. Concentrati a identificare i concetti più importanti e a mettere provvisoriamente da parte quelli secondari.*
- *Fermati a pensare e a riflettere. Osserva quali risonanze e dissonanze crea in te la lettura di questo brano.*
- *Sintetizza con una frase questi numerosi concetti.*
- *Definisci bene lo scopo di questa lettura. Rendi chiaro ed esplicito l'obiettivo per il quale stai leggendo questo brano.*
- *Fai delle previsioni su cosa accadrà più avanti nel racconto o su cosa sarà esposto nel testo.*
- *Attribuisci maggiore valore a ciò che stai facendo.*
- *Controlla quanto ti senti coinvolto e interessato nello studio di questo brano che di per sé non ti attira.*
- *Rievoca i presupposti concettuali e lessicali per capire meglio questo brano.*

- *Frena la curiosità e attieniti allo scopo del compito.*
- *Rallenta in questo punto, perché i concetti sono molto densi, oppure perché la scrittura è contorta.*
- *Qui, invece, procedi più velocemente, perché hai già compreso lo schema generale dell'argomento trattato.*
- *Ottimizza il tempo disponibile per la lettura, perché non è molto.*
- *Distribuisci meglio l'attenzione sulle parti più importanti, invece che sui dettagli.*
- *Afferra gli esempi pratici descritti nel testo per comprendere meglio le argomentazioni dell'autore.*
- *Valuta il "peso" del significato di alcune parole.*
- *Considera la validità di alcune argomentazioni.*
- *Leggi lentamente alcune frasi, per assimilare meglio il loro significato.*
- *Rivedi il testo per evitare di aver trascurato qualcosa di importante.*
- *Prendi delle misure correttive se ti accorgi che incontri notevoli difficoltà di comprensione. Chiedi aiuto.*
- *Ricordati che la comprensione di un testo è una conquista.*
- *Rivolgiti delle domande per controllare che stai raggiungendo gli obiettivi che avevi stabilito all'inizio.*

Alcuni studenti all'inizio rimangono sconvolti dalla quantità di autoistruzioni che bisogna rivolgere alla propria mente per guidarla in modo intelligente.

Si convincono, però, velocemente della necessità di dedicare molto tempo a queste indicazioni, quando fanno il paragone con altre abilità e osservano il grande investimento necessario per diventare esperti nel suonare la chitarra, praticare uno sport, disegnare, danzare, esprimersi fluentemente in una lingua straniera.

Anche per diventare atleti della propria mente bisogna seguire una tabella sequenziale e costante di allenamenti.

Un giorno, uno studente che seguivo in terapia per problemi di apprendimento giunge nel mio studio con l'espressione soddisfatta. Suonava la chitarra e sognava di diventare un grande musicista. Mi dice: «Basta con gli allenamenti noiosi. Sono una tortura. Adesso ho capito: suonerò solo quando mi sento ispirato». «Ah, sì! E quando sei stato ispirato ultimamente?». «Martedì scorso e ho suonato da dio!». «Ah, sì. E per quanto tempo hai suonato?». «Per un'ora. Ma è stato stupendo». «Ah, sì! Ho capito. Tu non vuoi diventare per niente musicista. Anzi, non diventerai mai musicista». «Ma come? Perché mi tratta così male?». «Io? No. Sei tu che non vuoi più diventare musicista. Con un'ora la settimana, non diventerai mai un chitarrista. Mai. Mai». Silenzio. Colpito nel segno. Dopo alcuni lunghi secondi riprendo: «A tuo parere, quanti movimenti fanno le tue dita al minuto sulla tastiera?». «Non lo so. Non li ho mai contati». «Adesso ti prendo la chitarra. Ecco. Suona. Io conterò i movimenti. Bene. Ne ho contati 70-80. Facciamo una media di 60 movimenti al minuto. In un'ora sono 3600. Tremilaseicento. Tremilaseicento impulsi che dal tuo cervello sono passati rapidamente nelle tue dita. In un 4 ore di allenamento al giorno sono 15.000 movimenti. Quindicimila. Domani diventeranno trentamila. Dopodomani quarantacinquemila. In quattro anni diventeranno 22.000.000. Ventidue milioni. Tu costruirai ventidue milioni di connessioni stabili dal tuo cervello alle tue dita. Sono questi milioni di connessioni stabili che ti permetteranno di suonare qualsiasi musica, in qualsiasi parte del mondo, di fronte a qualsiasi spartito. Anzi, senza alcuno spartito, perché li avrai memorizzati tutti nella mente e ti impegnerai solo nella tua interpretazione di quei brani, come fanno i tuoi miti che ammiri tanto e che suonano contorcendosi con tutto il corpo sullo strumento e spremendone tutta la musica che è possibile. Ma con un'ora alla settimana, anche se sei ispirato, non andrai da nessuna parte. Scegli. Tu puoi costruirti il tuo futuro. Scegli di diventare chitarrista o rinuncia. Ma se ci tieni, anche se oggi non sei ispirato, allenati ugualmente. Avrai stabilizzato le tue competenze musicali con altre 15.000 connessioni. Se anche domani non ti sentirai ispirato, allenati lo stesso. Il successo è garantito solo dall'allenamento costante. Scegli». Silenzio. Poi mi guarda e dice: «Ho capito».

La stessa cosa vale nello studio.

Molti studenti mi dicono di studiare solo le materie che piacciono. Certo. Quello che piace è più facile studiarlo. Ma per diventare atleti della mente (M. Polito 2007) bisogna studiare anche quello che non piace. Come? Creando delle motivazioni supplementari. Ad esempio? Una sfida con se stessi: *"Vediamo se sono veramente in gamba! Vediamo se riesco a fare questo, anche se mi costa. Anche se non mi piace"*. Senza una mente disciplinata (autoregolata), non si può diventare bravi in niente.

Immaginiamo un atleta. Il suo corpo, così ricco di muscoli ben modellati, ci racconta la lunga serie di allenamenti e ci comunica una grande forza interiore. È consapevole di essersi allenato bene, di aver costruito un bel corpo pronto per la gara. Sente che la sua muscolatura così ben curata non lo tradirà mai.

Anche uno studente che si prepara con cura e con costanza a un esame, giungerà con il volto sereno, perché sarà convinto che potrà avere completa fiducia nella sua mente e nella sua preparazione remota, lontana, curata giorno dopo giorno.

1.10. Il metodo del superapprendimento

Il metodo del superapprendimento suggerisce di continuare a ripassare immediatamente le informazioni che sono state già apprese, per rinsaldarle nella memoria e per rielaborarle. Si tratta di ripeterle, ad esempio, al 120%, al 150% o al 200%: ripeterle anche se sono state apprese perfettamente (vedi tavola n. 95).

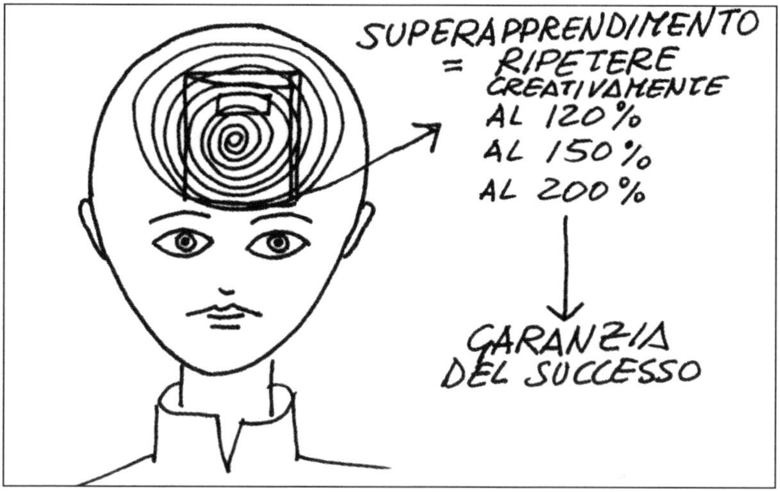

Tav. 95. Il superapprendimento.

Tale suggerimento è spesso trascurato, perché è ritenuto ripetitivo e meccanico. Tuttavia, è possibile utilizzare il metodo del *superapprendimento in modo creativo,* rielaborando attivamente i contenuti appresi, ad esempio, classificandoli in categorie concettuali sempre più vaste o sempre più dettagliate, oppure collegandoli con tutto ciò che già si conosce sull'argomento, creando, in tal modo, reti di conoscenze.

Il superapprendimento è un antidoto contro l'oblio o la dimenticanza (vedi tavola n. 96) e un percorso sicuro verso la perfezione.

Ad esempio, vuoi diventare ritrattista? Allora comincia a disegnare diecimila ritratti. Diecimila? Sì. Diecimila. Uno per volta. Vedrai che, dopo cento, dopo mille ritratti, la tua mano diventa sempre più esperta. Continua. Non ti fermare. Dopo duemila diventa prodigiosa. Dopo cinquemila diventa scattante, decisa, fulminea. Dopo diecimila è geniale e perfetta.

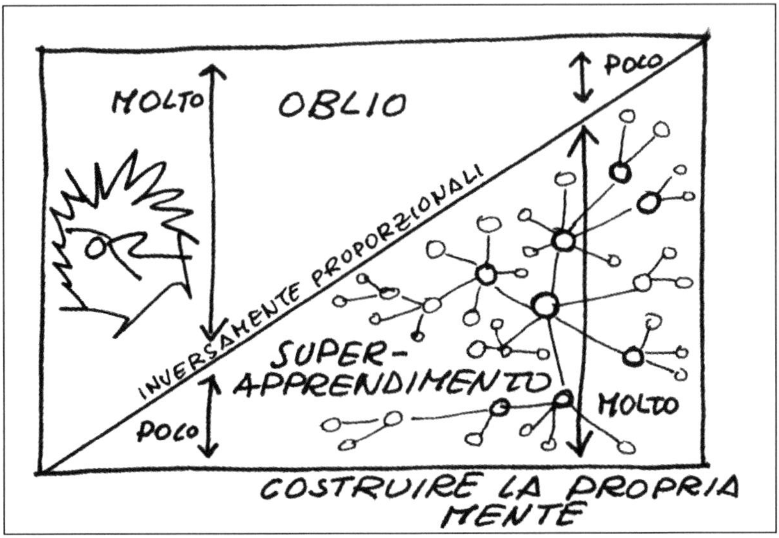

Tav. 96. Il superapprendimento come antidoto contro l'oblio.

La stessa padronanza si può ottenere suonando diecimila spartiti di canzoni per diventare un grande musicista.

Se si vuol diventare uno scrittore, allora è necessario allenarsi a scrivere tanto. Quanto? Diecimila descrizioni di fatti, di personaggi, di eventi.

Perché diecimila?

Per indicare un numero impressionante di allenamento, un percorso lungo ma sicuro, per conseguire una grande abilità in ogni settore dello studio. Questo tenace esercizio stabilisce automatismi sicuri e garantisce l'eccellenza nelle prestazioni coltivate con metodo e passione.

È possibile valutare l'intelligenza di una persona dalla rapidità con cui apprende e progredisce in un determinato campo. Una persona inesperta (o novizio) procede con lentezza ed esitazione. Una persona esperta, grazie alle sue mappe cognitive

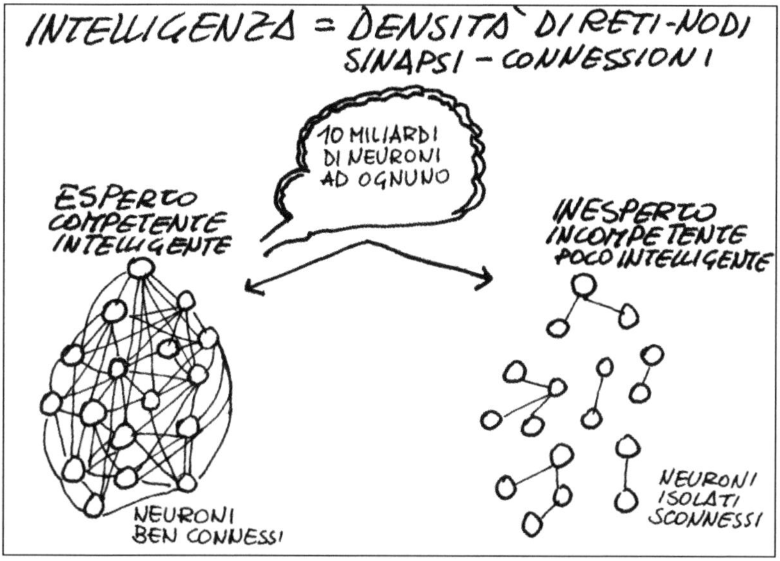

Tav. 97. La qualità dell'intelligenza come risultato delle connessioni create con l'apprendimento.

ben connesse e strutturate e alla densità dei suoi automatismi, possiede con rapidità, orientamento, efficacia, efficienza.

L'intelligenza dipende dalle reti di connessioni che ogni persona crea con l'apprendimento. Tutti nasciamo con lo stesso numero di neuroni (10 miliardi). Diventiamo, però, intelligenti con le connessioni che stabiliamo tra di loro attraverso l'apprendimento realizzato a scuola e nella vita (vedi tavola n. 97). Se la mente è ben interconnessa, diventa ingegnosa e creativa. Se rimane incolta, le connessioni sono minime e le conoscenze restano isolate, frammentarie, precarie: si rimane ignoranti, incompetenti e annoiati.

Il superapprendimento facilita la rievocazione: chi continua a ripassare le informazioni già apprese, migliora la prestazione, perché gli è più facile rievocare rapidamente ciò che ha memorizzato.

Il superapprendimento, o ripasso immediato, è piacevole e gratificante: perché si può constatare immediatamente un successo *("Sono riuscito ad imparare perfettamente questo capitolo. Sono stato bravo! Adesso sono contento di saperlo con grande successo!").* Si avverte, in altri termini, un senso di padronanza e di autoefficacia che eleva il livello di autostima e rafforza la motivazione verso lo studio.

Per tali ragioni, è utile fare spesso e sistematicamente ripassi mentali veloci, specialmente la sera prima di addormentarsi e la mattina appena svegli. Il ripasso veloce può essere fatto agevolmente se si possiede la capacità di sottolineare efficacemente, di prendere appunti essenziali e di elaborare schemi e mappe.

Si utilizzino i ritagli di tempo (ad esempio, aspettando l'autobus) per ripassare e memorizzare ciò che si è già appreso.

A questo punto può sorgere la seguente domanda:

«Nel superapprendimento, cioè nel continuare a ripassare ciò che si è appreso, si può verificare un punto di saturazione?».

Sì. La saturazione emerge non perché si ripete, ma perché si ripete in modo meccanico e monotono. La mente si annoia quando mancano nuove stimolazioni. Per questo è necessario ripetere in modo creativo. Ad esempio, se sto memorizzando un dialogo di conversazione inglese e lo sto ascoltando per la quarantunesima volta, per rimanere attivo e creativo posso darmi le seguenti autoistruzioni: *("Questa volta la ascolterò, dedicando attenzione ai verbi, la prossima volta farò attenzione agli aggettivi, la successiva alle frasi di collegamento. Adesso ascolto e ripeto mentalmente i suoni. Adesso ascolto e riproduco subito le frasi ascoltate. Adesso ripeto ad alta voce. Adesso sussurro le frasi. Adesso le declamo in modo teatrale. Adesso in modo comico. Adesso in modo drammatico. E così di seguito").* Ogni volta che ascolterò la stessa conversazione, adotterò uno scopo differente, sempre più specifico e originale, per tener sveglia l'attenzione.

1.11. Studiare attivamente coinvolgendo tutto il corpo.

Lo studio attivo è connesso a un buon metodo di studio e a eccellenti risultati scolastici.

Per studiare efficacemente bisogna essere attivi. È facile distrarsi quando si è solo ricettivi e passivi verso l'insegnante o verso il libro di testo. Se si ascolta passivamente, l'attenzione diminuisce. Se si ascolta attivamente, ad esempio, ripetendo mentalmente varie volte, quasi "urlando" mentalmente le parole chiave dell'esposizione dell'insegnante, l'attenzione rimane viva e la concentrazione continua a esser focalizzata. In questo modo, si impara con facilità ed entusiasmo e si ricorda con fedeltà e sicurezza.

Per studiare attivamente è necessario utilizzare i vari canali sensoriali: visivi, uditivi, motori.

Per raggiungere tale risultato si cerchi di combinare le parole astratte con immagini concrete, il canale verbale con quello visivo e quello motorio. Ad esempio, studiando una lingua straniera come l'inglese, non è sufficiente ascoltare (canale uditivo) una conversazione in inglese, è necessario anche visualizzarne la situazione o contesto in cui avviene (canale visivo) e riprodurla con le proprie corde vocali (canale motorio) e con la mimica e con la postura.

In questo modo si studia con tutto il cervello acceso o sveglio.

Di conseguenza, è possibile imparare di più e meglio.

È il metodo che usano gli attori per memorizzare lunghi brani di testo: usano le posture del corpo (intelligenza motoria), la visualizzazione (immaginando fortemente la scena interpretata), valorizzano la voce (declamando con passione il testo). Unificando questi tre codici (visivo, verbale, motorio) riescono a memorizzare con facilità lunghi brani che sembrano impossibili agli altri.

1.12. La tecnica della drammatizzazione

La drammatizzazione è una strategia che trasforma in dramma teatrale i contenuti che si studiano. È adatta per lo studio delle materie narrative, come storia e letteratura.

Studiare la successione delle idee astratte non agevola l'apprendimento. È meglio drammatizzarle e discutere animatamente con gli autori che le hanno proposte. Invece di memorizzare stancamente concetti del tipo *"Questo autore ha dichiarato questa tesi e quest'altro l'ha confutata"*, è meglio coinvolgersi con l'autore e discutere mentalmente con lui, come se fosse presente qui davanti a noi.

Ad esempio, se stiamo studiando il conflitto tra Galilei e la Chiesa Cattolica, possiamo immaginare e recitare in modo enfatico un dialogo come il seguente. Galilei: «*Eminentissima sua Santità, con umiltà, le presento i nostri studi scientifici, in base ai quali è possibile sostenere che è la terra che gira intorno al sole...*» Ma il Papa interrompe bruscamente: «*E' impossibile. La Bibbia dice il contrario. La Bibbia è la parola di Dio e Dio non può sbagliare. Inoltre guardi con i suoi occhi e mi dica se è la terra che gira intorno al sole o viceversa il sole gira intorno alla terra? Perché non crede ai suoi occhi? Come può mettere in dubbio la verità della Bibbia*». Galilei si difende: «*Ma, Eminentissima sua Santità, la Bibbia non è un libro di scienza. È stato scritto per aiutare le persone a diventare migliori e salvarle dalla perdizione. La sua intenzione era religiosa, non scientifica. La scienza procede con altri strumenti, prima fra tutti, la matematica. La matematica è vera, perché anche per Dio due più due fanno quattro. La Bibbia è un libro di salvezza. Dice come ci dobbiamo comportare sul piano morale, ma su quello scientifico dobbiamo usare un altro metodo che è quello delle sensate esperienze e delle certe dimostrazioni basate sulla matematica*».

Si possono aggiungere dettagli per rendere più vivace la scena.

Poi, nel momento in cui Galilei è costretto ad abiurare e rinnegare le sue scoperte scientifiche, lo studente che si è coinvolto in un dialogo come questo può urlare mentalmente: «*No, Galileo, non devi rinnegare questo. Non farlo. Non farlo!*». Galilei replica: «*Ma se non lo faccio, vado a finire sul rogo come è successo a Giordano Bruno. Sono vecchio e malato*». Alla fine, Galileo abiura.

Questo modo di drammatizzare la situazione conoscitiva, permette allo studente di acquisire in modo attivo i concetti da studiare, di afferrarli saldamente, ricordarli fedelmente, di rievocarli e di esprimerli con maggiore efficacia espressiva. La drammatizzazione teatrale integra i tre codici dell'apprendimento, quello visivo, quello verbale e quello motorio. Si creano nella mente sinapsi più numerose, coinvolgendo molte parti del cervello. In breve, si studia meglio, perché si apprende con tutta la mente.

1.13. Curare la rappresentazione mentale dei contenuti da apprendere

Molti studenti difettano di visualizzazione e non dedicano del tempo a crearsi delle immagini mentali dei concetti che studiano. Memorizzano alcuni concetti senza controllare che abbiano una buona rappresentazione mentale.

Ad esempio, gli studenti come immaginano i globuli rossi? Come se li rappresentano in modo chiaro e corretto? Quando l'ho chiesto, alcuni di loro hanno fatto un gesto con le mani indicando un palloncino e pensando che i globuli rossi avessero tale forma. Sbagliato, perché i globuli rossi hanno la forma di un disco biconcavo. Ho osservato che altri studenti non avevano una chiara immagine del battito cardiaco, perché non lo avevano mai visualizzato bene e non ne avevano una corretta rappresentazione concettuale.

Bisogna dedicare più tempo alla visualizzazione concettuale, per comprendere facilmente lezioni complesse e libri specialistici.

1.14. Variare velocità e lentezza nella lettura

Nello studio bisogna saper variare spesso la propria velocità di lettura.

È necessario rallentare, quando si è in difficoltà, quando il testo è complesso, quando la scrittura è contorta, quando ci si imbatte in qualche imprevisto o concetto sorprendente, quando si vuole far emergere nella propria mente delle risonanze personali o il proprio punto di vista, quando si vuol meditare, quando si desidera criticare in modo argomentato le idee di un pensatore, quando si vuole gustare la scelta delle parole di un poeta o l'intreccio delle emozioni descritto da romanziere.

È utile velocizzare il ritmo di lettura, quando l'argomento è conosciuto, quando si cercano solo alcune informazioni selezionandole tra tutte le altre, quando si sfoglia un testo per farsi un'idea generale, quando si cerca qualche spunto per pensare o riflettere, quando si ha poco tempo disponibile. Una lettura veloce è necessariamente superficiale e a salti. È frammentaria, ma talvolta è adeguata allo scopo prescelto che è quello di crearsi una visione molto abbreviata e semplificata. In alcuni casi serve sfogliare molte pagine alla ricerca di alcune idee. Ma sfogliare un libro non vuol dire leggerlo.

Un buon lettore sa variare continuamente la sua velocità di lettura, secondo gli scopi personali o le richieste del compito. Ad esempio, è necessario leggere la traccia di un tema molto lentamente, parola per parola, scavandone il significato e la relazione con tutte le altre. Mentre nella raccolta preparatoria di una bibliografia sulle nanotecnologie si può procedere rapidamente sfogliando molte centinaia di pagine alla ricerca di ciò che serve al proprio scopo.

Molti studenti chiedono spesso quanto si possa aumentare la velocità di lettura e quante parole si possano leggere al minuto.

Imparando alcune tecniche, scientificamente collaudate, è possibile raddoppiare la velocità normale di 150 parole al minuto e giungere fino a 300 e, nei casi più esperti, fino a 500, conservando, però, un alto livello di comprensione.

Una battuta di Woody Allen incenerisce i corsi di lettura veloce che promettono illusioni. Ecco la sua caustica ironia: «*Ho preso lezioni di lettura veloce e adesso sono capace di leggere Guerra e Pace in venti minuti. Parla della Russia*». Tutto qui? Rimane veramente ben poco. Forse sarebbe stato meglio leggere lentamente in questi venti minuti una bella sintesi di questo romanzo di 600 pagine in una buona enciclopedia e decidere poi se leggerlo lentamente, capirlo e gustarlo.

In pochi minuti si può sfogliare un libro, saltando intere pagine e leggendo qualche frase qua e là, soffermandosi su qualche titoletto o paragrafo, per decidere poi se è utile e degno del nostro tempo. In una libreria si sfogliano alcuni libri in questo modo per scegliere se acquistarli e leggerseli poi con calma.

Il nostro tempo è prezioso e dobbiamo donarlo solo a letture importanti per noi. È inevitabile scegliere alcuni libri e trascurarne altri. È indispensabile però scegliere il meglio per la nostra mente e la nostra formazione.

1.15. Studiare con i sussidi didattici

Oltre ai libri e alle enciclopedie, tra i sussidi di studio è necessario citare il computer, il videoregistratore e i corsi di istruzione programmata.

Analizziamoli brevemente.

1.15.1. Il computer come strumento di studio

Il computer è un eccellente strumento di studio: esso aiuta a scrivere, a disegnare, a risolvere problemi, ad archiviare, a stampare. È un ottimo strumento per fare ricerche. Esistono programmi per produrre testi, con correzione ortografica automatica con suggerimenti sintattici e stilistici. Con lo *scanner* si possono memorizzare schemi e immagini. Il computer può mettere a disposizione intere enciclopedie non solo verbali, ma anche visive e sonore. Esistono numerosi programmi di "istruzione interattiva" per quasi tutte le materie, con esercitazioni e test di profitto. In tale contesto, il computer è un eccellente strumento di autoapprendimento.

È uno strumento veramente eccezionale. Ma, nonostante i numerosi pregi, crea alcune illusioni.

Ad esempio, crea l'illusione di saper tutto perché, tutto è accessibile tramite internet oppure solo perché si è memorizzato tutto nel computer affidando alla memoria del computer quello che non si è memorizzato nella propria mente. Inoltre, crea l'illusione di poter produrre tutto più in fretta. Il computer, infatti, è velocissimo, mentre il pensiero spesso ha bisogno di tempo, di molto tempo, per riflettere, ponderare e decidere. Ciò crea una scissione tra la velocità del computer e la lentezza di certe riflessioni. Il tempo del computer è diverso dal tempo del pensiero: spesso ci vogliono anni per produrre una buona idea originale.

Col computer si possono scrivere testi rapidamente, ma un testo scritto rapidamente non è sempre un buon testo. Talvolta testi bellissimi sono usciti lentamente dalla penna pensosa di un autore o dalle numerose correzioni in rosso a margine di un testo o da numerose levigature per renderlo liscio ed elegante.

Nonostante tali limitazioni, il computer è ottimo per conservare testi, archiviarli, correggerli, modificarli.

È eccellente nel costruire prodotti multimediali che favoriscono l'apprendimento.

È da affiancare al libro di testo. Sono due media differenti. Il libro di testo sviluppa il pensiero sequenziale e gerarchico. I prodotti digitali e multimediali sviluppano l'interazione tra i vari codici visivo, uditivo, motorio e la navigazione a salti in internet o in un ipertesto.

1.15.2. Il videoregistratore come strumento di studio

Il videoregistratore su HardDisk e Dvd permette di registrare e di rivedere films, documentari e dibattiti sui temi che interessano. È quindi un prezioso strumento di studio.

Oltre ad una bibliografia, è opportuno raccogliere e catalogare una filmografia. Oltre alle biblioteche, sono utili le videoteche.

I film sono i "libri visivi" del mondo contemporaneo. Molti di essi sono visti contemporaneamente in Italia, Usa, Giappone e in molti altri paesi e rappresentano le tematiche culturali ed esistenziali del mondo contemporaneo.

I documentari scientifici, artistici, antropologici. sono di grande valore didattico. Ci permettono di avvicinarci a realtà difficilmente accessibili a un singolo studioso, come, ad esempio, sondare con le fibre ottiche l'interno del corpo umano o vivere per anni presso una tribù primitiva. Spesso tali documentari riproducono, tramite schemi e animazioni grafiche, realtà invisibili o ipotetiche, come ad esempio, la struttura della cellula, l'origine dell'universo, la composizione delle galassie.

Grazie alle animazioni virtuali oggi è possibile visualizzare, ad esempio, l'architettura di Roma antica e la vita dei suoi abitanti.

Vi sono, inoltre, numerosi corsi audiovisivi per apprendere varie materie; i più diffusi sono quelli per apprendere le lingue straniere. Essi propongono situazioni "reali" e stimolano l'interazione con l'ascoltatore.

Le proposte audiovisive o multimediali sono numerose: è indispensabile scegliere quelle più congeniali e quelle più indispensabili, per evitare il rischio di farsi affascinare da allettanti ed illusorie promesse di apprendimento immediato, facile e senza sforzo.

È facile rendersi conto che non basta comprare un corso di inglese per imparare tale lingua. Bisogna, invece, esercitarsi molto, moltissimo per essere padroni del lessico e fluenti nella pronuncia.

Oggi si può studiare con molti media.

L'arricchimento multimediale dell'apprendimento ha regalato l'opportunità di studiare non solo sul libro di testo, utilizzando prevalentemente il codice verbale in una sequenza lineare e gerarchica, ma anche di ricorrere ad internet dove si possono trovare ulteriori informazioni ipertestuali corredate da testi, animazioni, video, interazioni.

L'ampliamento dei supporti multimediali costituisce una grande ricchezza formativa, ma non si deve mai dimenticare, che la vera formazione riguarda la cura delle proprie mappe cognitive e l'utilizzazione ingegnosa e creativa delle conoscenze acquisite.

Non è l'abbondante massa di conoscenze disponibili nelle biblioteche o in internet che crea menti intelligenti, ma solo la capacità di sapere usare con metodo e strategie cognitive tutte le informazioni per risolvere creativamente i problemi esistenziali.

1.15.3. L'istruzione programmata

L'istruzione programmata offre proposte didattiche tramite il computer con lo scopo di facilitare l'autoapprendimento. Di solito sono composte da sequenza graduale di spiegazioni di regole e da alcune esercitazioni pratiche per verificarne l'apprendimento. Il computer segnala immediatamente il successo o l'insuccesso. Tale *feedback* immediato è forse la parte più importante dell'istruzione programmata: essa facilita l'apprendimento corretto e riduce notevolmente la probabilità di errore. Vi sono numerosi programmi didattici di "istruzione programmata" nel campo delle materie tecniche.

1.16. Tenere un diario del proprio metodo di studio

È utile arricchire o affinare il proprio metodo di studio con la tecnica dell'automonitoraggio *("Oggi ho adottato questo metodo ed ho ottenuto migliori risultati!")*. È stato suggerito in precedenza che è utile tenere un diario sull'andamento dello studio: in esso si potranno annotare progressi, lacune, difficoltà, nuove strategie (vedi tavola n. 98).

Tav. 98. Il diario del proprio metodo di studio su cui annotare i progressi grazie alle strategie utilizzate.

Bisogna personalizzare il proprio metodo di studio, scegliendo quelle strategie che meglio si adattano al proprio stile cognitivo e al proprio ritmo di apprendimento.

Il metodo di studio generale deve essere personalizzato e diventare il proprio metodo di studio indivisuale, verificato, corretto e arricchito, quotidianamente, da ogni singolo studente.

1.17. Premiarsi e godere del successo conquistato

È importante premiarsi quando si compie un passo avanti o quando si raggiunge uno scopo. Il premiarsi è un modo per rinforzare il proprio livello di autostima e per sostenere concretamente la propria motivazione.

2. La programmazione dello studio

La programmazione dello studio riguarda l'identificazione dei prerequisiti, la scelta degli obiettivi e la verifica dei risultati (vedi tavola n. 99):

1. *Quali sono i prerequisiti che devo possedere per comprendere bene questo argomento, questo capitolo?*
2. *Quali sono gli obiettivi che intendo raggiungere alla fine di questa giornata o settimana di studio?*
3. *Quali sono i criteri di verifica, attraverso i quali posso valutare il raggiungimento degli obiettivi proposti o la padronanza di questa disciplina?*

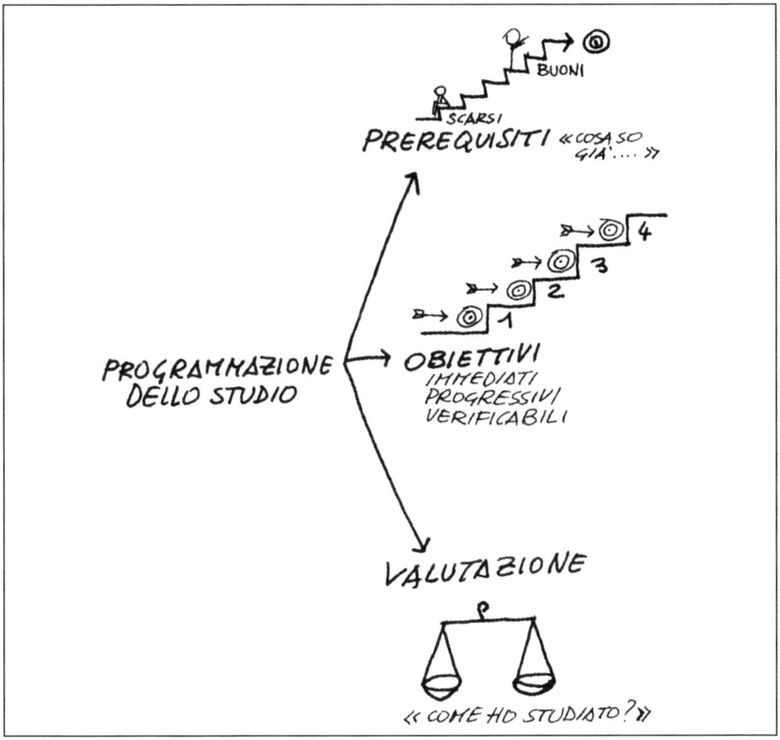

Tav. 99. La programmazione dello studio: obiettivi, prerequisiti, valutazione.

2.1. Analisi dei prerequisiti

L'analisi accurata dei prerequisiti permette di evitare il rischio di studiare male.

Come la costruzione di una casa comincia dalle fondamenta, così lo studio deve poggiare sulle conoscenze di base o prerequisiti. Come non si può costruire una casa cominciando dal tetto, così non si può trascurare la padronanza dei prerequisiti nello studio di una materia.

L'analisi iniziale della propria preparazione scolastica può essere fatta rispondendo alle seguenti domande di automonitoraggio:

"Qual è il livello della mia preparazione scolastica? Quali sono le materie o gli argomenti in cui mi sento incerto? Ci sono lacune ampie o vistose nella mia preparazione di base? Quali sono le materie che preferisco studiare e quelle che preferirei non studiare? Quali sono le ragioni di tale differenza di motivazione? Quali sono le difficoltà che incontro più frequentemente nello studio? Riguardano la comprensione? Il lessico? Il ragionamento? La capacità di ricordare ciò che ho studiato? Qual è il mio ritmo di apprendimento? È lento? È adeguato? Qual è il livello delle mie capacità espressive orali e scritte?".

Tutte le volte che ci si predispone a studiare, è necessario indagare sui prerequisiti, o preconoscenze, e definire preliminarmente ciò che si sa già e ciò che si vuole imparare. Dopo aver concluso tale indagine, si è molto più consapevoli delle proprie risorse e delle proprie lacune e si possono, perciò, fare scelte migliori.

Di fronte ad una difficoltà occorre chiedersi:

"Perché sto incontrando questa difficoltà? Da cosa dipende? Quali prerequisiti sono richiesti per apprendere bene questo

gruppo di informazioni? Che cosa devo già sapere per procedere nell'apprendimento di questo argomento?".

Ad esempio, se trovo difficile, in storia, capire il concetto di *"capitalismo"*, posso chiedermi:

"Quali sono i prerequisiti per comprendere questo concetto? Conosco il significato di "capitale", *di* "investimento", *di* "proprietà privata dei mezzi di produzione", *di* "profitto", *di* "rivoluzione industriale"*?"*.

È più facile studiare, quando si riesce a scomporre un'abilità complessa in abilità più semplici o un concetto più astratto in concetti più concreti.

2.2. La scomposizione del compito o *task-analysis*

Un ottimo strumento per l'analisi dei prerequisiti è la *"task analysis"*, che significa *"scomposizione del compito"*.

Essa consiste nella scomposizione analitica e sequenziale delle abilità necessarie per svolgere un compito, disponendole gerarchicamente su una scala, dal gradino più semplice a quello più complesso.

Nella tavola n. 100 si mostra un esempio di suddivisione dei gradini delle abilità del percorso A nei gradini più semplici delle sottoabilità del percorso B e del percorso C.

Di fronte ad un'abilità molto complessa o molto difficile è opportuno procedere alla sua scomposizione in parti più semplici. Con questo metodo della scomposizione delle abilità, ciò che è difficile può diventare più facile.

Nella programmazione del proprio studio, è indispensabile organizzare il materiale di studio in modo che esso sia graduale

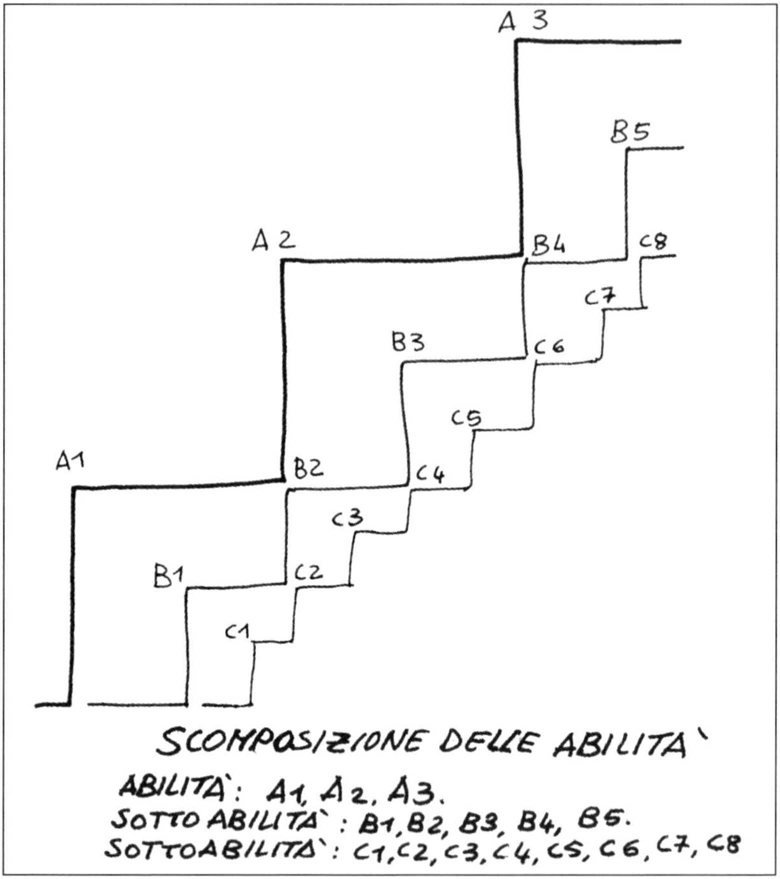

Tav. 100. Scomposizione delle abilità complesse nelle sottoabilità più semplici.

e suddiviso in piccoli o grandi *"bocconi"*, secondo la capienza o capacità di apprendimento di un particolare studente.

Da dove cominciare?

Dalla memorizzazione del lessico caratteristico di ogni disciplina, che comprende circa 300-500 vocaboli specifici.

In storia incontreremo, ad esempio, armistizio, federalismo, leggi, costituzione, patrizi, plebei, monarchia, aristocrazia, dittatura, democrazia. In scienze troveremo: evoluzionismo, cellula, virus, batterio, molecola, proteine, lipidi, valenze.

Di ogni concetto si deve conoscere velocemente la migliore definizione sintetica. Automatizzando la conoscenza di queste poche pagine di lessico specialistico, è possibile leggere libri di centinaia di pagine.

Quando uno studente è padrone del lessico specifico di una disciplina, è più facile la creazione di collegamenti tra i vari concetti fondamentali entro mappe concettuali complesse.

2.3. Gli obiettivi

Chi non sa dove andare, non fa, di solito, molta strada. Chi non sa definire i propri obiettivi, non sa agire.

Chi non sa definire i propri obiettivi di studio, studierà in modo confuso e disordinato. La rapidità e l'efficacia dello studio dipendono anche dalla chiarezza e concretezza degli obiettivi.

Per costruire un buon obiettivo bisogna integrare tre elementi: un verbo operativo, più uno scopo specifico, più una proposizione finale che esprima il vantaggio che si ottiene impegnandosi in quella direzione (vedi tavola 101).

Un esempio: *"Prepara e utilizza (verbo operativo) una scaletta degli argomenti che vuoi trattare (scopo concreto, specifico, pragmatico) così esprimi meglio il tuo pensiero con efficacia e chiarezza (proposizione finale che descrive il vantaggio che si ottiene)"*.

Tav. 101. Gli ingredienti di un buon obiettivo: verbo operativo + scopo + vantaggio formativo.

Oppure: *"Individua e sottolinea con l'evidenziatore giallo (verbo operativo) solo le informazioni essenziali distinguendole da quelle secondarie (scopo), così diventerai esperto nella comprensione di un testo e nella abilità di sintesi (proposizione finale che indica il vantaggio formativo)"*.

Ma è necessario distinguere tra desideri e obiettivi (vedi tavola n. 102).

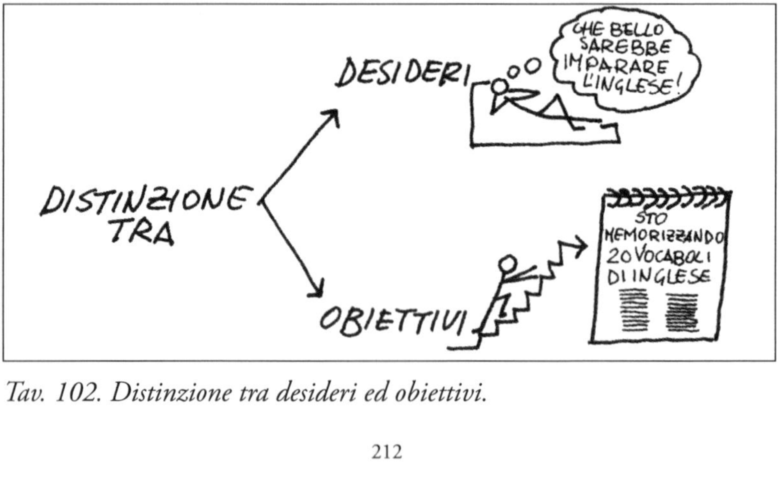

Tav. 102. Distinzione tra desideri ed obiettivi.

Spesso gli studenti che sono poco consapevoli delle caratteristiche del metodo di studio confondono i desideri con gli obiettivi. Un desiderio non è un obiettivo. Un desiderio diventa un obiettivo quando, da un lato, si precisano i gradini da percorrere per raggiungere uno scopo, e, dall'altro, quando si mobilita la propria energia per conseguirlo.

Un esempio di desiderio è il seguente: *"Vorrei imparare l'inglese!"*.

Un esempio di obiettivo è il seguente: *"Per questa sera devo aver memorizzato questi 30 nuovi vocaboli di inglese"*.

2.3.1. Obiettivi generali, a medio termine e obiettivi specifici

Gli obiettivi di studio possono essere generali o finali (esami), a medio termine (interrogazioni mensili) e specifici e immediati *(«Domani compito di verifica in classe»)* (vedi tavola n. 103). Gli obiettivi devono essere disposti in modo sequenziale e gerarchico, devono essere molto chiari, realizzabili e verificabili.

Per definire un buon obiettivo di studio è utile porsi la seguente domanda:

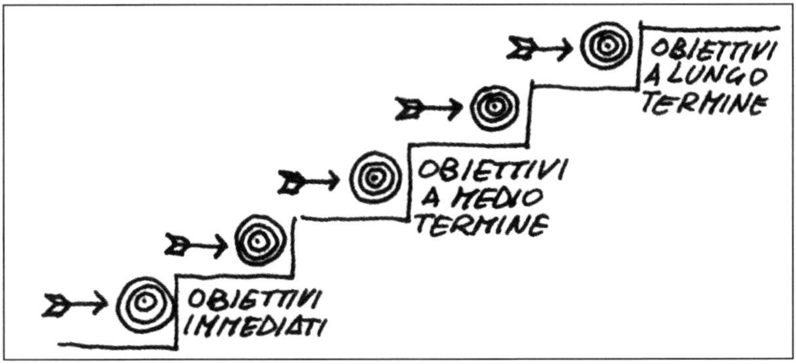

Tav. 103. Disporre gli obiettivi in modo sequenziale e gerarchico.

"Quale prestazione effettiva, o performance, dovrò dimostrare di possedere o di padroneggiare, dopo che ho studiato questo argomento? Devo decidere che cosa devo essere capace di fare, dopo aver studiato questo capitolo?".

In altri termini, è necessario trasformare gli obiettivi di studio in termini di prestazioni effettive, di capacità, di competenze o di abilità *misurabili* (per quanto è possibile).

Ad esempio, obiettivi del tipo *"studiare da pagina 123 a pagina 134"*, *"comprendere il significato centrale di questa poesia"*, *"riflettere sulle cause della seconda guerra mondiale"*, sono indubbiamente degli obiettivi, ma non sono obiettivi molto precisi, verificabili e misurabili. Se uno studente si chiedesse: *"Come faccio a sapere se ho studiato bene da pag. 123 a pag. 134?"*, potrebbe rispondere con precisione nel modo seguente: *"Io posso accertare di aver studiato bene, se riesco a fare un riassunto di queste pagine"*. Un tale obiettivo può essere reso ancora più preciso, se è formulato nel modo seguente: *"Io posso verificare di aver studiato bene, se riesco a ripetere il riassunto di queste pagine, senza fermarmi, con proprietà di linguaggio e con qualche elaborazione personale"*.

In altri termini, ogni obiettivo può essere reso sempre più specifico.

Un esempio di obiettivo molto preciso può essere il seguente: *"Io posso accertare l'efficacia della mia preparazione su questo capitolo di storia, se riesco a scrivere la definizione esatta di almeno 22 di queste 25 parole chiave estratte dal capitolo"*.

Non basta studiare, bisogna controllare accuratamente che cosa si sa fare bene, dopo che si è studiato. Bisogna valutare la propria padronanza e le proprie competenze.

Non è sufficiente dire: «*Ho studiato*», bisogna chiedersi:

«Come posso dimostrare nella pratica che ho studiato? Cosa so fare adesso, dopo aver studiato questo argomento?».

È questo l'obiettivo dello studio: non basta incamerare informazioni, bisogna produrre prestazioni e competenze.

2.3.2. Predisporre una gerarchia degli obiettivi

Dopo aver individuato e descritto con molta precisione i propri obiettivi di studio, è bene ordinarli in una successione gerarchica, dal più semplice al più complesso. È molto importante che ogni studente faccia una lista dei propri obiettivi di studio.

Nel compilare tale lista si può utilizzare come criterio di scelta anche le aspettative dell'insegnante *("Su quali concetti l'insegnante ha insistito maggiormente? Di solito, cosa domanda quando interroga gli altri? Cosa ritiene essenziale della sua materia? Quali domande potrebbe farmi in una eventuale interrogazione? Quali saranno le eventuali domande del test di verifica in classe?").* Tale lista di obiettivi faciliterà sia lo studio sia la valutazione dei risultati conseguiti.

Quali vantaggi derivano dalla precisione degli obiettivi di studio?

Innanzitutto, si sa cosa si deve fare. Quindi, è più facile individuare strategie più specifiche ed efficaci. Inoltre, si ha una precisa e immediata autovalutazione *(auto-feedback)* dei propri progressi o risultati. Ciò riduce notevolmente l'ansia e aumenta il grado di fiducia in se stessi e nelle proprie possibilità.

Se uno studente riesce a raggiungere un buon grado di padronanza, il suo livello di autostima aumenta notevolmente. Se, invece non riesce a raggiungere il grado di prestazione desiderato, ha pur sempre un'immediata possibilità di autocorrezione, che può stimolare un maggiore impegno e condurre al successo, superando le difficoltà incontrate.

2.3.3. Le caratteristiche degli obiettivi di studio

Gli obiettivi di studio devono possedere le seguenti caratteristiche (vedi tavola n. 104).

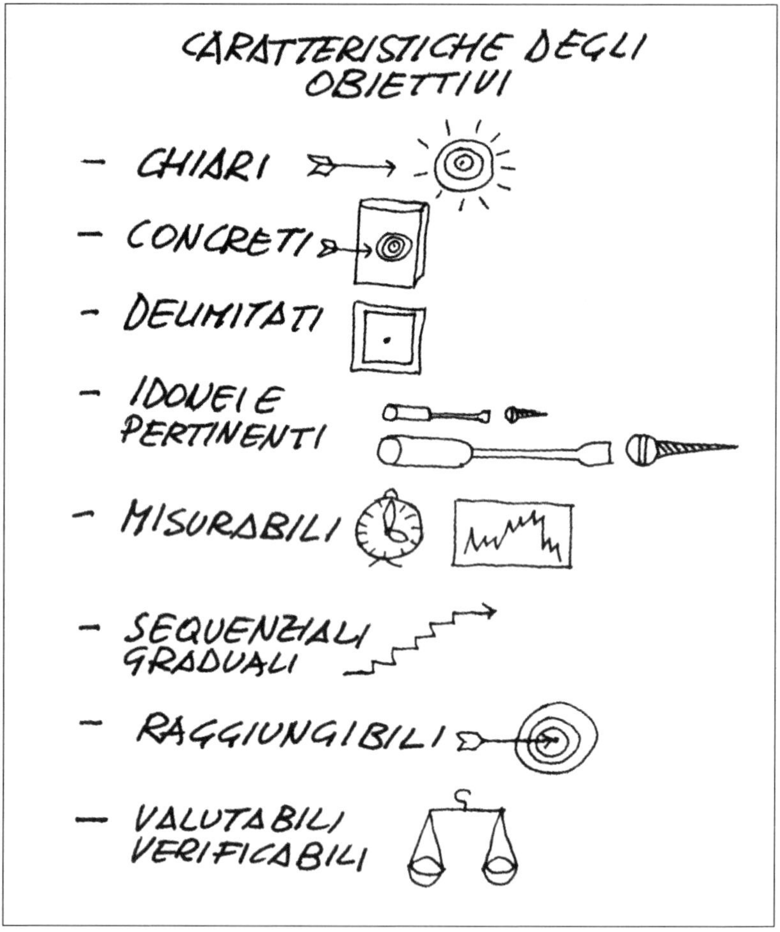

Tav. 104. Caratteristiche degli obiettivi di studio.

Essi devono essere: *chiari, concreti, delimitati, idonei e pertinenti, misurabili, sequenziali, raggiungibili, verificabili.*

È molto difficile, specialmente all'inizio, riuscire a definire i propri obiettivi di studio secondo tale lista di criteri. Tuttavia, è indispensabile allenarsi per acquisire una tale preziosa abitudine.

Se si riescono a definire in modo operativo i propri obiettivi di studio, è più facile scegliere contenuti di studio più adeguati e più funzionali, oppure renderli tali.

I contenuti di studio presentano livelli differenti di difficoltà. Ad esempio, un testo descrittivo o narrativo è più facile di un testo argomentativo di critica storica o letteraria. Pertanto, è necessario affrontare ogni contenuto con strumenti adatti e pertinenti. Ad esempio, è bene avvicinarsi a un testo di critica storica con una griglia di concetti chiave e una serie di domande o di ipotesi con le quali *"interrogare"* il testo.

La consapevolezza del diverso livello di difficoltà di un testo rispetto all'altro può condurre a un migliore investimento del proprio impegno di studio, adottando efficaci strategie.

Bisogna definire un metodo di studio specifico per ogni tipo di testo o per ogni differente disciplina. Questa capacità metodologica nasce da una costante consapevolezza di come si studia ed è facilitata dalle tecniche di automonitoraggio e autoistruzioni.

2.4. Strategie di studio

Le più importanti tecniche attive di studio sono le seguenti:

- *sottolineare le idee essenziali,*
- *prendere appunti,*

- *schematizzare le informazioni essenziali in mappe cognitive,*
- *archiviare le informazioni nella propria mente in modo da ritrovarle o rievocarle con facilità.*

Ad esse si possono aggiungere altre abilità di studio:

- *strategie di lettura e comprensione del testo,*
- *strategie di ascolto, di attenzione e di concentrazione,*
- *strategie per produrre un bel testo scritto, chiaro, efficace, accattivante.*

Infine si possono menzionare le varie mnemotecniche che servono per recuperare facilmente ciò che si è appreso.

L'insieme di tali strategie richiederebbe un'esposizione più dettagliata, che qui non è possibile fare. Esse sono diffusamente trattate dall'autore in altri libri (vedi Bibliografia).

2.5. Verifica

L'ultima fase del metodo di studio riguarda la verifica e la valutazione dei risultati ottenuti.

La verifica si ottiene chiedendosi se gli obiettivi sono stati raggiunti in modo soddisfacente. Se sono stati raggiunti, si potrà procedere all'individuazione di altri obiettivi; se non sono stati raggiunti, sarà opportuno aumentare il proprio impegno di studio, oppure individuare altre strategie più efficaci o adeguati esercizi di recupero.

Non basta studiare, bisogna controllare la propria efficacia nello studio, valutando la padronanza e le competenze acquisite.

2.6. Autovalutazione continua del proprio studio

Un'indicazione per migliorare la capacità di valutazione del proprio studio riguarda l'autovalutazione immediata e continua di come si sta studiando momento per momento.

Bisogna attivare tale strategia, specialmente quando si è in difficoltà. Molti studenti, all'inizio, la considerano un'interferenza che disturba la loro concentrazione e affermano: *«Se mi devo chiedere continuamente come sto studiando, mi affatico. Mi sento ossessionato. Addirittura non riesco a concentrarmi»*.

All'inizio, è vero, è faticoso.

Bisogna insistere nell'utilizzare questo programma di autoregolazione mentale che produce ottimi *feedback* su come si studia. Dopo un po' di allenamento, ci si accorge che questo software mentale è attivo sempre, ma rimane sullo sfondo della nostra mente, e si presenta in primo piano quando siamo di fronte ad una difficoltà. Assomiglia all'antivirus del nostro computer. È sempre attivo, ma sullo sfondo. Quando trova un virus si risveglia e suona l'allarme.

Autovalutarsi continuamente significa studiare meglio, perché si impara dalla propria esperienza di studio e si possono scegliere solo quelle strategie che si sono dimostrate efficaci.

È importante valutare subito, passo per passo, il proprio cammino di avvicinamento all'obiettivo. Così fa un falegname, dopo aver piallato un'asse: lo guarda, lo tocca per verificarne l'adeguatezza. Così fanno lo scultore e il pittore, i quali, ogni tanto, fanno una pausa e mirano e rimirano il loro lavoro.

Si tratta di una valutazione immediata, fatta passo per passo (automonitoraggio). Se il falegname continuasse a piallare e a segare, senza verificare periodicamente il proprio lavoro, rischierebbe di incorrere in gravi errori.

Allo stesso modo, è opportuno evitare di studiare senza verificare e controllare la padronanza di ciò che si è appreso.

La capacità di autovalutazione continua dei propri risultati, ma anche dei propri errori, è la strategia più idonea per acquisire il metodo di studio più efficace e più personalizzato.

2.7. Imparare dai propri errori

L'autodisciplina nello studio serve per eliminare gli errori e apprendere bene. Il termine "disciplina" deriva dal latino "Discere plene" che significa "imparare pienamente". Discepolo è chi ha imparato bene la dottrina del maestro. L'autodisciplina è il percorso più sicuro per imparare bene qualsiasi arte, abilità competenza.

L'autodisciplina è una specie di sorveglianza sul proprio percorso di apprendimento. Aiuta a individuare subito gli errori e a correggerli.

2.8. Autodisciplina come lista di autoistruzioni efficaci

È necessario partire innanzitutto dalla consapevolezza: "Commetto degli errori o delle sviste quando..."

Quando:

- *Sono teso, stressato,*
- *Mi deprimo, mi autosvaluto, mi scoraggio,*
- *Sono distratto,*
- *Sono preoccupato e ansioso,*

- *Non sono ben allenato, perché non ho studiato a sufficienza o con un buon metodo di studio,*
- *il compito è difficile, complesso e complicato,*
- *Non ho le "basi" in una materia, perché ho studiato male negli anni precedenti,*
- *Non sono ben focalizzato sul compito,*
- *Ci sono troppe cose da fare in breve tempo,*
- *C'è confusione nell'ambiente circostante.*

Di fronte a queste interferenze, lo studente può opporre delle strategie protettive o correttive (vedi tavola n. 105).

Tav. 105. L'autodisciplina come lista di autoistruzioni efficaci.

Può chiedersi: *"Come faccio a evitare i possibili errori?"*.

Ecco alcune strategie:

- *Sviluppo strategie di concentrazione, come quelle lo Yoga o il Training Autogeno, che servono sempre: nello studio, nello sport, nella vita.*

- *Utilizzo l'automonitoraggio e mi chiedo come sto studiando e soprattutto se sono sicuro di come sto procedendo.*
- *Faccio delle pause per controllare quello che ho appena fatto o studiato, prima di procedere oltre.*
- *Spesso mi devo imporre di procedere lentamente con calma.*
- *Mi alleno in continuazione come fa uno sportivo.*
- *Prendo nota degli errori che faccio più frequentemente e per ognuno di essi predispongo una strategia ingegnosa per non commetterli più. È molto saggio imparare dagli errori commessi.*
- *Mi metto a caccia degli errori e faccio il detective per scovarli.*
- *Devo prevedere anche il tempo per fare un'ultima revisione.*
- *Spesso mi manca il tempo e non posso beccare degli errori che poi mi rovinano il voto.*

3. Schema riassuntivo sull'abilità di studio efficace

Riassumendo si possono catalogare le seguenti indicazioni, organizzate in una successione ordinata di fasi operative.

Per studiare efficacemente bisogna:

- *Riattivare la motivazione,*
- *Riattivare le preconoscenze,*
- *Usare l'automonitoraggio passo per passo,*
- *Analizzare la situazione di partenza,*
- *Riattivare i prerequisiti,*
- *Prevedere e pianificare tempi, contenuti, strategie,*
- *Definire obiettivi operativi e verificabili,*
- *Scegliere i contenuti pertinenti e adeguati,*
- *Scomporre i compiti complessi in piccole sequenze,*
- *Scegliere i metodi appropriati,*
- *Controllare le condizioni ambientali,*

- *Controllare le proprie condizioni psicofisiche, per individuare il proprio tempo migliore,*
- *Studiare in modo attivo: sottolineando i concetti essenziali, prendendo appunti, schematizzando con frecce e raccordi, elaborando mappe cognitive e collegamenti concettuali,*
- *Ripassare sistematicamente e in modo creativo fino alla completa assimilazione,*
- *Inserire delle opportune pause di riposo,*
- *Premiarsi e rinforzarsi quando si raggiunge un successo,*
- *Verificare e valutare i risultati raggiunti e, se non si è soddisfatti, rivedere l'intera sequenza e inserire delle modifiche e autocorrezioni.*

Tale schema generale che può essere modificato e adattato alle esigenze di ciascuno, può condurre all'autonomia nello studio e alla scelta delle autoistruzioni per autoregolare il proprio percorso di apprendimento e concludere: *«Adesso so studiare proprio bene»*.

4. La personalizzazione del metodo di studio

Per sintetizzare ulteriormente la lista personale delle migliori indicazioni di metodo, si può utilizzare, in modo divertente, il proprio nome come acronimo e associare alle sue iniziali le autoistruzioni più efficaci (vedi tavola n. 106).

Ecco alcuni esempi.

Stefano
S Sperimenta ciò che studi, perché sei un tipo pragmatico.
T Tempo. Ciò che non si fa con il tempo non resiste al tempo.
E Elabora continuamente quello che hai appreso.
F Fantasia. Fantastica di dialogare con gli autori che studi.
A Allena continuamente le tue abilità cognitive.
N Novità. Vai in cerca delle novità in tutto quello che studi.
O Organizza le informazioni in mappe.

Tav. 106. Utilizzare il proprio nome come acronimo delle indicazioni migliori del proprio metodo di studio.

Maria

M Motivazione. Elabora delle motivazioni prima di studiare.
A Amare il sapere. Ama quello che studi.
R Riorganizza in modo personale i contenuti da apprendere.
I Inventa strategie ingegnose per apprendere e ricordare.
A Alt. Non essere frettolosa.

Giorgio

G Gioia nell'apprendere.
I Interrogati a quello che studi.
O Ordina in sequenza, percorsi o mappe quello che vuoi memorizzare.
R Rievoca ogni giorno quello che hai appreso in classe.
G Gioco. Inserisci il divertimento nell'apprendimento.
I Intérrogati con domande strutturate.
O Osserva in modo sistematico.

Marta

M Metacognizione. Domandati sempre come stai studiando.
A Aggancia insieme tutte le informazioni che apprendi.
R Rivedi. Ripassa. Richiama. Riattiva.
T Talenti. Sviluppa i tuoi talenti studiando.
A Assimila tutto ciò che hai appreso.

Alessandro

A Associare i concetti.
L Lentamente. Procedi lentamente senza fretta.
E Emozioni. Studia attivando le emozioni e l'entusiasmo.
S Sintetizza in schemi e mappe.
S Sensorialità. Studia con i tre codici: visivo, uditivo, motorio.
A Arricchisci quello che studi con le tue risonanze personali.
N Narrazione. Racconta quello che studi.
D Domande. Usa il metodo delle domande anticipate.
R Richiama tutto quello che sai prima di metterti a studiare.
O Orienta il tuo studio verso il tuo progetto di vita.

8 Dove studiare

Bisogna aver cura del proprio ambiente di studio. Per studiare si ha bisogno di concentrazione. Essa è favorita da un ambiente ben ossigenato, non troppo caldo né troppo freddo, tranquillo, raccolto, silenzioso e piacevole.

Di solito, tale luogo rispecchia le caratteristiche della personalità dello studente, soprattutto, per quanto riguarda l'ordine o il disordine.

1. L'ordine facilita lo studio

L'ordine facilita la concentrazione, mentre il disordine la disturba e la confusione la distrugge. L'ordine fa risparmiare tempo, mentre il disordine fa perdere tempo. Tuttavia, ci sono varie persone che lavorano bene anche nel proprio disordine "*apparente*" (vedi tavola n. 107).

Spesso le persone disordinate non si considerano tali, ma, alla resa dei conti, i loro risultati sono scarsi, le loro prestazioni mediocri, le loro competenze deboli.

Naturalmente è molto facile colpevolizzare gli altri dei propri insuccessi ed esaltare il proprio genio incompreso e la crea-

Tav. 107. Ordine e disordine nello studio.

tività schiacciata. Spesso sono delle scuse per mascherare la difficoltà di assumersi le proprie responsabilità.

Lo studio, guidato dal metodo e dalla motivazione, conduce al successo, ma crea anche un bel carattere, modellato dall'autodisciplina e dalla forza di volontà.

Non si può giungere a nessun buon risultato senza autodisciplina, fatta di concentrazione, pianificazione, autoistruzioni.

Su questa base può fiorire la creatività, l'ingegnosità e l'intelligenza. Il disordine conduce spesso allo spreco dei propri talenti e alla dispersione della propria energia.

2. Personalizzare il proprio ambiente di studio

Ognuno può personalizzare, almeno in parte, il proprio ambiente di studio, scegliendo quelle caratteristiche più congeniali alla propria personalità. Alcuni studenti hanno bisogno di un luogo grande e spazioso, altri preferiscono un luogo piccolo e raccolto. Alcuni si mettono a studiare solo se tutto è in perfetto ordine, altri riescono a concentrarsi nonostante il "disordine". Per alcuni il silenzio facilita la concentrazione, per altri è più facile concentrarsi se c'è una musica di sottofondo. Ad alcuni piace un ambiente spoglio ed austero, ad altri piace un ambiente vivace e sovraccarico di poster, trofei e ninnoli.

Esiste dunque una grande varietà di preferenze.

In generale, si può dire che l'ambiente di studio è un luogo importante per uno studente: per alcuni è un nascondiglio, per altri un nido, per altri ancora un rifugio ben protetto. Un ambiente piacevole favorisce lo studio, come un ambiente tranquillo favorisce il sonno. Si studia bene quando ci si sente bene nella *"propria"* poltrona, nel *"proprio"* angolino, sulla *"propria"* scrivania, tra i *"propri"* libri.

3. Accessori

La scrivania dovrebbe essere abbastanza ampia e ordinata. La sedia deve essere confortevole, poiché è necessario passare molte ore seduti alla scrivania. La postura durante lo studio deve essere corretta, per evitare dolori o malformazioni. La luce deve provenire dalla sinistra (per le persone che scrivono con la destra). Gli scaffali dei libri dovrebbero essere capienti. I libri dovrebbero essere ordinati o per argomenti o in ordine alfabetico (per autore). Gli accessori (quaderni, penne, matite, evidenziatori, fogli per la brutta copia, calcolatrice, vocabolari, computer) devono essere disponibili a portata di mano.

4. Scrivania, divano o letto?

«Dove si studia meglio? Seduti alla scrivania o sprofondati nella poltrona o addirittura a letto?».

Per rispondere a tale domanda è necessario distinguere tra *studiare* e *ripassare.*

Lo studio, inteso come apprendimento di nuove informazioni, richiede un tono muscolare ottimale e una corrispondente attenzione vigile ed affilata. Il ripasso, invece, richiede un tono muscolare ed una vigilanza minori, perché non si devono apprendere nuove informazioni, ma si devono solo ripetere le informazioni già apprese.

Lo studio esige un tono muscolare ottimale; Pertanto, sono da evitare sia l'"ipotono", che l'"ipertono" muscolari. L'ipertono muscolare crea tensione e nervosismo, mentre l'ipotono crea sonnolenza e poca attivazione (vedi tavola n. 108).

Non si può "studiare" stando sprofondati in una poltrona, perché l'ipotono muscolare attenua la vigilanza, dissolve l'attenzione e talvolta induce il sonno. Ma si può fare un ottimo "ripasso" mentale stando rilassati su di una poltrona, a condizione di non essere già stanchi ed affaticati.

La posizione di essere seduti alla scrivania è buona per studiare, perché è caratterizzata da un tono muscolare medio, o ottimale: non si è né tesi né fiacchi.

Tav. 108. Tono muscolare ed attenzione.

Ma, per ripassare o per riflettere su ciò che si è già appreso, si può anche stare distesi sul letto o abbandonati su una poltrona, o passeggiare nel parco, perché il ripasso richiede un tono muscolare più rilassato, perché si è già appreso ciò che si doveva imparare.

Si può leggere un libro (ad esempio, un romanzo) stando in qualunque posto, se si è capaci di grande concentrazione, cioè, se si è capaci di lasciare fuori dal campo percettivo gli stimoli che non sono importanti. È opportuno leggere un libro di studio in un luogo silenzioso, per non essere disturbati da stimoli irrilevanti.

5. Si può studiare con la musica come sottofondo?

«È possibile studiare e ascoltare contemporaneamente della musica?».

La risposta generale è: sì, a condizione che rimanga sullo sfondo.

Se invece la musica coinvolge emotivamente lo studente ed entra in primo piano, è inevitabile che ostacoli la concentrazione. Tale interferenza impedisce di ascoltare il lavorio mentale e il dialogo interiore di autoregolazione mentre si sta studiando.

Inoltre, bisogna intendersi su cosa voglia dire "ascoltare musica" (vedi tavola n. 109). Per qualcuno "studiare ascoltando musica" significa essere accompagnato da una leggera e dolce musica di sottofondo. Per un altro vuol dire essere avvolto da una musica ad alto volume. Una musica ad alto volume è, senza dubbio, una fonte di disturbo quando si studia, soprattutto, quando si devono apprendere nuove informazioni. Una musica ad alto volume invade lo spazio mentale interiore, distrugge la

Tav. 109. Musica come interferenza e musica come sottofondo.

reiterazione (ripetizione immediata delle informazioni da apprendere), annulla l'automonitoraggio necessario per riflettere su ciò che si sta studiando e su come si sta apprendendo.

Il silenzio interiore è una condizione necessaria per riuscire a sentire il flusso del proprio pensiero (vedi tavola n. 110), e la musica ad alto volume distrugge tale condizione, con gravi conseguenze negative sull'apprendimento.

Ognuno dovrà valutare e decidere se la musica che ascolta mentre studia costituisca per lui un fattore di concentrazione o di disturbo.

La musica ostacola la concentrazione, quando è impetuosa, martellante e ad alto volume, ma l'accompagna e la protegge, se è morbida, dolce e a basso volume.

La scelta di studiare con la musica, o senza, è soggettiva. Essa dipende dal compito da svolgere (esecutivo o creativo, semplice o complesso), dall'umore del momento (lieto o triste, calmo o agitato) e, talvolta, dalla personalità dello studente. Ad esempio (vedi tavola n. 111), studenti con prevalente tendenza all'introversione preferiscono il silenzio, per proteggere il ricco flusso

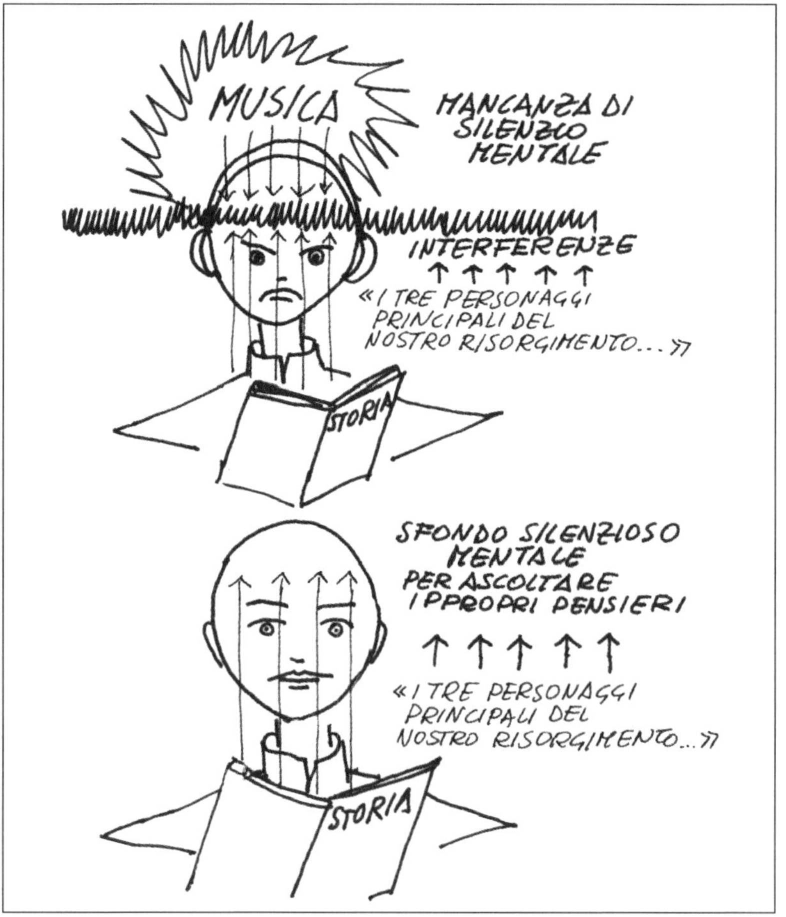

Tav. 110. Il silenzio interiore come sfondo per sentire il flusso del proprio pensiero.

interiore di pensieri dalle interferenze esterne. Studenti con prevalente tendenza all'estroversione preferiscono lavorare in un ambiente vivace e stimolante, perché hanno bisogno di molti stimoli esterni per sentirsi sufficientemente attivi ed efficienti.

Può accadere, inoltre, che lo stesso brano musicale facilita alcune volte la concentrazione, mentre altre volte la disturba.

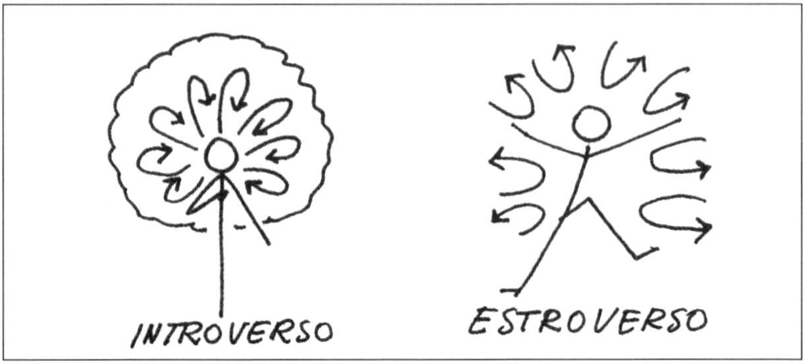

Tav. 111. Studente introverso e studente estroverso.

Ciò dipende dalla qualità dello stato emotivo o affettivo: quando si è tesi e nervosi, si è più insofferenti e intolleranti anche verso stimoli un tempo ritenuti piacevoli. Alcuni studiano ascoltando musica per isolarsi meglio dall'ambiente esterno, Cioè per eliminare i rumori di fondo del proprio ambiente: traffico, presenza di altre persone (vedi tavola n. 112).

Si può studiare con la musica, se essa rimane sullo sfondo della percezione e non invade il campo centrale dell'attenzione dello studente. Ma se la musica "entra in primo piano" e

Tav.112. La musica come protezione dalle interferenze esterne.

assorbe in modo prevalente l'attenzione dello studente, essa ostacola la concentrazione.

Gli studenti raramente considerano la musica come elemento di disturbo, perché per loro la musica ha un grande valore affettivo. Permette loro di identificarsi con i propri cantanti e di esprimere i propri vissuti interiori adolescenziali. Preferiscono avere con sé la propria musica, come la "coperta di Linus", anche quando studiano.

Ogni studente deve imparare ad autoregolarsi e autodisciplinarsi.

Se sono gli altri a impartire l'ordine di chiudere tutto, musica, Tv, computer e cellulare, gli studenti si ribellano e la considerano persino una "violenza". Se, però, riflettono da soli sul proprio comportamento negativo e soprattutto sulle sue conseguenze spiacevoli, possono diventare più responsabili.

Di fronte ai voti negativi e ai risultati scolastici deludenti che li mortificano e li umiliano, bisogna proprio che si rendano conto che il proprio modo di studiare è inutile e improduttivo. È necessario studiare in modo differente, con maggiore concentrazione, senza chattare, a controllare le email, a visitare continuamente Facebook, a rispondere ininterrottamente ai numerosi SMS, ad ascoltare musica ad alto volume. Solo quando subiscono sulla propria persona le conseguenze negative di questo comportamento dispersivo, desiderano rimediare, diventando più autodisciplinati e responsabili.

Altrimenti pagheranno caramente questo spreco formativo, quando si affacceranno sul mondo del lavoro, senza possedere una buona cultura e solide competenze professionali.

6. Distrazioni interne e distrazioni esterne

È opportuno che ogni studente diventi consapevole delle proprie distrazioni interne o esterne. Chi non riesce a comprendere come e perché si distrae, non riuscirà a concentrarsi e fallirà nel conseguire risultati soddisfacenti (vedi tavola n. 113). Perciò è necessario chiedersi tramite l'automonitoraggio: *"Mi distraggo quando..."*, *"Mi distraggo perché..."* ed elaborare una lista di cause di distrazione.

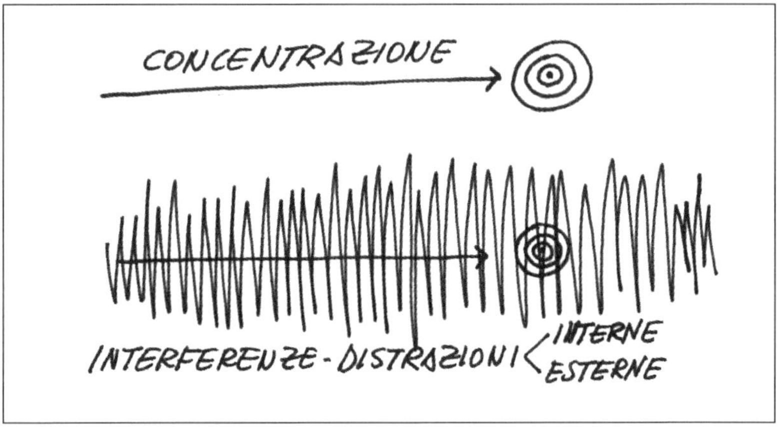

Tav. 113. Concentrazione ed interferenze.

Possiamo distinguere due gruppi di distrazioni o di interferenze: quelle interne e quelle esterne.

Tra le distrazioni interne (di tipo psicologico) bisogna ricordare: l'ansia scolastica, il coinvolgimento in liti e drammi familiari, le difficoltà di rapporto con i compagni, le preoccupazioni affettive (frequenti durante l'adolescenza), la mancanza di motivazione e di interessi.

Si possono affrontare e vincere tali distrazioni interne, attraverso il rilassamento psicofisico, le visualizzazioni positive, il colloquio interiore, l'automonitoraggio e le autoistruzioni.

Tra le distrazioni esterne possiamo ricordare le seguenti (vedi tavola n. 114): lasciarsi catturare dalla Tv, avere la scrivania in disordine e stracolma di foto e ricordi, riviste e giornali, trofei e giochini, rispondere a tutte le telefonate, lasciarsi invadere dagli amici senza preavviso.

Tav.114. Distrazioni esterne.

Anche una postura sbagliata può diminuire l'efficienza mentale. Studiare a letto, o studiare sprofondati in una poltrona, crea distrazioni ed interferenze, tramite fantasticherie e sogni ad occhi aperti, perché tale postura ostacola l'attivazione di un tono muscolare ottimale, necessario per mantenere una buona concentrazione.

È necessario proteggere il proprio studio dalle molteplici interferenze esterne (vedi tavola n. 115).

Tra le distrazioni ambientali ricordiamo: l'illuminazione sbagliata, scarsa (che crea affaticamento degli occhi) o eccessiva (che crea abbagliamento, specialmente quando si studia su libri stampati su carta lucida), la temperatura troppo calda (che crea sonnolenza) o troppo fredda (che crea fastidio e dolore), la poca ossigenazione (o aria viziata) che riduce l'efficienza cerebrale, il rumore.

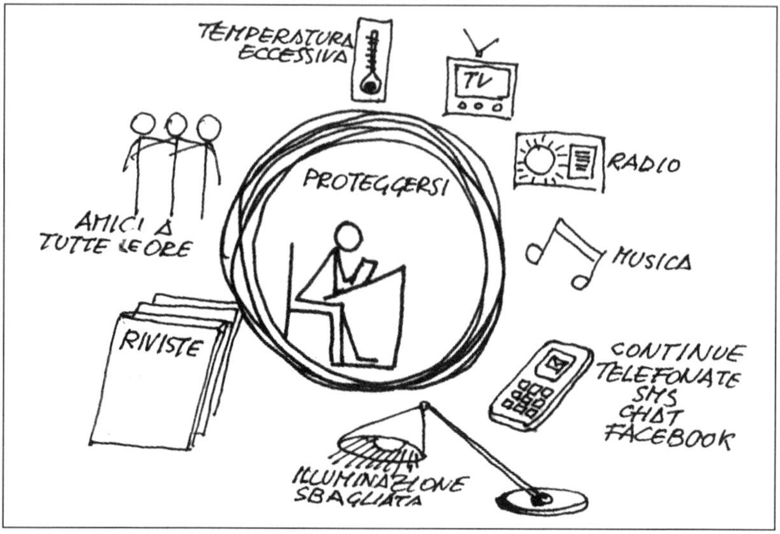

Tav. 115. Proteggere il proprio tempo di studio dalle interferenze esterne.

Il rumore, oltre ad essere una forma di inquinamento ambientale, è una fonte potente di distrazione. La sua interferenza può essere neutralizzata, se lo studente è capace, grazie ad un lodevole allenamento percettivo, di respingere sullo sfondo gli stimoli esterni che creano disturbo, impedendo loro di invadere il campo della coscienza.

Qualche rara volta si può studiare anche in un ambiente rumoroso, ma in genere è consigliabile un ambiente tranquillo e silenzioso.

In breve, il luogo dove si studia deve essere un luogo tranquillo, silenzioso, ben ossigenato, fresco, illuminato preferibilmente con luce naturale.

L'ordine e il silenzio creano degli agganci cognitivi per afferrare saldamente i contenuti che devono essere appresi. Il disordine e il rumore ingombrano la mente ed impediscono una chiara percezione di ciò che si deve apprendere. Ad esem-

Tav. 116. L'ordine come sfondo libero e ricettivo, il disordine come ingombro e confuso.

pio, una scrivania ordinata fa risaltare in primo piano il libro da studiare e facilita la concentrazione. Una scrivania disordinata ed ingombra impedisce la chiara percezione di ciò che dovrebbe figurare in primo piano, non si riesce a distinguere chiaramente la figura, cioè il libro da studiare, dallo sfondo che è occupato dagli altri libri che invadono il campo percettivo e creano delle inutili interferenze. Basterebbe un po' di ordine per aumentare la concentrazione (vedi tavola n. 116).

In breve, la cura dell'ambiente di studio adatto e piacevole facilita una positiva predisposizione psicologica verso l'apprendimento.

Il prossimo capitolo sarà dedicato all'analisi delle migliori condizioni psicofisiche per studiare.

9 Condizioni psicofisiche per studiare

Si studia bene e con profitto quando le condizioni psicofisiche sono buone. Quando, invece, si è molto preoccupati o turbati a livello psicologico, o si è ammalati, o deboli a livello fisico, si studia male e senza profitto.

Le condizioni più favorevoli allo studio possono essere sintetizzate nel noto detto latino: *"Mens sana in corpore sano"*. Una mente sana in un corpo sano.

Analizziamo in dettaglio alcune indicazioni per studiare in buone condizioni psicofisiche.

1. La salute del corpo sostiene la mente

Per studiare si ha bisogno del sostegno del corpo: quando il corpo è forte ed efficiente anche la mente si sente vigorosa e lucida.

Pertanto, è bene evitare di studiare se il corpo è ammalato, debole, stanco ed esaurito. Per avere un corpo forte e vitale, è necessario aver cura della respirazione, del movimento, del rilassamento, della dieta alimentare e dell'espressione delle emozioni e dei sentimenti.

Bisogna evitare di tuffarsi nello studio, dimenticando il corpo e i suoi bisogni fisici ed emotivi.

Alla fine ci presenterà il conto o si ribellerà per il modo scorretto con cui lo trattiamo.

2. Sciogliere o chiarire le preoccupazioni psicologiche

È bene evitare di studiare quando si è molto preoccupati o turbati. In tal caso, è più opportuno chiarire i conflitti interiori prima di mettersi a studiare. Talvolta, basta poco per tranquillizzarsi. Ma è difficile riuscire a concentrarsi, quando si è molto preoccupati.

Alcuni considerano lo studio come un rimedio contro le preoccupazioni, studiano in modo intenso e appassionato e riescono ad immergersi totalmente e a non pensare a nient'altro, dimenticando così i propri turbamenti. Si pensi, a tal proposito, allo *"studio matto e disperato"* di Giacomo Leopardi, con il quale egli riuscì a mantenere salda la propria autostima, nonostante le dolorose preoccupazioni personali e le numerose carenze ambientali.

Anche se in casi eccezionali si può studiare per dimenticare preoccupazioni e guai, è bene studiare, per quanto è possibile, con la mente serena e l'animo in pace.

3. Lista delle proprie tensioni muscolari

È opportuno elaborare una lista delle tensioni muscolari più frequenti durante il tempo di studio, per studiare nelle condizioni fisiche ottimali. Conoscendo la sintomatologia delle proprie tensioni muscolari da studio (mal di testa, male agli occhi, mal di schiena, corpo indolenzito), è più facile evitare di maltrattare il corpo e di studiare in cattive condizioni psi-

Tav. 117. Studiare in buone condizioni psicofisiche.

cofisiche (vedi tavola n. 117). Talvolta, piccoli accorgimenti, come la giusta distanza di 30-40 cm. tra occhio e libro, il libro posto in un'inclinazione da 0 a 20 gradi sul piano di appoggio, il guardare periodicamente in lontananza (all'infinito) per evitare disturbi visivi dovuti alla prolungata concentrazione sul libro, una giusta altezza della sedia (né troppo alta né bassa), la schiena ben bilanciata per non comprimere la cassa toracica, una respirazione profonda e tranquilla, sono sufficienti per sentire il corpo come amico e alleato della mente.

La consapevolezza del proprio ritmo di affaticamento potrebbe suggerire delle pause o dei periodi di riposo e stimolare, quindi, una migliore gestione del tempo di studio.

3.1. Come affrontare l'ipotono e l'ipertono muscolari

La fiacchezza o la tensione muscolare sono delle distrazioni che allontanano la mente dal compito e la dirigono verso il malessere fisico *("Mi sento stanco. Non riesco a capire niente")* o psicologico *("Non riesco a concentrarmi su una cosa per volta")*.

Che cosa si può fare in tali situazioni?

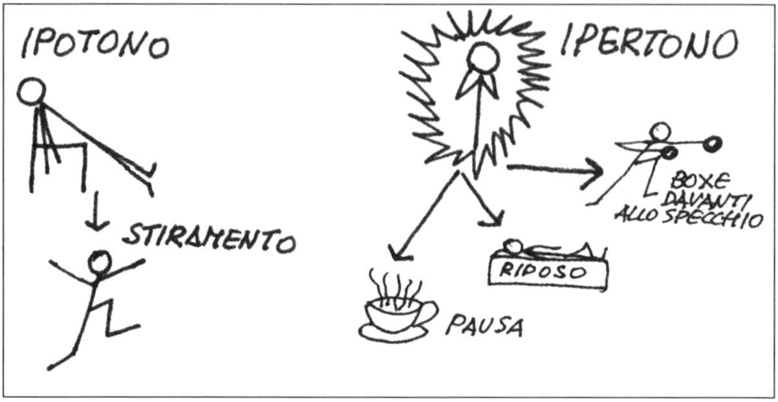

Tav. 118. Come affrontare l'ipotono e l'ipertono muscolari.

Se c'è un ipotono (fiacchezza muscolare) è bene richiamare volontariamente i muscoli attraverso lo stiramento *(stretching)*, il risveglio muscolare, che ristabilisce il controllo volontario della muscolatura, approfondisce la respirazione, induce la riossigenazione e risveglia la mente (vedi tavola n. 118).

Se c'è un ipertono (tensione muscolare o nervosismo) è opportuno scaricare tale tensione attraverso il movimento o l'attività fisica (ad esempio, fare a boxe davanti allo specchio) adottare tecniche di rilassamento o fare una pausa.

L'affaticamento e le tensioni da studio non dipendono soltanto dalla stanchezza del corpo, ma anche dalle problematiche esistenziali e dalle difficoltà dello studio. Talvolta, per esempio, un mal di testa può essere causato da un litigio con una persona cara o dalla necessità di dover studiare una materia antipatica o una materia difficile per carenza di basi.

4. Evitare l'abuso di caffeina e nicotina

Alcune persone, per aumentare la lucidità mentale, ricorrono a degli stimolanti. Tra di essi ricordiamo la nicotina e la caffeina. Queste sostanze consentono, talvolta, di aumentare provvisoriamente la quantità di lavoro mentale. Ma è necessario precisare subito che esse non migliorano la qualità dell'apprendimento che dipende solo dalla motivazione e dalle strategie di studio.

Inoltre, bisogna evitare di sconvolgere il proprio ritmo naturale di attività-riposo, abusando di caffè e di sigarette. I disturbi psicofisici che ne conseguono sono molto noti e non è necessario elencarli.

5. La dieta

È necessario informarsi sui cibi e sulla digestione, per scegliere cibi leggeri e digeribili, quando si studia. È noto che durante la digestione il sangue è richiamato dall'apparato digerente, sottraendolo provvisoriamente al cervello. Per tale ragione, ci si sente un po' assonnati e con i riflessi lenti dopo aver mangiato, soprattutto dopo aver ingerito cibi grassi, perché richiedono una digestione più laboriosa.

Poiché l'efficienza della nostra mente subisce un calo, a causa di tale deflusso del sangue verso lo stomaco, è opportuno evitare di mangiare durante il tempo dedicato allo studio: è meglio mangiare sufficientemente o prima o dopo (vedi tavola n. 119).

Se, da un lato, è conveniente non impegnarsi in situazioni di studio intenso quando è in corso la digestione, è tuttavia possibile, durante la digestione, ripassare mentalmente le informazioni già apprese, perché la ripetizione richiede una minore quantità di energia.

In altri termini, si deve curare la dieta quando si studia: essa deve essere varia, ricca, ma leggera.

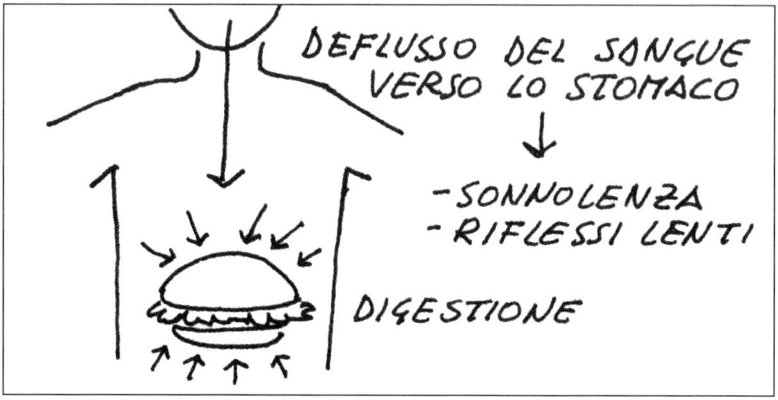

Tav. 119. Evitare di mangiare durante il tempo dedicato allo studio.

Si tenga presente, però, che l'ansia e la tensione da studio possono provocare, talvolta, disturbi dell'alimentazione, spingendo a mangiare di tutto e a tutte le ore.

6. Il movimento

Lo studio richiede lo sforzo di stare seduti per molte ore davanti alla scrivania. Il corpo può essere allenato e abituato a questo sforzo, ma non deve essere reso schiavo. Bisogna fare del movimento per riossigenarlo e tonificarlo. Talvolta, dopo un'ora di studio, sono sufficienti cinque minuti di ginnastica da camera, per sentirsi tonificati fisicamente e svegli mentalmente, pronti ad affrontare altri impegni di studio.

Se si trascura ciò, prima o poi, il corpo segnalerà il proprio malessere con sensazioni negative, che interferiscono nello studio.

Durante il tempo dedicato allo studio è opportuno evitare attività fisiche intense, come, ad esempio, praticare uno sport. È consigliabile svolgerle in tempi lontani dallo studio, per evitare distrazioni ed interferenze. Ma anche in questo ambito ognuno deve autoregolarsi con l'unico scopo di rendere ottimale il proprio tempo dedicato allo studio, adottando l'automonitoraggio anche verso le condizioni psicofisiche.

7. Non esiste la magica pillola della memoria

Non esiste la magica pillola della memoria. Esistono dei farmaci che migliorano l'efficienza generale del corpo, quando è malato esaurito o debole. Ma è un'illusione credere di poter migliorare la propria memoria, assumendo dei farmaci. Si tratta di un'illusione sostenuta dalla mitologia consumistica del *"tutto facile senza sforzo"*.

I migliori farmaci per la mente e per la memoria sono quelli naturali e cioè: il rispetto del ciclo veglia-riposo, una sana dieta alimentare, l'esercizio fisico, un tono emotivo gioioso ed entusiasta, un progetto di vita coinvolgente e ambizioso.

La memoria è migliorata, non da un farmaco, ma dal metodo di studio, dalla forza della motivazione, dalla elaborazione di strategie efficaci di organizzazione concettuale delle informazioni, dalla padronanza di valide mnemotecniche, dalla dimostrazione delle proprie competenze.

8. Come affrontare lo stress scolastico

Lo studio continuo e l'impegno costante, l'apprendimento di nuove informazioni e la loro memorizzazione, le interrogazioni e i compiti sono situazioni stressanti.

Lo stress è la risposta dell'organismo per adattarsi ai cambiamenti che l'ambiente esterno sollecita. Tale adattamento richiede un grande dispendio di energia, che può essere compensato dalle gratificazioni, costituite, in ambito scolastico, dai buoni voti, dalla stima degli insegnanti e amici e dalla corrispondente alta autostima. Ma quando lo stress scolastico non è adeguatamente compensato, nascono la demotivazione verso lo studio e l'insofferenza verso la scuola.

Le cause dello stress scolastico sono molteplici. Enumeriamone alcune:

- *la necessità di una attenzione costante,*
- *la necessità di apprendere ed assimilare, abbastanza rapidamente, un gran numero di informazioni,*
- *la necessità o l'obbligo di essere sottoposti spesso a compiti, test, interrogazioni, esami,*
- *rapporti difficili con gli insegnanti,*
- *rapporti problematici con il gruppo dei pari o con l'altro sesso.*

L'ambito scolastico costituisce una situazione di stress a causa dei continui cambiamenti che richiede (vedi tavola n. 120): cambiamenti di materie, di insegnanti, di metodi, di rapporti interpersonali. A tale situazione oggettiva si aggiunga, poi, l'interpretazione soggettiva della realtà scolastica. Per alcuni la scuola è interessante, per altri fastidiosa, per altri insopportabile, per altri, infine, odiosa.

Quando una situazione è sentita molto fastidiosa o minacciosa, l'organismo è sottoposto a una situazione fisiologica di allarme, analoga a quella che emerge di fronte ad un pericolo. Vivere in queste condizioni è molto deleterio per la salute sia del corpo che della mente.

Apprendere o studiare in queste condizioni è impossibile.

La capacità di resistenza allo stress dipende da vari fattori: dallo stile di vita, dalla fiducia in se stessi e dalle risorse interiori.

Le risorse dello studente derivano da tre radici: forti motivazioni, solide abilità cognitive e creative ed efficace metodo

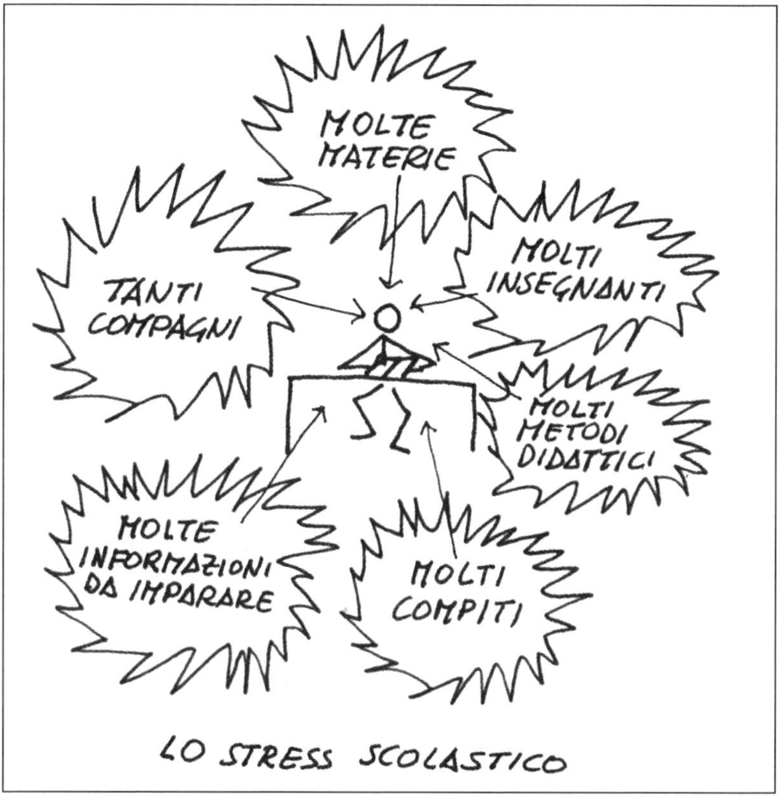

Tav. 120. Lo stress scolastico.

di studio. Se uno studente possiede tali risorse interiori, può fronteggiare lo stress scolastico; se ne è privo, rischia di soccombere.

9. Evitare l'esaurimento nervoso da studio

Studiare troppo fa male.

- *Studiare troppo, come lavorare troppo, è negativo, perché si sconvolge il ritmo di alternanza tra lavoro, riposo e svago.*

Tale ritmo è biologico e non bisogna contrastarlo, altrimenti si cade in uno stato di saturazione *("Non ce la faccio più. Sono sovraccaricato. Se continua così, crollo. Basta!")* o di *"esaurimento"* psiconervoso, caratterizzato da malessere psicologico e da fastidiosi sintomi psicosomatici; si possono avvertire disturbi come i seguenti: confusione, apatia, mancanza di volontà, perdita di interesse, insoddisfazione, nausea, insonnia, ansia e depressione. Tale saturazione ed *"esaurimento"* psiconervoso sono provocati, in generale, da un sovraffaticamento mentale, dall'ansia scolastica, e, alcune volte, da disturbi della personalità.

9.1. Sapere quando smettere di studiare

L'apprendimento è facilitato, se è rispettato il proprio ciclo biologico di attività-riposo, se è individuato il proprio tempo di migliore prestazione e se è rispettato il proprio bisogno di riposo.

È necessario, quindi, saper individuare anche il momento in cui bisogna smettere di studiare, per prendere un giusto riposo o svago. La capacità di saper smettere di studiare fa parte di un buon metodo di studio e di una buona gestione del proprio tempo di studio.

10. Come affrontare la fobia della scuola

È normale, in ambito scolastico, aver paura prima di essere interrogati, ma è un atteggiamento nevrotico pensare che andrà sempre male, che è inutile tentare, che si è una "frana" in tutto.

Una persona molto ansiosa può facilmente trasformarsi in una persona fobica che ha paura di tutto o in una persona depressa che si sente fallita.

L'ansia crea apprensione, una visione distorta della realtà e, pertanto, pregiudica l'efficienza nel lavoro scolastico.

Un'intensa paura di un insegnante, o di un compito, o di un esame produce delle forti fobie, caratterizzate da comportamenti di fuga dalla situazione (*"Non voglio fare più l'esame. Voglio scomparire!"*) e di evitamento (*"Non voglio più toccar libri. Non voglio più sentir parlare di scuola. Mi fa venire la nausea!"*). Quando uno studente è travolto dall'ansia scolastica, può entrare in uno stato quasi confusionale di panico o di depressione.

Come si può agire in questi casi?

Si può intervenire in varie direzioni:

- *sostenere, attraverso il dialogo, la personalità dello studente, individuando i suoi punti di forza, i suoi interessi, le sue capacità,*
- *ridurre il livello d'ansia somatica, attraverso tecniche di rilassamento,*
- *ridurre il livello di ansia emotiva attraverso visualizzazioni positive di calma e di successo scolastico,*
- *agire sulla qualità delle sue motivazioni,*
- *migliorare il metodo di studio.*

Il prossimo capitolo, che è una continuazione del presente, sarà dedicato all'ansia scolastica e al modo migliore di affrontarla.

10 Come affrontare e superare l'ansia scolastica

1. Le cause dell'ansia scolastica

«Perché la scuola genera ansia?».

Perché a scuola ci si sente giudicati sull'impegno e sulla padronanza di ciò che si è appreso. Si avverte, perciò la duplice possibilità di riuscire o di fallire, di essere promossi o di esser bocciati, di prendere un buon voto o un brutto voto, di essere lodati o di essere rimproverati.

In tale contesto, gli insegnanti sono percepiti non tanto come uomini di cultura, quanto piuttosto come giudici severi, che esprimono, talvolta, pesanti *"condanne"*. Quando la scuola è percepita in tal modo, si avverte una grande ansia e, talvolta, panico, perché si teme una minaccia alla propria autostima.

In breve, l'ansia scolastica è determinata:

- *dalla paura di non riuscire ad ottenere buoni risultati,*
- *dal dover subire giudizi negativi dagli insegnanti, dai compagni e dai famigliari.*

2. L'ansia disturba e riduce il rendimento scolastico

Il livello d'ansia provoca un'eccessiva attenzione verso se stessi, i propri problemi, le proprie preoccupazioni o le proprie paure.

L'eccessiva attenzione verso se stessi, detta *"iper-riflessione"*, focalizzata sul dilemma *"riuscirò o fallirò?"*, provoca una dispersione della concentrazione, che è deviata dal compito e indirizzata sulle eventuali conseguenze di successo o insuccesso *("Che*

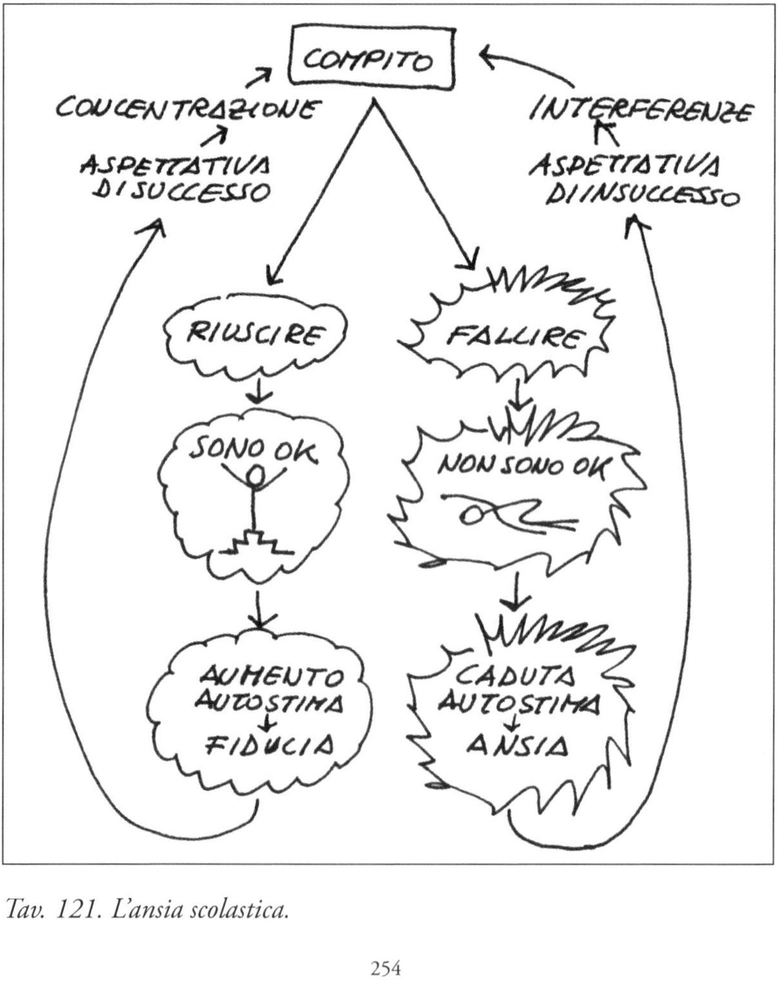

Tav. 121. L'ansia scolastica.

cosa mi succederà se fallirò? Che cosa penseranno gli altri di me? Mi crederanno un imbecille. Mi sento un incapace. Questo dannato esame mi fa impazzire"). In tale situazione, il rendimento diventa molto basso e la probabilità di errore o insuccesso è molto alta (vedi tavola n. 121).

3. Le manifestazioni dell'ansia

Le componenti dell'ansia sono di tre tipi (vedi tavola n. 122):

- *sensazioni fisiologiche ed emotive di malessere,*
- *autosvalutazione,*
- *comportamenti inefficienti.*

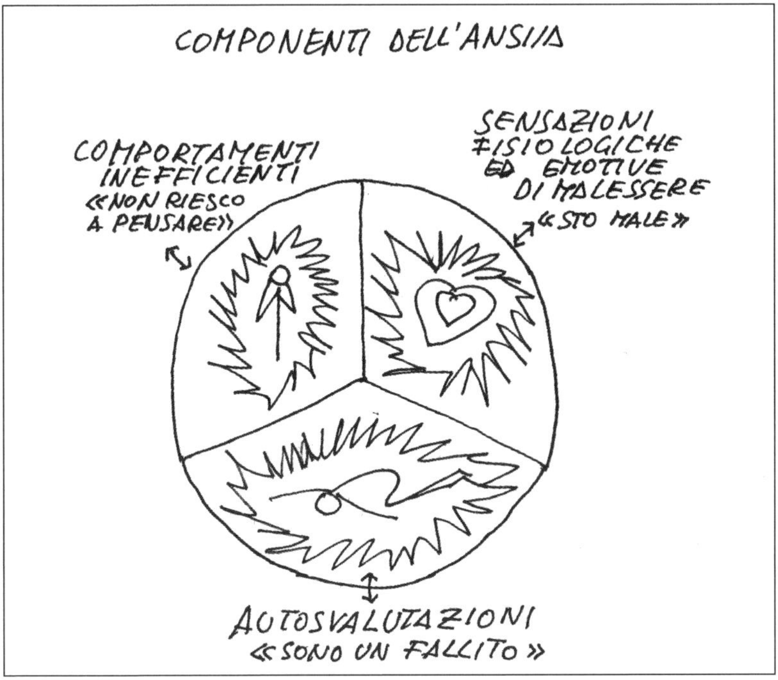

Tav. 122. Le componenti dell'ansia.

Quali sono le sensazioni fisiologiche dell'ansia? Facciamo una breve lista:

- *tachicardia,*
- *iperventilazione,*
- *respiro affannoso,*
- *tensione muscolare,*
- *tremori,*
- *voce insicura e soffocata,*
- *sudorazione,*
- *insonnia,*
- *inappetenza,*
- *incapacità di concentrazione.*

Tali sensazioni fisiologiche di malessere sono di solito accompagnate da autovalutazioni negative:

- *senso di impotenza ("Mi sento perduto e disperato"),*
- *incapacità di controllare le proprie reazioni emotive ("Mi sento in balia di queste mie schifose sensazioni"),*
- *senso di fallimento e di frustrazione ("Sono un fallito a scuola e nella vita"),*
- *paura per la brutta figura ed il giudizio negativo degli altri ("Non sopporto assolutamente che gli altri mi considerino un incapace!"),*
- *previsioni catastrofiche ("Se va male, mi ammazzo"),*
- *generalizzazioni negative ("Non mi va mai bene niente"),*
- *convinzioni irrazionali ("Devo farcela assolutamente, altrimenti non valgo nulla"; "Non posso sopportare di avere un insuccesso"),*
- *antipatia verso la materia, il professore e la situazione scolastica ("È una materia stupida e il professore è un cretino. La scuola è un luogo per annientare la personalità!"),*
- *attribuzione della colpa a se stessi ("Non capisco niente"; "Non ho studiato a sufficienza"),*

- *attribuzione della colpa agli altri ("Quel professore è un sadico aguzzino e ce l'ha con me").*

Alcuni comportamenti inefficienti sono:

- *non riuscire a concentrarsi,*
- *perdere tempo guardando il compito senza riuscire a scrivere una parola,*
- *fare cose irrilevanti (guardare il soffitto o fuori dalla finestra).*

Le sensazioni di malessere fisico, le autosvalutazioni psicologiche e i comportamenti inefficienti impediscono la concentrazione sul compito o sulla domanda dell'insegnante, e, pertanto, il risultato sarà scadente e inferiore all'effettiva preparazione dello studente.

4. Suggerimenti per affrontare l'ansia scolastica

L'ansia scolastica può essere affrontata in vari modi. Alcuni sono i seguenti:

- *l'elaborazione di un valido metodo di studio,*
- *la riattivazione della motivazione,*
- *la cura e il rinforzo dell'autostima,*
- *l'utilizzazione di strategie di rilassamento, di visualizzazione, di assertività e di autoistruzioni.*

La risposta allo stress dipende prevalentemente dalla valutazione dello stress e dalle risorse personali. Attraverso la valutazione cognitiva positiva o negativa, lo stress può essere inteso o come "stimolante sfida" oppure come "devastante catastrofe". Attraverso la valutazione positiva o negativa delle proprie risorse emergerà un'immagine positiva di sé *("Sono un ragazzo in gamba",* o negativa *"Sono un fallito")* (vedi tavola n. 123).

Per affrontare lo stress e l'ansia scolastica si deve intervenire a vari livelli: a livello fisiologico con il rilassamento, a livello

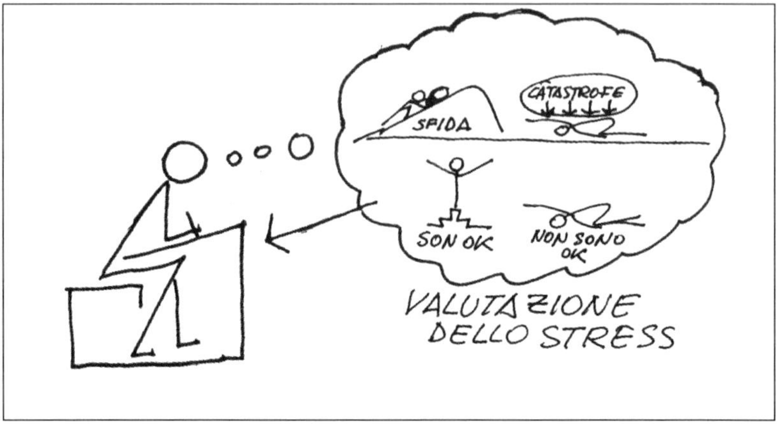

Tav. 123. La valutazione dello stress e delle risorse.

emotivo con il dialogo interno di incoraggiamento e a livello cognitivo migliorando i propri metodi e strategie nella soluzione di un problema (vedi tavola n. 124).

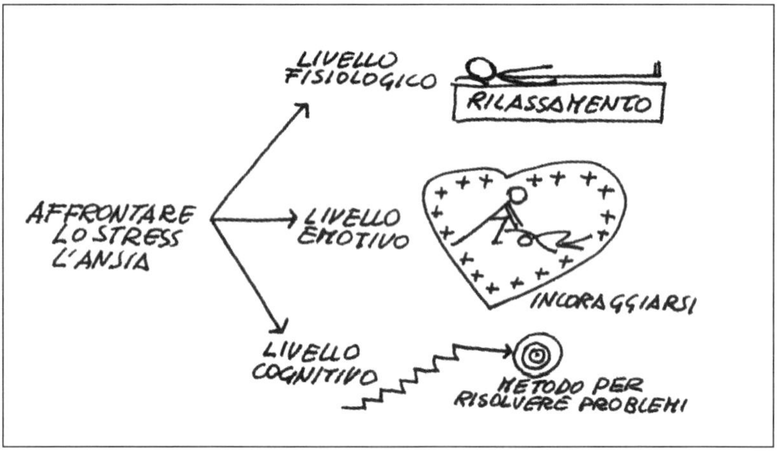

Tav.124. Come affrontare lo stress e l'ansia scolastica.

In questo capitolo ci focalizzeremo solo sui metodi di rilassamento, sulle visualizzazioni positive, sull'assertività e sulle autoistruzioni. Gli altri temi sono trattati in altri capitoli di questo e in altri libri scritti dall'autore (vedi Bibliografia).

4.1. Strategie di rilassamento

La tecnica di rilassamento più conosciuta, nel mondo occidentale, è il Training Autogeno. Si tratta di una tecnica scientificamente valida, semplice ed efficace. Essa può essere facilmente integrata con altre forme di rilassamento come, ad esempio, la desensibilizzazione sistematica, il *biofeedback*, la meditazione, lo yoga.

Lo scopo delle tecniche di rilassamento è quello di inibire l'ansia con un comportamento contrario all'ansia, cioè con il rilassamento muscolare.

Il comportamento ansioso si accompagna, generalmente a un'eccessiva ed inopportuna tensione muscolare. Riducendo tale tensione muscolare, si attenua il livello d'ansia, se non ci sono gravi conflitti nella personalità dello studente.

Quando si impara a percepire il grado di tensione dei propri muscoli, si sviluppa una sensibilità verso il proprio corpo, che suggerisce quando e come rilassarsi.

Talvolta, è opportuno praticare il rilassamento muscolare ed emotivo, dopo aver scaricato la tensione del corpo, attraverso il movimento, facendo un po' di ginnastica o un po' di corsa. È conveniente dapprima scaricarsi della tensione e poi rilassarsi: prima svuotarsi delle tensioni negative e, dopo, riempirsi di sensazioni positive.

Il rilassamento permette di:

- *smaltire la fatica e lo stress,*
- *recuperare il proprio respiro naturale e spontaneo,*
- *distendere le tensioni muscolari,*
- *acquietare l'ansia,*
- *avviare un dialogo interiore di chiarificazione (delle proprie*

ansie, paure) e di incoraggiamento (elaborando soluzioni pratiche e razionali),
- *chiarire i conflitti ("Vorrei studiare, ma anche divertirmi", "Non voglio studiare, ma non voglio nemmeno andare a lavorare"),*
- *visualizzare con calma le situazioni temute, ristabilire l'efficienza della propria concentrazione,*
- *focalizzare l'attenzione sul compito e resistere alle interferenze o alle informazioni irrilevanti,*
- *ricorrere all'ironia e all'umorismo.*

Il rilassamento può essere accompagnato da visualizzazioni positive e da un dialogo interiore di autoistruzioni positive.

4.2. Visualizzazioni positive

Le visualizzazioni positive sono il linguaggio con il quale possiamo parlare a noi stessi. Esse sono molto vivide, quando siamo in uno stato di rilassamento muscolare ed emotivo (vedi tavola n. 125).

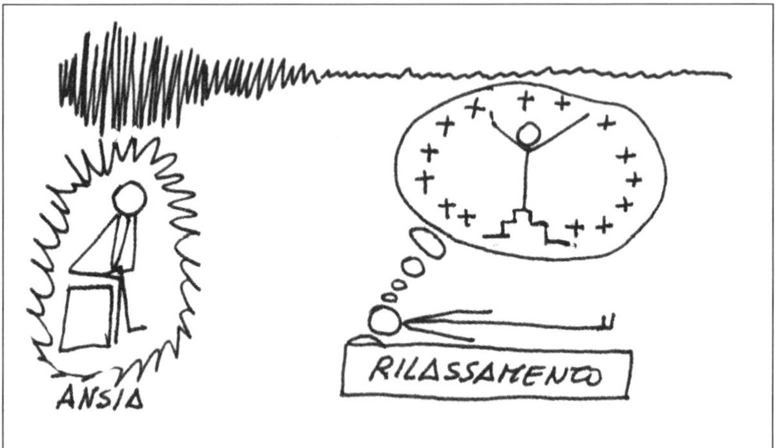

Tav. 125. Le visualizzazioni positive per superare l'ansia scolastica.

Alcune visualizzazioni positive sono le seguenti:

- *immaginare di avere successo durante l'esame;*
- *immaginare le domande dei professori e le proprie risposte migliori;*
- *immaginare le reazioni emotive positive degli esaminatori;*
- *immaginare la propria soddisfazione;*
- *immaginare le congratulazioni dei propri amici e delle persone care.*

Se, invece, i propri insegnanti incutono paura, è utile immaginarli piccoli piccoli sul palmo della propria mano e godere di questa inversione di importanza; talvolta, è conveniente immaginarli in situazioni ridicole o comiche, per sentirsi più liberi dall'ansia. Se alcuni insegnanti sono soliti maltrattare psicologicamente gli studenti, oltre che a denunciare pubblicamente i comportamenti scorretti, si può scaricare la propria rabbia contro di loro (se è una forma di antipatia personale), immaginando mentalmente di fare a boxe con loro e di vincere. Si tratta di una forma di liberazione emotiva di tipo psicologico o catarsi.

Si può visualizzare un'inversione di ruoli; immaginando di sottoporre ad esame i propri professori facendo loro domande difficili e "cattive".

4.3. Assertività

Inoltre, si possono adottare tecniche di assertività, per essere capaci, nelle interrogazioni orali, di esprimere le proprie opinioni in maniera chiara, efficace e sicura. Tali tecniche sono molto utili per persone che presentano un comportamento timoroso ed insicuro. Ad esempio, a uno studente timido si può insegnare ad esprimere le proprie opinioni con un tono di voce più alto ed un volume di voce più forte, oppure si può suggerire di cominciare ogni frase rafforzando l'espressività e dicendo: "Io penso...", "Io desidero proporre...” accentuando la determinazione e l’impatto di quell’ **“Io penso...”, “Io desidero proporre...”.**

Tali tecniche di affermazione di sé migliorano la consapevolezza del linguaggio non-verbale, modificano il modo di parlare, la voce, la postura, in modo da dare alle proprie idee maggiore espressività e forma emotiva.

4.4. Tecnica delle autoistruzioni

Attraverso la tecnica delle autoistruzioni, uno studente può incoraggiarsi, darsi sostegno, autocontrollarsi, automotivarsi.

Può diventare consapevole del proprio disagio interiore, elaborare strategie psicologiche per rafforzare l’autostima e strategie cognitive per affrontare meglio i compiti scolastici. Può agire sulla propria motivazione, per far scaturire nuove risorse e nuovi entusiasmi. Può concentrarsi più facilmente sul compito, controllando l’attenzione, per evitare che essa devii dal compito e si rivolga a considerazioni catastrofiche.

È utile elaborare delle autoistruzioni incoraggianti, che confutino le nostre convinzioni apocalittiche.

Un esempio della tecnica dell’autoistruzione, può essere il seguente:

“Non è detto che se non supero questa interrogazione (o esame) sono necessariamente uno scemo. Posso utilizzare questo insuccesso, per confrontarmi con il mio livello di preparazione. Forse non ho studiato sufficientemente. Sentivo di non aver capito molti passaggi di questa procedura. Mi sentivo insicuro e anche sfiduciato nelle mie capacità di comprensione. Inoltre, questa materia mi è antipatica, perché mi mancano le basi e, pertanto, ogni volta che prendo in mano il libro, mi viene un senso di repulsione viscerale. Ma allora,

perché non mi chiedo piuttosto: come posso colmare le mie lacune? Potrei comprarmi libri supplementari, più semplici. Potrei ricorrere a qualche strumento audiovisivo o a tecniche di istruzione programmata. Potrei chiedere a questo mio amico di aiutarmi in questo settore. Se farò così, le mie idee catastrofiche svaniranno ed emergerà una immagine di me stesso coraggiosa e fiduciosa. Devo continuare a parlarmi in modo positivo, incoraggiandomi. Bene, quale è la prima cosa che posso fare? Eccola: devo affrontare in modo graduale e sistematico la mia preparazione di base. Cominciamo da qui. Bene, adesso sono contento di me, perché sono riuscito a superare quei pensieri negativi e debilitanti. Ho riacquistato fiducia. Bravo."

In conclusione, il problema dell'ansia può essere affrontato e superato efficacemente con un buon metodo di studio, con strategie di rilassamento psicofisico, con visualizzazioni positive e con la tecnica dell'assertività e con la tecnica delle autoistruzioni.

5. Assumersi le proprie responsabilità.

La lealtà verso se stessi aiuta a contenere e superare l'ansia. Bisogna riconoscere quando non ci siamo impegnati e non abbiamo curato un'adeguata preparazione per un compito di verifica o per un esame. Non serve accusare gli altri, il compito "impossibile" e i docenti "sadici". È meglio riconoscere anche di non aver studiato.

Le scuse per nascondere le proprie mancanze nello studio zittiscono i rimorsi della coscienza, ma non fanno crescere. Si diventa maturi quando si assumono le proprie responsabilità e si riconosce anche in se stessi la causa del proprio successo o insuccesso. Attribuendosi tale responsabilità, è più facile mettersi al lavoro e colmare le lacune o rimediare alle insufficienze.

Al contrario, non serve a niente imbastire delle scuse infantili e arrampicarsi sugli specchi dichiarando: «Il compito di matematica è andato male a tutti (sottinteso è colpa del compito o del professore che pretende l'impossibile)». Oppure: «Il primo esercizio l'ho fatto bene. Nel secondo ho sbagliato solo i calcoli. Il terzo non l'ha fatto praticamente nessuno, a parte i due secchioni. Ma quelli non sono "normali"». A chi non vuol crescere e migliorare, non mancano mai delle scuse.

Il metodo di studio fortifica anche il carattere, perché attraverso un leale automonitoraggio indica chiaramente le proprie lacune e fornisce numerose strategie per colmarle: *«Il compito è andato male per queste ragioni. Adesso devo rimediare in questo modo... Devo studiare di più queste parti. Devo collegare meglio questi concetti. Devo esercitarmi di più in questo punto e automatizzare meglio la lista del lessico specifico. Utilizzando questa strategia, riuscirò, la prossima volta, a superare brillantemente l'esame».*

Il successo è garantito dall'impegno tenace e perseverante.

Il successo è garantito da diecimila ore di studio, accumulate giorno per giorno (vedi tavola n. 126).

Tav. 126. Il successo è assicurato dall'impegno quotidiano, tenace e perseverante.

11 Come affrontare e superare la paura degli esami

Gli esami sono inevitabili. Ma può essere evitata l'ansia degli esami, se si impara il modo migliore per affrontarli.

Gli esami possono diventare un'opportunità di autoeducazione, se diventano l'occasione di una verifica oggettiva del proprio impegno e della propria preparazione.

Talvolta, di fronte alla difficoltà e allo stress che gli esami comportano, verrebbe la voglia di abolirli, per evitare il senso di frustrazione e di minaccia all'autostima. Si tratta di un meccanismo di difesa psicologica che consiste nel voler annullare ciò che fa soffrire; è comprensibile, ma sarebbe meglio imparare il modo migliore per affrontare e superare la paura degli esami.

1. Il panico degli esami

Talvolta il panico degli esami può spingere uno studente a pensare e ad esprimersi nel modo seguente: *"Non voglio più fare gli esami. Non so niente. Andranno sicuramente male. Non ce la farò mai a superarli"*.

Questa idea ossessiva può assorbire talmente la mente di uno studente da non permettergli di concentrarsi su niente di positivo.

Anche se ha studiato ed ha un buon curricolo scolastico, egli sente che non ce la farà. Anche se i suoi insegnanti e i suoi compagni di classe gli ripetono che sicuramente supererà gli esami, egli è convinto che sarà un insuccesso totale.

Essendo sconvolto da tale pensiero ossessivo, non riesce, di conseguenza, a concentrarsi e a studiare. Sente di non riuscire a ricordare niente di ciò che ha già studiato, perché la sua mente è assediata dall'idea che non ce la farà e da altre idee di autosvalutazione. Ciò peggiora il suo stato d'animo e conclude inesorabilmente che è un fallito.

Come si può spiegare questo comportamento?

Lo studente, in questo caso, percepisce l'esame come una situazione molto pericolosa, che minaccia la sua autostima. Tale considerazione negativa dell'esame innesca in lui una serie di paure, radicate nella scarsa fiducia in se stesso.

Cosa si può fare in questo caso?

Alcune indicazioni possono essere le seguenti:

- *Accettare le proprie paure come un "segnale" e un "messaggio" della "parte bambina, che è spaventata.*
- *Sostenere la propria "parte adulta", a prendersi cura della "parte bambina", imparando a consolarla e a incoraggiarla (vedi tavola n. 127).*
- *Elaborare una tabella di confronto tra le paure espresse dalla parte bambina e le prove o informazioni raccolte dalla parte adulta: "Ho paura di questo. Lo riconosco e lo accetto,*

ma la mia coscienza mi rassicura che ho studiato bene. Mi sono impegnato notevolmente. I voti che mi sono meritato indicano che possiedo una discreta preparazione. È vero, non so tutto alla perfezione. Ma mi so orientare in molti settori di studio. Quindi, mi posso calmare. Calma!".

Tav. 127. Dialogo interno tra la parte adulta e la parte bambina.

2. Suggerimenti per affrontare un esame

Una lista di suggerimenti per affrontare la paura degli esami potrebbe comprendere i seguenti consigli:

2.1. Valorizzare gli esami

È importante riuscire a valorizzare o scoprire alcuni aspetti positivi degli esami, ad esempio, l'autocompetizione e la verifica di se stessi:

"Gli esami sono un modo per valutare le mie abilità. Non sono un modo per distruggere la mia personalità. Nessuno mi condannerà. Essi sono un'occasione per verificare la forza della mia personalità e la solidità della mia preparazione. Costituiscono una prova, che posso accogliere per vedere se riesco a dare il meglio di me".

2.2. Conoscere ciò che gli esami richiedono

È necessario sapere con precisione che tipo di esame si dovrà sostenere e cosa si aspettano gli insegnanti *("Quali sono le loro modalità di interrogare e quali sono i loro criteri di valutazione?").* È necessario conoscere accuratamente i confini della materia di esame *("Sarò interrogato da qui fin qua").* Se tali confini sono chiari, si ha una migliore sensazione di controllo della situazione ed una minore ansia *('Sarò esaminato soltanto su questo e quell'argomento. Com' è la preparazione in questi due settori? In questo settore mi sento più sicuro, in quest'altro mi sento incerto").* Ciò che si conosce con precisione fa meno paura di ciò che rimane indistinto e indefinito. Se non sono chiari i confini dei contenuti di un esame, si avverte una maggiore preoccupazione (*"Non so cosa mi chiederanno. Mi sembra di non sapere niente").*

2.3. Visualizzarsi positivamente

È opportuno ricorrere ad autoistruzioni, ad autosuggestioni e a visualizzazioni positive, per incoraggiarsi. Si può visualizzare la felice conclusione dell'esame e godere di questa immagine positiva.

Se ciò non è sufficiente e l'ansia persiste, è utile, in tal caso, rimanendo sempre in stato di rilassamento, immaginare vividamente le cose peggiori che potrebbero capitare, visualizzando le conseguenze catastrofiche che si temono. Si immagini, ad esempio, di essere bocciato e di subire tutte le conseguenze negative di questo evento. Si dedichi *"volontariamente"* del tempo a immaginare nel dettaglio tali conseguenze negative. In questo modo, è possibile guardare in faccia le proprie paure e ciò offre il vantaggio di scoprirne la valenza emotiva e di esercitare un maggiore controllo razionale. Dopo tale intervento paradossale, di solito, ci si sente sollevati, proprio perché, invece di evitarle, si è voluto guardare in faccia le conseguenze temute. È un atto di coraggio e di forza d'animo *(«Non fuggo. Sono qui, fermo e affronto queste difficoltà»).*

È utile, inoltre, familiarizzarsi positivamente con il luogo di esame e con i propri esaminatori; prevedere le domande di esame e autointerrogarsi; fare delle prove mentali di esame; esaminarsi facendosi delle domande difficili o domande *"trabocchetto"*.

2.4. Studiare in modo attivo

È essenziale studiare in modo attivo, rielaborando le informazioni.

Alcuni suggerimenti per rielaborare le informazioni sono i seguenti: sottolineare, prendere appunti, schematizzare, costruire tabelle sinottiche, preparare liste di definizioni sintetiche, elaborare domande e risposte brevi e precise. Trasformare 10 pagine del libro di testo in uno schema, o in un'immagine, o in un simbolo. La rielaborazione personale facilita notevolmente l'apprendimento e la memoria. È più facile ricordare uno schema grafico tracciato da noi stessi con frecce che collegano i vari concetti, o un acrostico inventato da noi stessi (vedi tavola 128).

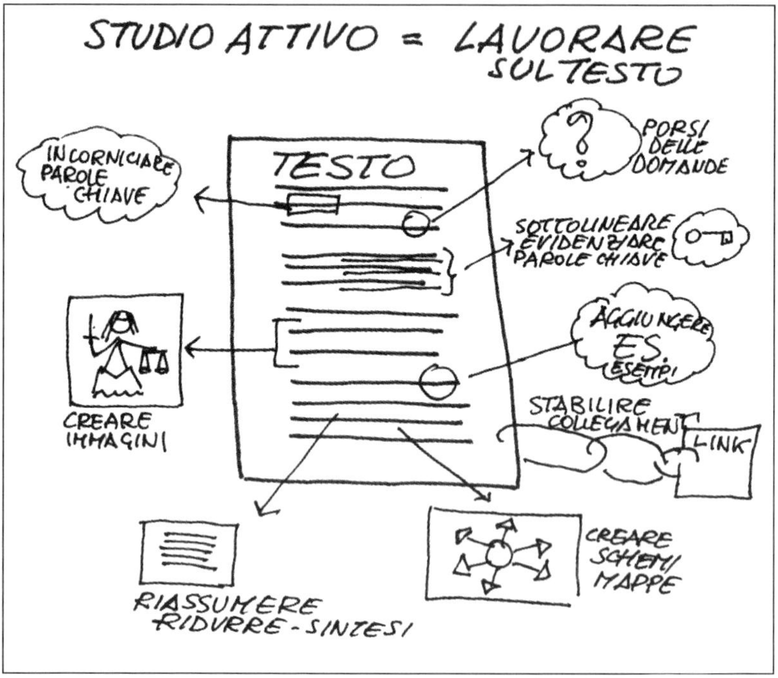

Tav. 128. Lo studio attivo per coinvolgersi serenamente nell'apprendimento.

Un libro di testo non sottolineato o evidenziato a colori differenti, appare anonimo e si ricorda di meno.

L'attenzione e la memoria sono più potenti se il libro di testo è ben personalizzato con note a margine, approfondimenti, citazioni, simboli di importanza, frecce, asterischi, punti interrogativi ed esclamativi, raccordi collegamenti, piccole icone, colori sobri ed essenziali degli evidenziatori.

La rielaborazione personale fa diventare significativo e importante tutto ciò che si deve studiare.

La rielaborazione personalizza lo studio.

2.5. Programmare il tempo di studio

Abbiamo lo stesso tempo che avevano Leonardo o Einstein. Le loro giornate e le loro notti erano lunghe quanto le nostre. Non serve giustificarci, dicendo che non abbiamo tempo. Forse dobbiamo imparare a gestirlo meglio. Il tempo dedicato allo studio è una condizione indispensabile per diventare creativi e geniali in qualche settore della conoscenza o del sapere. Bisogna usare tutta la potenza della propria mente, ma soprattutto dedicare molto tempo a tale cura.

È necessario pianificare accuratamente il proprio tempo di studio, per evitare che manchi il tempo necessario per studiare tutto il programma.

È necessario studiare con molto anticipo, rispetto alla data dell'esame, e dedicare l'ultima settimana solo al ripasso, che serve, per riattivare rapidamente le informazioni già memorizzate e memorizzarle fino alla completa assimilazione.

2.6. Distinguere i contenuti facili e difficili

È utile distinguere i contenuti dell'esame in argomenti facili e in argomenti difficili (vedi tavola n. 129). Per far ciò è necessario segnare per ogni paragrafo il grado di difficoltà:

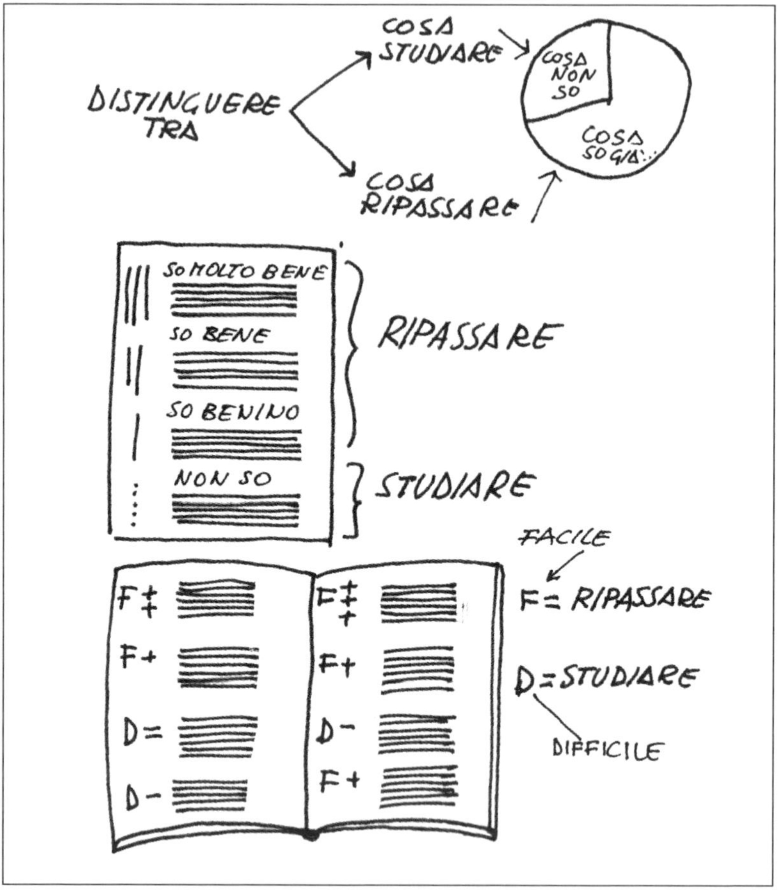

Tav. 129. Studiare e ripassare.

"Questo paragrafo lo so molto bene. Quest'altro lo trovo molto difficile da comprendere. Quest'altro l'ho compreso, ma mi è difficile rievocano con rapidità."

In tal modo, si adotta un criterio molto preciso per sapere cosa si deve studiare di più e cosa si deve studiare di meno *("Questo lo so. Questo non lo so. Devo studiare quello che non so. Ma è sufficiente ripassare quello che so già")*. Infatti, non tutti gli argomenti sono ugualmente difficili. Alcuni sono facili, altri interessanti, altri difficili, altri astratti, altri complessi. In questo modo, si riduce la quantità di ciò che deve essere studiato: non si deve studiare tutto il programma, ma solo quelle parti che ancora non sono state comprese bene o non sono state memorizzate.

A questo proposito, un suggerimento pratico può essere quello di segnare a matita a fianco di ogni paragrafo il grado di difficoltà nel modo seguente:

F+ = facile, F+ + = abbastanza facile, F+ + + = molto facile, D- = difficile, D- - - = abbastanza difficile, D- - - = molto difficile.

Quando si migliorerà la padronanza di ogni singolo paragrafo, si potrà modificare tale segnaletica, cambiandola da negativa a positiva.

Per cambiare il meno in più è sufficiente un piccolo segno di penna.

2.7. Organizzare le informazioni in domande e risposte

Oltre agli schemi e alle mappe, è utile organizzare i contenuti dell'esame in *domande* e *risposte,* brevi ed essenziali. Tale tecnica di studio serve per rielaborare personalmente le informazioni, in base al criterio della brevità e precisione. Essa non si adatta a tutte le materie, ma, in genere, è molto utile, perché semplifica i contenuti da apprendere e facilita la memorizzazione e la revisione prima degli esami.

2.8. Combinare il ripasso dall'alto e il ripasso dal basso

È necessario combinare i due tipi di ripasso: quello globale *("dall'alto")* tramite appunti, schemi, immagini, simboli e

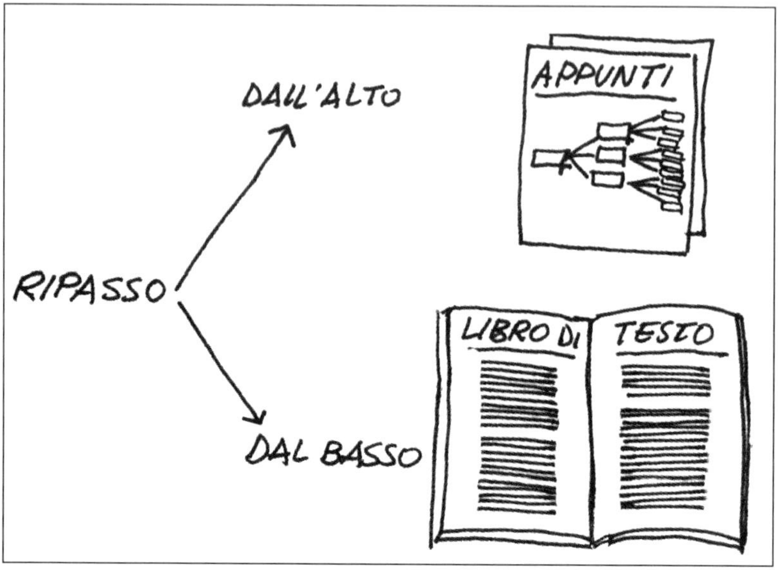

Tav. 130. Combinare il ripasso dall'alto col ripasso dal basso.

mappe personalizzate e quello dettagliato e analitico *("dal basso"),* fatto sul libro d'esame, per essere fedeli al testo ed evitare l'ipersemplificazione dei contenuti (vedi tavola n. 130).

2.9. Combinare il ripasso veloce con quello lento

La ripetizione veloce va attuata sfogliando rapidamente il proprio quaderno di appunti o il proprio libro di testo, opportunamente sottolineato o evidenziato per memorizzare schemi concettuali, mappe cognitive, quadri figurativi e parole chiave.

La ripetizione lenta va realizzata sul libro di testo o sugli appunti per approfondire qualche concetto. Essa facilita la riflessione, i collegamenti e le espansioni concettuali, oltre che la fedeltà ai dati descritti nel libro di testo.

2.10. Ripassare frequentemente e sistematicamente

È essenziale ripassare frequentemente e sistematicamente. Si ripassi rielaborando in modo attivo e creativo gli argomenti, per evitare il ripasso meccanico, che è improduttivo e noioso.

A questo tema del ripasso è dedicato tutto il prossimo capitolo.

2.11. Automonitorarsi passo per passo

È opportuno usare l'automonitoraggio *("Questo lo so! Qui sono incerto! Questo non lo ricordo bene!"),* per autovalutare costantemente, passo per passo, i risultati e il metodo di studio.

2.12. Riposare

Per prepararsi bene alle interrogazioni, compiti ed esami, è necessario riposare e rispettare il ritmo veglia-riposo. È utile evitare le nottate sui libri e le levatacce mattutine. La frequente deprivazione del sonno produce sintomi seri, quali: l'irritabilità, l'intontimento, il rallentamento dei riflessi e, talvolta, la paranoia. Dopo alcune notti passate sui libri, generalmente si è inefficienti e spenti durante il giorno.

In altri termini, bisogna evitare di studiare troppo.

È opportuno, inoltre, dedicare il giorno prima dell'esame al rilassamento, alle visualizzazioni positive e all'autoincoraggiamento.

Talvolta, è utile uscire la sera prima dell'esame (ad esempio, per una bella passeggiata o per vedere un film), per creare un opportuno stacco mentale.

Questa indicazione è accolta favorevolmente solo quando la preparazione è stata svolta accuratamente in tempi distesi e sufficienti.

Quando invece si è studiato male e in poco tempo, l'ansia peggiora lo stato d'animo ma anche la lucidità mentale.

Si cerca di rimediare in fretta alla mancanza di pianificazione e si distrugge il ritmo veglia-riposo, determinando una deludente prestazione il giorno del compito o dell'esame.

2.13. Curare la stabilità emotiva

È necessario curare la propria stabilità emotiva, utilizzando adeguate strategie di rilassamento e visualizzazioni positive.

Si conservi il senso dell'ironia e dell'umorismo.

Si affronti l'esame con la coscienza di aver studiato:

"Ho studiato. Mi sono impegnato. Se andrà bene, sarà bellissimo. Se non andrà bene, posso conservare uno stato d'animo tranquillo, perché sono sicuro di aver studiato con il massimo impegno. Comunque, se andrà male, sarà opportuno rivedere il mio metodo di studio, ottimizzare i tempi e incrementare il mio impegno".

Si ricordi che un segno di paura o di instabilità emotiva potrebbe essere interpretato dagli insegnanti come segno di impreparazione.

Talvolta, a livello razionale, si è convinti di aver studiato, ma a livello emotivo si ha ugualmente paura, una paura irrazionale ed immotivata, che nasce dalla *"parte bambina"* di noi stessi. Questa parte infantile va capita, consolata e incoraggiata con la *"parte adulta"* della propria personalità, che è saldamente ancorata a dati oggettivi e che ha imparato ad affrontare numerose difficoltà ed è diventata più forte, più esperta, più saggia (vedi tavola n. 127).

Sostenere un esame è come partecipare a una competizione sportiva. E necessario essere ben allenati, ma anche tranquilli, per riuscire a dare il meglio di sé.

2.13.1. Prendere sedativi?

«È utile prendere sedativi, se si è ansiosi, in vista degli esami?»

No, perché i sedativi, da un lato, calmano l'ansia, ma, dall'altro, rallentano i riflessi e annebbiano la mente. È meglio, imparare a calmarsi parlando a se stessi e incoraggiandosi, perciò, parlando delle proprie paure ed angosce con qualche persona amica o con uno psicologo, oppure dedicando del tempo al riposo, allo svago, al movimento e al rilassamento psicofisico.

Se, però, si è in preda al panico, è opportuno ricorrere al medico per la prescrizione di adeguati psicofarmaci.

2.13.2. L'ansia del giorno dell'esame

Il giorno dell'esame ci si sveglia presto dopo una notte alquanto inquieta. Si continua a rimanere tesi e ansiosi.

Talvolta, si ha la sensazione di essere in uno stato di *trance:* si ha in mente solo l'esame e tutta la concentrazione è focalizzata su di esso e il resto passa sullo sfondo. Ad esempio, è difficile pensare ad altro per distrarsi, perché la mente continua a stare sui libri.

2.13.3. Distinguere tra tensione normale e ansia eccessiva

È inevitabile che un esame crei tensione e nervosismo. È sempre una prova: si dovrà dimostrare agli altri di essere preparati e competenti in uno specifico settore di studio.

Un grado moderato di tensione può essere considerato positivamente, perché aumenta l'attenzione, la vigilanza, l'attivazione.

"Devo stare molto attento. Devo ricordarmi questo concetto. Devo fare attenzione a questa idea. Devo ricordarmi di fare un collegamento tra questo argomento e quest'altro. Devo concentrarmi per non dimenticare queste informazioni. Questo concetto non me lo ricordo: è meglio che lo ripassi o lo memorizzi meglio. E se l'insegnante mi domandasse proprio quel concetto che non ho bene afferrato, o che io ho considerato secondario, cosa farò? Forse è bene che lo vada a rivedere".

Un grado eccessivo di tensione, però, comporta sensazioni molto spiacevoli: mal di testa, nausee, pallori, instabilità emotiva e, talvolta, confusione mentale. In queste condizioni, l'esame è sentito come una tortura e una minaccia.

2.13.4. Effetti fisiologici, emotivi e cognitivi della paura degli esami

La paura dell'esame può essere avvertita attraverso quattro gruppi di segnali:

- *sensazioni fisiologiche di malessere,*
- *comportamenti inefficienti,*
- *autosvalutazioni.*

Tra le sensazioni fisiologiche ricordiamo le seguenti:

- *mani fredde e, nello stesso tempo, sudate,*

- *respiro corto, sensazione che manchi l'aria,*
- *nodo in gola,*
- *tensione psicomotoria con bisogno di muoversi,*
- *alternanza tra una sensazione di pesantezza ed una di leggerezza,*
- *bocca secca,*
- *sensazioni di nausea,*
- *contrazioni allo stomaco,*
- *voce esile, bassa, incrinata dall'ansia.*

Tra le sensazioni emotive possiamo ricordare:

- *la paura di non farcela,*
- *la paura di fare una brutta figura,*
- *la paura di non ricordare niente.*

Fra i comportamenti inefficienti possiamo ricordare i seguenti:

- *la diminuzione della capacità di concentrazione su un compito,*
- *i* lapsus,
- *"qui pro quo", cioè delle espressioni che non corrispondano a quello che si sta pensando,*
- *un'alta frequenza di intercalazioni: "ehe! ehe!", "cioè... cioè", "praticamente... ehe!... praticamente...", "in altri termini.., cioè... ehe!".*

Solitamente tali sensazioni di malessere e di paura sono accompagnate da pensieri di autosvalutazione, focalizzati su immagini di insuccesso e di fallimento.

- *"Non mi va bene niente."*
- *"Sono un incapace."*
- *"È tutta colpa mia."*

Per queste ragioni, l'ansia riduce notevolmente la qualità

della prestazione, anche quando un esame è stato preparato accuratamente.

È necessario attrezzarsi anche emotivamente per superare un esame. Non basta la preparazione cognitiva. Bisogna coltivare anche la calma interiore, l'autocontrollo, la forza del carattere.

È utile soffermarsi, a questo punto, sulla deviazione della concentrazione prodotta dall'ansia.

2.13.5. L'ansia devia l'attenzione dal compito

L'ansia devia l'attenzione dal compito o dalla domanda dell'esaminatore e la convoglia su di sé e sulle proprie sensazioni negative (vedi tavola n. 131).

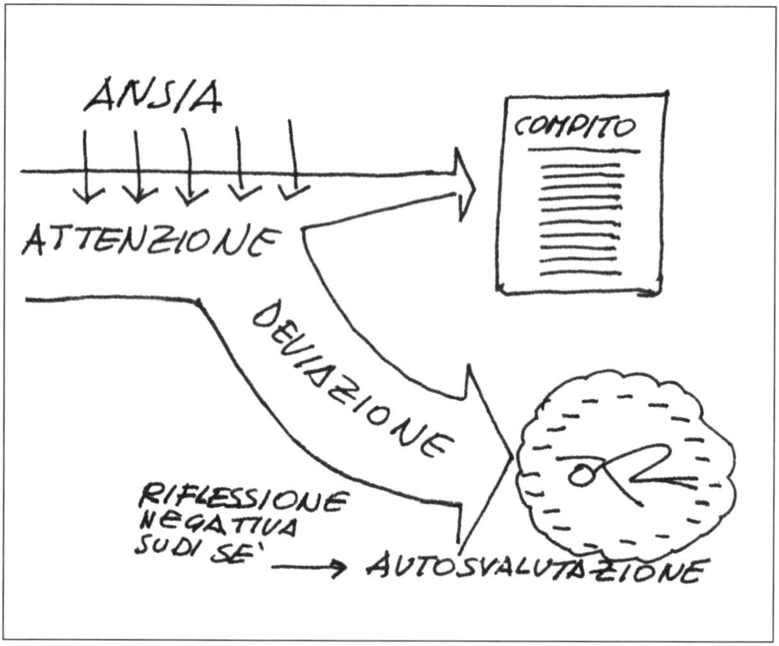

Tav. 131. L'ansia devia l'attenzione dal compito.

Se uno studente, mentre sta sostenendo l'esame, si blocca, può avvertire una deviazione della propria attenzione verso il suo vissuto interiore negativo, intessuto di frasi analoghe alle seguenti:

"L'esame non mi sta andando bene. Vedrai che non ce la farò. Sono un fallito. Mi capita sempre così. È inutile che stia qui. Guarda che brutta figura sto facendo. Sono un vero "schifo". Era meglio se non l'avessi mai fatto questo maledetto esame."

Questi pensieri negativi di autosvalutazione distolgono l'attenzione dalla domanda che l'insegnante ha posto, perché tutta l'attenzione dello studente è indirizzata su se stesso.

In tale situazione di *"iper-riflessione"* su di sé, è naturale che lo studente non comprenda più le domande fatte dall'insegnante: è troppo concentrato su vissuti interiori negativi ed è incapace di incanalare la propria attenzione sul compito da eseguire. Anche se l'insegnante dirà: *"Le faccio un'altra domanda"*, lo studente, che è rivolto tutto verso di sé, non fornirà sufficiente attenzione per capirla e può accadere che nuovamente si senta confuso e che alla fine rinunci all'esame.

2.14. Curare la propria immagine

È opportuno curare la propria immagine, il proprio *look*. Un abbigliamento trasandato o sofisticato o troppo ricercato è un messaggio interpersonale, che può creare delle interferenze con il *"ruolo di studente"*, che si deve giocare in questa circostanza.

Curare la propria immagine significa essere consapevoli dei messaggi inviati dalla propria postura, abbigliamento, tono di voce, mimica espressiva.

In particolare, bisogna evitare gli eccessi, sia gli abitini da discoteca, sia la sciatteria o la trascuratezza.

Bisogna considerare gli esami come un'occasione per affermare il proprio valore cognitivo e di carattere.

Sono una prova di affermazione dei propri meriti e delle proprie competenze.

Bisognerebbe assumere un atteggiamento più coraggioso ed eroico per affrontare positivamente queste prove della vita.

2.15. Prendersi cura della memoria

Gli esami richiedono una buona memoria.

Si chiede allo studente di ricordare ciò che ha appreso, di applicare quelle abilità nelle quali si è allenato (fare un tema, risolvere un problema, parlare in una lingua straniera), oppure di scegliere l'alternativa giusta in un test a risposta multipla. Per svolgere questi compiti, è necessario affidarsi alla propria memoria.

Nella preparazione agli esami, bisogna prendersi cura della propria memoria, tenendo conto delle sue leggi ed adottando adeguate strategie di memorizzazione e di recupero delle informazioni. Prendersi cura della propria memoria significa curare la propria preparazione remota, fatta giorno per giorno, depositando nella memoria a lungo termine le informazioni ordinate secondo opportune categorie, mappe tematiche e *"scaffalature mentali"*, reti concettuali.

È consigliabile studiare e memorizzare, inoltre, qualche argomento in modo molto approfondito, da usare come ultima riserva, se per caso l'esame si mettesse male. Ma se l'esame si mettesse proprio male, è opportuna una resa onorevole, ritirandosi con dignità, riconoscendo le proprie lacune e impegnandosi a prepararsi meglio per la volta successiva.

2.16. Avere fiducia nella preparazione remota

Poco prima di sostenere un esame è molto probabile che si avvertano sensazioni di vuoto mentale e che si pensi nel modo seguente: *"Non mi ricordo assolutamente nulla. Il mio cervello è come una pagina bianca. È bloccato"*. Di fronte a tali sensazioni negative, bisogna bloccare l'invasione dell'ansia, che dipingerebbe queste sensazioni in maniera fosca e catastrofica.

Il fatto di non ricordare non significa non sapere.

Significa solo che, in questo particolare momento, le informazioni, che si sanno e che sono depositate nella memoria a lungo termine (nella nostra *"biblioteca mentale")*, non sono presenti nella memoria a breve termine (vedi tavola n. 132*)*.

Tav. 132. Fiducia nella preparazione remota depositata nella memoria a lungo termine.

In realtà, tutti noi sappiamo molte più cose di quelle che sono attualmente presenti nella nostra memoria a breve termine. Sappiamo, ad esempio, una lingua straniera, anche se in questo momento non la stiamo parlando, ma, se è richiesto dalle circostanze, possiamo parlarla con facilità, richiamando tale abilità dalla memoria a lungo termine.

Per questa ragione, è necessario aver fiducia nella preparazione remota, organizzata o depositata nella memoria a lungo termine.

La fiducia nella preparazione remota avrà l'effetto di diminuire l'ansia dell'esame.

Potremo dire a noi stessi:

"Ho studiato bene, ho ben memorizzato ciò che ho studiato: dunque, posso stare tranquillo, anche se adesso, prima dell'esame, sto avvertendo la sensazione di non ricordare più niente. So di aver studiato: di questo sono certo".

La fiducia nella preparazione remota permette di recuperare facilmente le informazioni, appena sarà posta la prima domanda dall'esaminatore, o appena si leggeranno le istruzioni di un compito scritto.

La preparazione fatta giorno per giorno, gradualmente, in modo organizzato e con metodo, non tradisce. Invece, la preparazione fatta all'ultimo momento, in modo frettoloso e superficiale, può provocare, con un'alta probabilità, dei vuoti di memoria e condurre all'insuccesso.

2.17. Non sovraffollare la memoria a breve termine

Molti studenti, prima dell'esame, pretendono di ricordare tutto quello che hanno studiato nei mesi precedenti ed averlo tutto pronto nella memoria a breve termine. Ma ciò è impossibile.

È impossibile riuscire a ricordare in mezz'ora tutti gli argomenti studiati per mesi. La memoria a breve termine è un magazzino molto piccolo e può contenere poche informazioni per volta (vedi tavola n. 95). Al massimo si possono ricordare solo delle parole chiave o degli schemi molto generali di ciò che si è studiato.

Quindi, non è possibile ricordare tutto e subito.

Questo dato di fatto deve essere accettato.

Invece, molti studenti lo interpretano come un segno di impreparazione e reagiscono ad esso con ansia. Se si ha la coscienza tranquilla di aver studiato con impegno e con metodo è possibile rimanere sereni, anche se, prima degli esami, si prova la spiacevole sensazione di non ricordare niente.

Si eviti, dunque, di sovraffollare la memoria a breve termine prima degli esami. Essa è un luogo di passaggio delle informazioni e, come tale, non deve essere ostruito. Le informazioni transitano tra due luoghi, quello del mondo esterno e quello interno. Dal mondo esterno giungono le richieste del compito o dell'esaminatore. Dal mondo interno arrivano le risposte, provenienti dalla memoria a lungo termine o "biblioteca mentale". È come se nella memoria a breve termine ci fosse un "bibliotecario" molto esperto che, di fronte alle richieste degli utenti, va e viene dalla biblioteca con i libri richiesti. Se il luogo della memoria a breve termine è sovraffollato e sovraccarico di richieste, si rischia la paralisi, la confusione e il vuoto mentale.

Questi forti disagi si possono evitare, adottando le tecniche di distensione psicofisica e il dialogo interiore molto utile per rinnovare la fiducia nella propria preparazione remota.

2.18. Come affrontare eventuali blocchi o vuoti mentali

Un blocco mentale si verifica in situazioni di agitazione e di panico; in tal caso, si immaginano difficoltà insormontabili e si tende ad anticipare mentalmente, in maniera catastrofica, l'insuccesso dell'esame.

È necessario accettare che accadano dei vuoti mentali quando si è molto tesi o ansiosi. Quando accadono, la mente è totalmente assorbita dalle sensazioni di malessere e di panico. L'esame passa sullo sfondo, mentre in primo piano si impongono con prepotenza le sensazioni e le convinzioni pessimistiche attivate dall'ansia. Tali pensieri negativi e tali sensazioni di malessere determinano un sovraccarico mentale che blocca il flusso dell'attenzione verso il compito da eseguire. È ostacolato l'accesso alla memoria a lungo termine (alla "biblioteca mentale") e si acuisce la sensazione di non ricordare assolutamente niente.

Come affrontare i blocchi e i vuoti mentali?

Di fronte ad un vuoto mentale, è sufficiente *"parlarsi con calma e fiducia"*, incoraggiarsi, approfondire il respiro, muoversi, fare dei brevi esercizi di rilassamento, allontanare la mente dalla situazione presente ed orientarla verso altri pensieri o ricordi piacevoli, rinnovare la fiducia nelle proprie capacità e nella preparazione remota. Se uno studente sarà capace di riportare la calma dentro di sé, sarà in grado di padroneggiare nuovamente il flusso dei pensieri e di accedere di nuovo alla memoria a lungo termine.

Per prepararsi bene a un esame bisogna curare sia la mente sia il carattere.

2.19. La saturazione nella preparazione agli esami

La saturazione consiste nel rifiuto di assorbire nuove informazioni. Gli studenti dichiarano di sentirsi "pieni", incapaci di capire, di concentrarsi. Non riescono più ad afferrare i concetti. È come se la mente si rifiutasse ad assorbire le cose nuove. Percepiscono una grande ansia, perché si sentono travolti dalle tantissime informazioni da apprendere.

Come si riduce la saturazione?

In vari modi. Bisogna imparare a gestire meglio la distribuzione del tempo, studiando un po' ogni giorno. È necessario dedicare del tempo ad assimilare i concetti appresi. Curare i collegamenti in grandi mappe concettuali. Automatizzare il lessico specifico di ogni disciplina.

Quando una disciplina è assimilata, la mente si libera e si alleggerisce. Diventa anche disponibile ad apprendere nuove informazioni.

La saturazione emerge, invece, quando si devono apprendere molti concetti, in poco tempo. Si trascurano i collegamenti, le grandi sintesi, le mappe e i percorsi concettuali. La rielaborazione e l'assimilazione sono parti indispensabili dello studio che devono essere curate bene, dedicando ad esse molto tempo.

3. Inizio dell'esame

Quando sta per cominciare il proprio esame orale, solitamente, si avverte il battito cardiaco molto forte e accelerato. Si verifica un'ansia di attesa e si vivono alcuni momenti molto simili alla *trance*. Si attende la prima domanda dell'insegnante, per potersi concentrare e convogliare la propria attenzione su di un oggetto specifico.

Se la prima domanda riesce ad agganciare risposte adeguate e pertinenti, allora si supera facilmente l'ansia del primo impatto.

Se, al contrario, la prima domanda sembra difficile o incomprensibile, è probabile che si verifichi un eccesso di ansia, che può condurre al blocco o al vuoto mentale. Per superare questo momento di difficoltà, è necessario riuscire a convogliare la propria attenzione su tale domanda. Poi, usando tutta la rete delle proprie conoscenze, si devono fare numerosi collegamenti per rispondere in modo pertinente alla domanda difficile che ha spiazzato lo studente.

Se ha studiato in modo interconnesso, può rispondere in modo adeguato, anche facendo un giro un po' più lungo, ma se ha studiato in modo frammentario, una domanda difficile può abbatterlo facilmente.

3.1. Le domande d'esame

È utile saper prevedere i vari tipi di domande d'esame ed è opportuno elaborare delle liste di domande molto probabili, da usarle anche per l'autointerrogazione.

Solitamente le domande dell'esaminatore o di un compito sono introdotte o accompagnate dai seguenti verbi:

"Mi parli di... Mi illustri... Faccia un confronto tra la teoria di... e la teoria di... Definisca questo concetto... Quali sono le prove a favore di questa tesi... Illustri alcuni esempi di questa teoria... Elenchi le conclusioni di questo esperimento... Mi spieghi le cause di questo fenomeno... Riassuma le caratteristiche essenziali di que-

sta corrente letteraria... Quale valutazione critica si può fare di questo libro..."

È importante essere attenti alla richiesta che è posta dall'esaminatore o dal compito. Spesso si va fuori tema per disattenzione verso il tipo specifico di domanda che è stata posta.

Quanto al contenuto le domande di esame possono essere di due tipi: o generali sulle teorie, principi e leggi, o specifiche su dettagli e casi particolari.

Ci sarà il professore che richiederà prevalentemente delle sintesi concettuali:

"Mi parli della teoria dei riflessi condizionati di Pavlov e delle sue conseguenze sulla teoria associazionistica. Non si perda nei particolari."

Ci sarà il professore che esigerà solo dettagli particolareggiati:

"Sia più specifico. Non si perda in teorie e visioni generali. Mi dica, invece, quali esperimenti adottò Pavlov per indurre la nevrosi sperimentale."

Talvolta può accadere che uno stesso insegnante in un momento richieda solo concetti generali e in un altro momento richieda il dettaglio ed un fatto particolare.

Come comportarsi con questi due tipi di domande?

Bisogna comprendere cosa un insegnante si aspetta (informarsi sulle sue opinioni e sulla sua metodologia didattica, e, talvolta, sulla sua ideologia) e sviluppare una fluidità mentale, tale da saper rispondere in modo sia sintetico e generale, sia analitico e dettagliato, facendo la spola tra una dimensione e l'altra (vedi tavola n. 133).

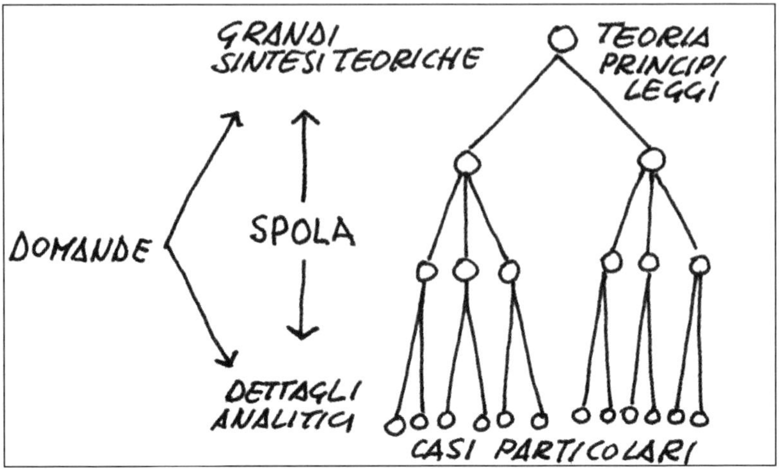

Tav. 133. Fare la spola tra grandi sintesi teoriche e dettagli analitici.

Prima di rispondere a una domanda d'esame, è bene preparare mentalmente uno schema articolato di idee, una rete di connessioni, un percorso concettuale sul quale inserire la pro-

Tav. 134. Elaborare percorsi mentali per rispondere efficacemente alle domande d'esame.

pria risposta (vedi tavola n. 134). In tal modo, si evita di dare risposte slegate che indicano superficialità nella preparazione.

3.2. Elaborare percorsi concettuali alternativi di fronte a domande difficili

Di fronte a domande difficili è utile ricorrere alla preparazione remota, ed elaborare dei percorsi concettuali alternativi, con i quali è possibile collegare un argomento poco approfondito con altri argomenti meglio conosciuti. Questo può essere fatto, se la preparazione remota è stata accuratamente elaborata attraverso una fitta rete concettuale. Partendo da un punto qualunque (concetto o tema), si possono raggiungere gli altri concetti, seguendo molte vie alternative, se esse sono state ben tracciate durante la preparazione remota. Come esempio concreto di frasi di allacciamento o di "deviazione stradale" si possono utilizzare le seguenti: *"Analizziamo questo concetto da un altro punto di vista. Allargando tale visione, possiamo accennare a questi altri concetti fondamentali. Le premesse di tale impostazione ci portano a considerare altre teorie che desidero descrivere brevemente".*

In breve, si utilizzi tutto ciò che si sa per giungere vicino alle informazioni richieste dal compito o dall'esaminatore.

3.3. Conoscere i criteri di valutazione

La conoscenza dei criteri di valutazione dei propri insegnanti riduce il livello d'ansia.

I criteri di valutazione sono molteplici e cambiano da un insegnante all'altro. È molto importante che siano esplicitati.

È apprezzabile che un insegnante dica:

"Valuterò il vostro tema in questo modo. Considererò queste variabili: 1. Il contenuto, se è ricco o povero. 2. La consequenzialità delle vostre argomentazioni. 3. Il lessico, se è appropriato o impreciso. 4. La correttezza. 5. L'originalità. Il punteggio per ognuna di queste variabili sarà il seguente: 0 = insufficiente, 1 = sufficiente, 2 = buono, 3 = molto buono".

Analogamente, è bene conoscere i tipi di prove d'esame, che si dovranno sostenere: se sono le tradizionali prove di esame, o se sono prove oggettive, se sono prove del tipo Domanda e Risposta o prove centrate su un percorso di colloquio aperto.

Ogni tipo di prova d'esame richiede una differente preparazione. Può accadere di rimanere molto frustrati, quando dopo aver studiato a lungo per un esame, si deve affrontare solo un test a domande con scelta multipla, che, in mezz'ora di tempo, pretende di verificare la preparazione approfondita dello studente. Se lo studente si era preparato per un esame orale o scritto, di tipo argomentativo, si può sentire molto deluso di aver studiato per niente, perché i test a scelta multipla richiedono nozioni più che ragionamenti, conoscenze semplici più che interconnessioni concettuali profonde.

Per questo la preparazione a un esame deve essere svolta in modo molto differente, se si dovrà affrontare un test a scelta multipla, oppure a risposte Vero o Falso, oppure un saggio breve, oppure un'interrogazione nozionistica, oppure un percorso colloquiale argomentativo.

3.4. Feedback interpersonale durante l'esame orale

Durante l'esame orale si instaura un feedback (retroazione o informazione di ritorno) circolare tra esaminatore e studente. Ciò che dirà lo studente determinerà una reazione emotiva nell'insegnante, positiva, negativa o indifferente, che determinerà un'ulteriore reazione emotiva nello studente.

Tale circolarità della comunicazione si svolge sia a livello verbale *"Va bene. Precisi meglio questo concetto!"* che a livello non verbale (irrigidimento posturale, corruccio, volto preoccupato, espressione di insofferenza o di antipatia, o atteggiamento sereno, rilassato e piacevole).

In tale contesto, è necessario saper utilizzare le risposte verbali e non verbali dell'insegnante come un sistema di "segnaletica", per autoregolarsi nell'esposizione dei contenuti, rettificando, precisando, modificando la propria esposizione.

È opportuno che lo studente sappia leggere questi messaggi non verbali dell'insegnante, rispetto a questi due gruppi di messaggio: *"Va bene. Continua pure così!"* oppure *"No. Questo non è esatto. Non è corretto!"*.

Il risultato finale dell'interrogazione, o voto, sarà determinato anche da questi feedback continui e molto sottili. Solitamente, la capacità di parlare in modo continuo, argomentato, sereno e disinvolto predispone favorevolmente l'insegnante.

Talvolta, per superare un esame orale con buoni voti, non è sufficiente solo studiare bene e memorizzare bene, ma è necessario anche saper offrire ciò che si è appreso in un linguaggio e in uno stile elegante, preciso, coerente, argomentativo.

Infine, è necessario evitare sia un tono saccente ed arrogante, sia un tono troppo sottomesso e acquiescente.

4. Le prove scritte

Le prove scritte sono diverse da quelle orali, perché richiedono solamente una preparazione accurata su di un argomento, ma non richiedono una speciale abilità interpersonale tra insegnante e studente: non c'è quel contatto diretto e immediato, faccia a faccia, con l'esaminatore. Nell'esame scritto, il rapporto tra lo studente e l'esaminatore è indiretto ed è mediato da un foglio, uno scritto, un elaborato.

Per tali ragioni, la prova scritta è spesso preferita da quelle persone che sono ansiose o che hanno problemi nel gestire un rapporto interpersonale. Esse si sentono più sicure e, talvolta, riescono effettivamente meglio nello scritto che nell'orale. Se hanno dei vuoti mentali, mentre stanno svolgendo una prova scritta, nessuno se ne accorgerà. Se la loro voce non è squillante o vigorosa, non avrà importanza sull'esito dell'esame. Inoltre, non si sentiranno a disagio, perché non c'è lo sguardo indagatore dell'insegnante.

Gli esami, però, sono generalmente sia scritti che orali e richiedono, quindi, abilità diverse per lo scritto e per l'orale.

Talvolta, presso alcune scuole o università, prevalgono gli esami scritti sottoforma di test a scelta multipla, solo perché sono più facili da correggere usando una griglia di correzione e contando in pochi secondi le risposte corrette e assegnando un voto in base alla percentuale raggiunta. Tuttavia, non sono pertinenti e validi a misurare adeguatamente la preparazione di uno studente. Spesso sono usati solo perché sono facili da usare per selezionare ma non per valutare autenticamente gli studenti (Alfie Kohn 2000).

5. Il voto

Il momento del voto è molto delicato e importante per lo studente. Il voto rappresenta una valutazione della sua prestazione.

I fattori più importanti che incidono sul voto sono:

- *la preparazione dello studente (solida o incerta),*
- *il suo modo di porsi nei confronti dell'insegnante, se l'esame è stato orale (sicuro e disinvolto o insicuro ed impacciato),*
- *le aspettative dell'insegnante (alte o basse),*
- *il modo di porsi dell'insegnante nei confronti di quello studente o degli studenti in generale (facilitatore o giudice).*

Tali fattori sono numerosi ed è difficile tenerli sotto controllo. Perciò, si possono ricevere giudizi o voti non sempre oggettivi e giusti.

Tuttavia, il voto sarà condizionato in modo preponderante dalle aspettative dell'insegnante.

Anche lo studente valuterà il voto in base alle proprie attese. Ogni studente formula dentro di sé delle ipotesi di valutazione, tenendo conto della qualità della propria preparazione, dell'entusiasmo investito nello studio e del livello della stima di sé. Se l'aspettativa è alta ed il voto è basso, lo studente si sentirà deluso. Il voto sarà considerato soddisfacente quando egli avvertirà una corrispondenza tra quello che ha dimostrato di sapere e il voto che aveva formulato nelle sue aspettative. Ma raramente accade una tale coincidenza.

In ogni caso, è difficile rimanere indifferenti di fronte ad un voto. Se è soddisfacente, aumenta il senso della propria autostima, se è deludente, si avvertono frustrazione e abbattimento. Tali sensazioni, sia positive sia negative, possono durare per qualche tempo, anche una settimana o di più.

I voti sono importanti, ma non sempre sono adeguati a misurare la propria preparazione. È utile accettarli come indicazioni, ma non come fotografia di quello che si è o di quello che si sa.

Dopo il voto, quello che rimane è solo quello che si è studiato bene, le competenze acquisite, l'allenamento dell'intelligenza. I voti svaniscono molto rapidamente e rimangono solo le qualità morali e cognitive dello studente.

6. Dopo l'esame

Dopo aver ricevuto il voto, se l'esame è andato bene si verifica una scarica della tensione; invece, se è andato male, si continua ad essere tesi ed abbattuti. Di solito, dopo aver sostenuto l'esame, si avvertono, da un lato, un senso di spossatezza e, dall'altro, delle sensazioni simili a quelle della *trance*. Si può anche rivivere la situazione d'esame: *"Avrei dovuto dire questo..., avrei potuto rispondere in quest'altro modo..."*.

Dopo queste prime riflessioni, si ha bisogno solo di evadere e di non pensare più alla situazione d'esame. Si tende involontariamente a svuotare la mente dalle informazioni che si sono incamerate per sostenere l'esame.

È una smobilitazione generale.

La mente diventa non-ricettiva. Si vogliono dimenticare le cose apprese e mettere subito da parte i libri studiati. Si vuole solo una vacanza. Alcune volte questo desiderio si può manifestare anche come un rifiuto: *"Basta! Non ne voglio più sapere di questo genere di studi o di libri!"*.

Come affrontare questo bisogno di svuotare la mente?

Innanzitutto, bisogna accettare questo vissuto come un fenomeno che segue naturalmente a una situazione di eccessiva tensione e di notevole concentrazione. Dopo averlo compreso e accettato, è necessario evitare di dimenticare tutto quello che si è studiato; bisogna, invece, riprenderlo dopo qualche tempo e ripassarlo nuovamente, scegliendo le informazioni più utili e vitali, basandosi sulla considerazione di ciò che un domani potrà essere utile.

7. Gli esami sono un'occasione per imparare

In conclusione, gli esami creano in genere una situazione di ansia. Essi possono andare bene o male. Da essi dipende un aumento o un crollo della nostra autostima. Per tale ragione, spesso sono avvertiti come minaccia. Gli esami costituiscono anche un'occasione per imparare a gestire la propria emotività. Essi possono essere vissuti come una tortura, oppure come una sfida con se stessi, o come una verifica della propria preparazione. Le convinzioni positive o negative sugli esami sono fortemente responsabili anche delle proprie reazioni emotive verso di essi.

Gli esami sono una scadenza. L'avvicinarsi della loro data, determina un aumento della tensione emotiva, ma anche una maggiore carica motivazionale. Ci si sente spinti a studiare di più e si cerca di studiare con maggiore concentrazione. In previsione di una scadenza di un esame, è necessario predisporne il tempo di studio in modo pianificato.

Gli esami possono insegnare il modo migliore per gestire le proprie risorse di fronte alle inevitabili prove della vita: gli esami, si sa, non finiscono mai!

12 Piano per ripassare

1. Valorizzare l'arte del ripasso

"Ripassare" in senso letterale significa "passare nuovamente" dove si è già passati, in senso figurativo significa continuare ad apprendere ripensando costantemente a ciò che si è già appreso, fino alla completa assimilazione.

Ripassare significa **incidere** e **inchiodare** le informazioni nella memoria, per poterle riattivare e recuperare con maggiore facilità (vedi tavola n. 135).

Tav. 135. Ripassare significa "inchiodare" le informazioni.

Si valorizza il ripasso solo quando è presente una forte intenzione di voler ricordare e di non voler dimenticare.

Chi non ripete, dimentica, anche se, precedentemente, aveva imparato qualcosa in modo eccellente, come ha dimostrato H. Ebbinghaus (1885).

Il semplice apprendimento non garantisce la stabilità di ciò che si apprende. Tale stabilità è garantita solo da un ripasso costante e sistematico (vedi tavola n. 136). È noto il caso di molti studenti, che, dopo aver studiato per anni una lingua straniera, la dimenticano perché non la ripassano o non la usano; se passa molto tempo senza praticarla, essi devono reimpararla, ricominciando quasi dall'inizio.

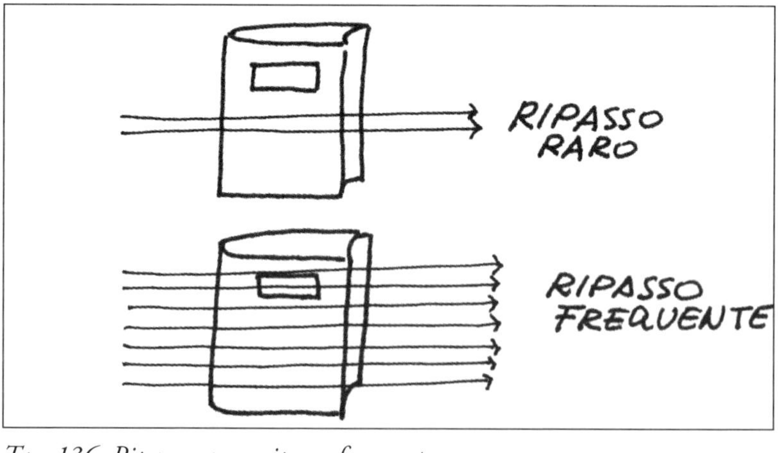

Tav. 136. Ripasso raro e ripasso frequente.

Se si possiedono metodi efficaci di memorizzazione, di rielaborazione e di ripetizione costante, è possibile evitare la perdita di informazioni e di conoscenze.

Il ripasso fatto con metodo e rielaborazione personale è la chiave della memoria eccezionale, anche a distanza di tempo.

In generale, il ripasso non è apprezzato dagli studenti, perché ad essi appare come qualcosa di noioso e ripetitivo *("Perché devo continuare a ripetere, se ho già capito?")*.

Alcuni ritengono che lo studio sia solo incamerare "cose nuove" e trascurano, perciò, il tempo da dedicare a ripetere, a rielaborare creativamente il materiale appreso, fino alla completa assimilazione.

La funzione del ripasso e della rielaborazione è quella di creare nella nostra mente associazioni forti e stabili (vedi tavola n. 137). Solo in questo modo è possibile rievocare in modo fluido e veloce ciò che è stato appreso.

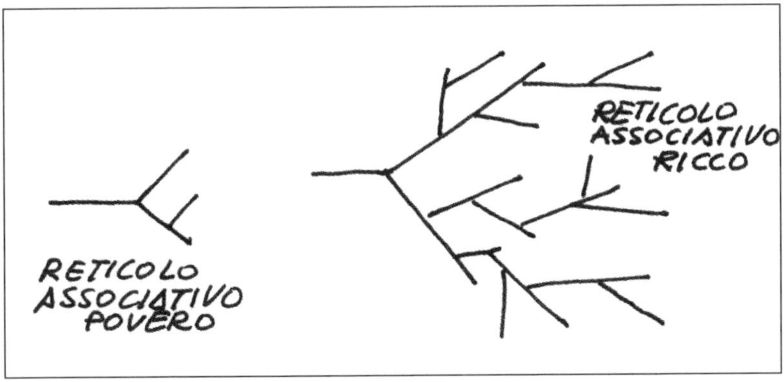

Tav. 137. Reticolo associativo.

Ripassare significa, soprattutto, organizzare le informazioni in gruppi, o reti, o sistemi concettuali ordinati, coerenti e significativi.

Ad esempio, si può cominciare da un concetto (*«Che cosa è la bellezza?»*) e si continua a rievocare tutto ciò che si sa su questo tema, associando tutte le informazioni che emergono in modo coerente e sistematico.

È un bellissimo sport per la mente, oltre ad essere un ottimo allenamento cognitivo.

Le persone più intelligenti sono quelle che curano questa continua e creativa interconnessione tra i concetti presenti nella loro mente.

Si può ripassare per vari scopi: per apprendere meglio, per esercitarsi, per memorizzare in modo più stabile, per riflettere o meditare, per integrare le nuove informazioni con quelle che già si possiedono.

Il ripasso è un modo per controllare la padronanza di ciò che si è studiato. Inoltre, è una forma di automonitoraggio: *"Questo lo so. Questo non lo so"*.

Il ripasso può essere casuale o sistematico.

Il ripasso casuale non è affidabile. Solo la ripetizione sistematica assicura una rievocazione solida e fedele. Chi apprenderà l'arte del ripasso potrà diventare un vero *"atleta"* dello studio. Un atleta sportivo non si sognerebbe mai di partecipare alle Olimpiadi senza un allenamento costante e sistematico. Lo stesso tirocinio o allenamento è richiesto a coloro che vogliono migliorare le proprie prestazioni scolastiche e conservare la vivacità della propria mente.

2. Ripassare creativamente ciò che si è appreso

La creatività nel ripasso può riguardare molti aspetti, ad esempio, elaborare una definizione originale, schematizzare una mappa, stabilire dei nuovi collegamenti con altri concetti, declamare quello che si è appreso in modo tragico o comico, inventare un acronimo, una filastrocca, uno slogan, una massima.

La creatività suggerisce anche di creare nuove connessioni tra ciò che si studia e le applicazioni pratiche. Uno studente creativo si chiede: «*In che modo posso utilizzare tutto quello che ho studiato per risolvere questi problemi o per fare un brevetto?*».

Alcune idee creative da utilizzare durante il ripasso sono le seguenti: combinare continuamente i concetti molto lontani tra di loro, intrecciare discipline differenti e separate come economia e arte o scienza ed etica, creare analogie e metafore (*"l'Io è come il cavaliere e l'Es, l'inconscio, come il cavallo da domare e guidare"*), usare il "pensiero laterale" o creativo (E.De Bono 2000) evidenziando aspetti meno usuali di un oggetto (un mattone usato come martello o come proiettile per rompere un vetro), elaborare nuovi punti di vista (ad esempio, raccogliendo alcune frasi sulla felicità di Leopardi per ridimensionare il suo pessimismo), ristrutturare i dati in un'altra forma o *gestalt* (ad esempio, riscrivere le Crociate dal punto di vista non dei cristiani ma dei musulmani), immaginare in che modo un particolare problema potrebbe essere affrontato da un grande personaggio (*«Che cosa avrebbe detto Einstein o Picasso o Gandhi o Martin Luther King di questo problema del terrorismo? O dell'inquinamento? O dell'aumento dell'infelicità nel mondo nonostante l'aumento del benessere?»).*

Utilizzando queste varie strategie creative, lo studente avverte un grande interesse e sperimenta la potenza della propria mente nel creare nuove associazioni. I suoi occhi brillano quando due concetti molto distanti si danno la mano e si abbracciano. È una grande soddisfazione che emerge quando si dedica del tempo a ripassare creativamente quello che si è appreso.

Infine è stimolante ripassare tutto sapendo che quello che si è appreso ci può aiutare ad essere ingegnosi e utili agli altri con le nostre idee creative e le nostre proposte originali.

3. Il ripasso immediato

Uno dei metodi fondamentali per sviluppare una buona memoria è quello di ripetere immediatamente ciò che si è appena ascoltato o appena appreso (vedi tavola n. 138).

Il ripasso immediato, da una parte, è un sovrapprendimento (continuare a ripetere ciò che si è già appreso) e, dall'altro, è una verifica immediata (automonitoraggio) della qualità dell'apprendimento appena concluso. Il ripasso immediato, spesso, è trascurato dagli studenti, perché credono di ricordare bene quel che hanno appena appreso, solo perché è ancora fresco nella memoria a breve termine. Perciò, trascurano di rielaborarlo concettualmente con schemi, tabelle e mappe, e di trasferirlo, in modo organizzato, nella memoria a lungo termine.

Poi si sentono frustrati quando, pochi giorni dopo, non ricordano bene quello che avevano capito. Capire non significa ricordare. Ne è la premessa ma non è sufficiente.

Per ricordare, bisogna memorizzare accuratamente quello che si è appreso bene.

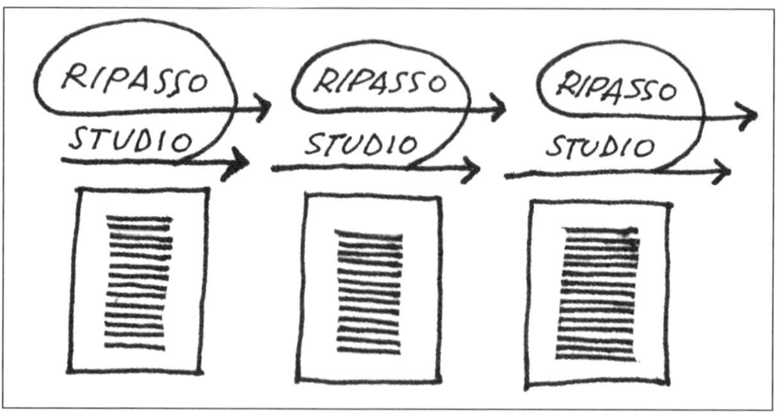

Tav. 138. Studio e ripasso immediato.

Il ripasso immediato può essere fatto rielaborando l'argomento studiato. La rielaborazione è una buona forma di ripasso creativo. In tal modo si può evitare la noia del ripasso meccanico.

4. Il ripasso sistematico

La parte più importante dello studio è la rielaborazione costante, sistematica e creativa di tutto ciò che si è appreso.

Per la ripetizione sistematica si può seguire il seguente criterio: dapprima si suddivide la materia in paragrafi: poi si segna a fianco di ciascuno di essi il grado di facilità o di difficoltà; poi si decide il piano del ripasso (vedi tavola n. 139).

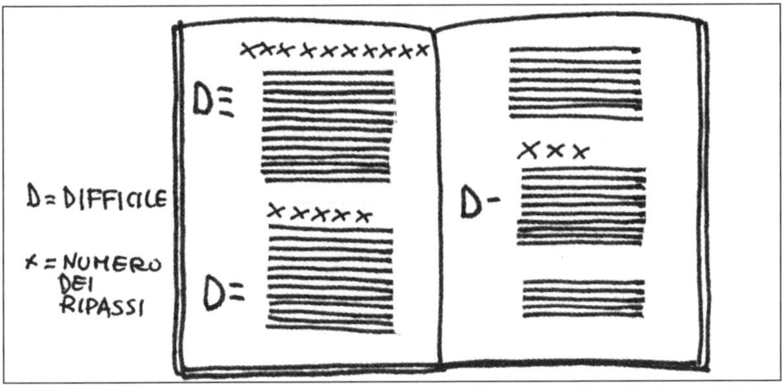

Tav. 139. Esempio di segnalazione dei paragrafi da studiare e da ripassare.

"Ripeterò 10 volte quei paragrafi che presentano molta difficoltà (D- - -), 6 volte quei paragrafi che presentano una difficoltà media (D- -) e 3 volte quei paragrafi che presentano poca difficoltà (D-). Dopo questo tipo di ripasso differenziato in base al grado di difficoltà, utilizzerò il ripasso veloce, fatto con il colpo d'occhio, per richiamare le informazioni che ormai sono ben assimilate."

È utile, inoltre, segnare con una crocetta, su ogni paragrafo del libro, il numero delle volte che è stato ripassato, per decidere se tale numero di volte è stato sufficiente, oppure se è necessario continuare a ripetere altre volte.

Si ricordi, però, che il ripasso può essere fatto solo dopo aver compreso e sintetizzato le informazioni veramente essenziali. Il ripasso deve seguire la comprensione. Il ripasso senza adeguata comprensione del testo è faticoso, meccanico e improduttivo.

Nella ripetizione sistematica, la motivazione ha una grande importanza. Se non si è motivati a ricordare e ad assimilare le informazioni apprese, non si avvertirà la spinta a ripassare. È indispensabile mantenere acceso il fuoco della propria motivazione, per gustare i risultati gratificanti dell'arte del ripasso.

5. Ripasso e aspettative dell'insegnante

Per conoscere gli argomenti o i concetti più importanti da ripassare, è utile considerare le aspettative degli insegnanti, che spesso esplicitano l'importanza di alcuni concetti della loro disciplina, richiamando l'attenzione degli studenti.

Si possono ascoltare frequentemente frasi del tipo: *"Questo argomento è molto importante, perché..."* oppure *"Cercate di capire bene questo concetto, perché lo ritroveremo più avanti ed è fondamentale alla comprensione di..."*.

È bene usare le aspettative degli insegnanti come una specie di *"segnaletica"*, per decidere cosa bisogna studiare di più e ripassare di più. Inoltre, è bene che anche gli insegnanti definiscano con precisione e chiarezza le proprie aspettative *("Desidero questo da voi. Valuterò la vostra prestazione in questo modo, usando questo criterio").* Non ha importanza se tali aspettative siano facili o difficili. L'importante è che siano chiare e definite.

6. I tempi del ripasso

Quando va fatto il ripasso?

Continuamente, in tutti i momenti liberi, fino a quando un'abilità non è diventata automatica o naturale, oppure fino a quando un gruppo di informazioni non è stato completamente assimilato.

Studiare non basta, se poi non si ricorda quello che si è studiato. Studiare non basta, se non si riflette costantemente su ciò che si è appreso.

Ma, per ricordare e riflettere, bisogna ripetere frequentemente, nel modo più intelligente e creativo possibile.

Il suggerimento di ripetere costantemente è basato su dati oggettivi, che sono ricavati dalla limitata ampiezza del magazzino della memoria a breve termine e dalla curva dell'oblio di Ebbinghaus.

Esaminiamoli brevemente.

6.1. La capienza della memoria a breve termine

La memoria a breve termine *è come un magazzino* con una capienza molto limitata. Il numero 7 (**più o meno** 2) indica il numero minimo di informazioni, da 5 a 9, che possono entrare, volta per volta, nel magazzino della memoria a breve termine (vedi tavola n. 140).

È un "magazzino" molto ristretto e per far entrare molte informazioni, bisogna imparare a raggrupparle in schemi, in grafici, e ripeterle costantemente fino alla completa assimilazione. In questo modo è possibile liberare il magazzino della

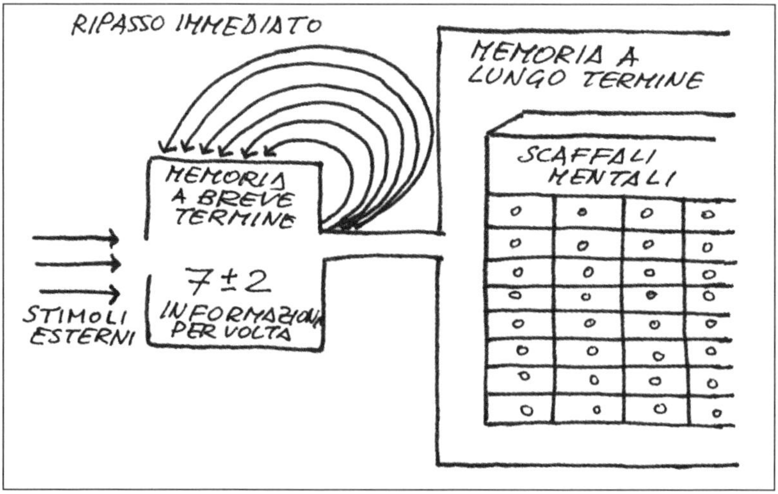

Tav. 140. Capienza della memoria a breve termine: 7 più o meno 2.

memoria a breve termine e renderlo disponibile per apprendere altro materiale, che deve essere subito selezionato e connesso con altri concetti presenti nella mente o nell'archivio della memoria a lungo termine.

Il ripasso immediato e costante fa rimanere le informazioni per un periodo di tempo più lungo nella memoria a breve termine, prima di depositarle in modo ordinato nella memoria a lungo termine. In tal modo, si ha il tempo di rielaborarle opportunamente.

6.2. La curva dell'oblio di Ebbinghaus

La curva dell'oblio di Ebbinghaus (1885), elaborata su materiali astratti, come liste di sillabe senza senso (ZIH, OPK, WEY), dimostra che buona parte delle informazioni, anche se apprese bene al 100%, vengono dimenticate rapidamente nel giro di poche ore, se non vengono ripassate subito e costantemente (vedi tavola n 141).

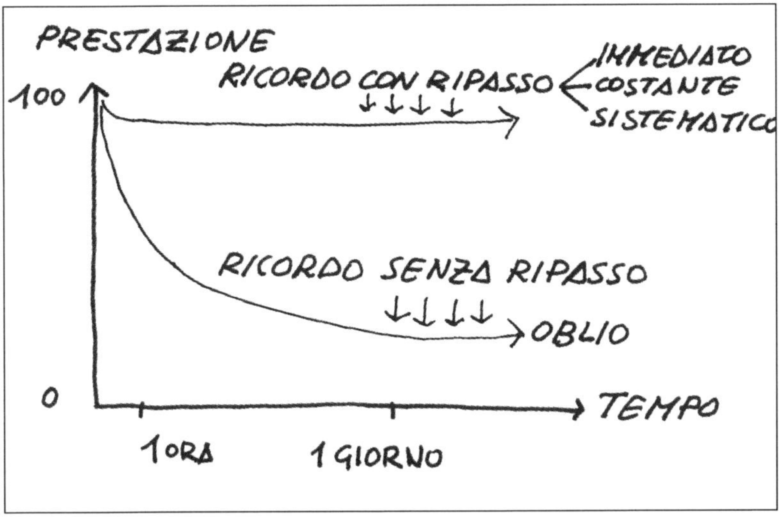

Tav. 141. La curva dell'oblio.

Il ripasso evita la caduta nell'oblio e conserva la freschezza del ricordo.

Da questo punto di vista, il ripasso può essere considerato come una forma di superapprendimento, grazie al quale si evita la dimenticanza e si favorisce il mantenimento delle informazioni ad un alto livello di prestazione. La stessa curva ci dice che se si ripassa subito e se si continua a ripassare spesso quello che si è studiato, si ha un notevole risparmio nel tempo di riapprendimento (vedi tavola n. 142).

Se, invece, si ripassa raramente, o peggio, se non si ripassa affatto, è necessario riapprendere ciò che era stato precedentemente studiato, anche se era stato appreso al 100%.

La conoscenza della curva dell'oblio di Ebbinghaus ci può facilmente convincere a non trascurare il ripasso, perché, specialmente il ripasso immediato permette di risparmiare molto tempo di riapprendimento.

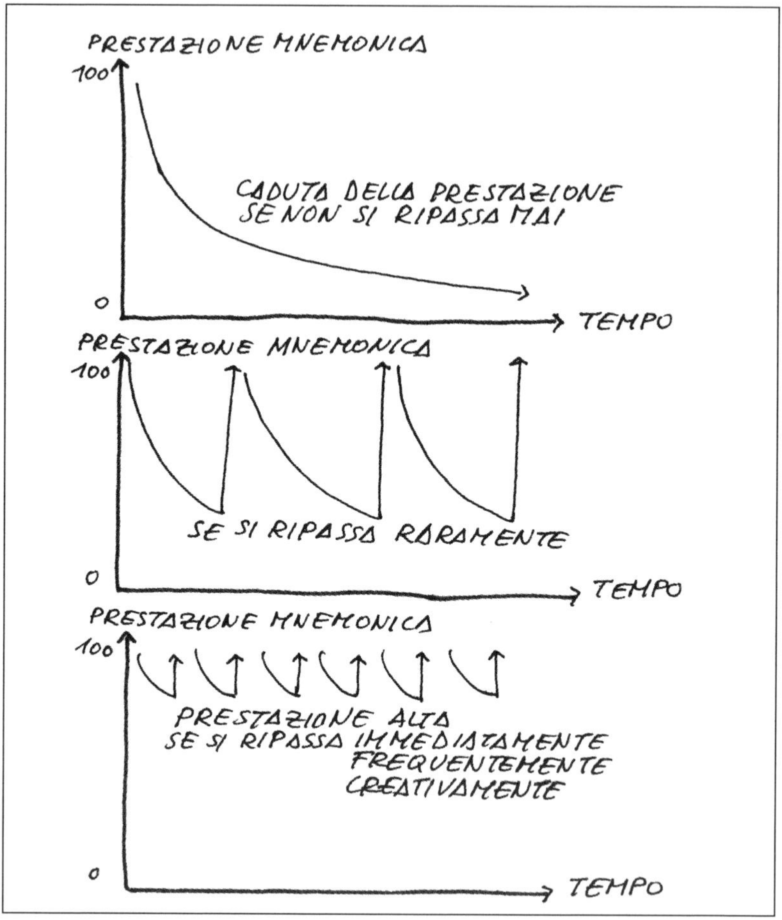

Tav. 142. Ripasso e prestazione mnemonica.

Per ricordare, è necessario, oltre ad aver capito bene quel che si è studiato, anche ripassare **frequentemente**, **costantemente e sistematicamente.**

Perciò, è bene definire, nel proprio piano orario di studio giornaliero, anche il tempo che deve essere dedicato al ripasso, oltre che allo studio. Si può aggiungere che il tempo dedicato al ripasso può essere fatto anche in condizioni di rilassamento, mentre, invece, per studiare è richiesta un'adeguata tensione ed attivazione.

7. Il ripasso giornaliero

Ogni giorno a scuola si impara qualcosa di nuovo. Ma pochi studenti dedicano del tempo a ripetere e rielaborare ciò che apprendono. Dopo una giornata di scuola o di studio, è bene dedicare del tempo a rivedere o risentire ciò che si è appreso in classe (vedi tavola n. 143). Tale ripetizione è facilitata dal fatto che le informazioni apprese sono abbastanza chiare e fresche nella mente. Mentre è molto difficile ricordare ciò che l'insegnante ha spiegato la settimana scorsa o il mese scorso.

Tav. 143. Ripasso giornaliero.

Se, uno studente prende la buona abitudine di rivedere la propria giornata di studio e di ripassare velocemente tutto ciò che ha appreso, avrà i seguenti vantaggi: potrà ricordare meglio, irrobustire la memoria, avere una gratificazione immediata, perché è un piacere apprendere e ricordare ciò che si è appreso, potrà incrementare la propria motivazione, potrà consolidare i prerequisiti per afferrare rapidamente gli apprendimenti dei giorni successivi, potrà rinforzare la propria abilità metodologica.

8. Il ripasso settimanale, quello mensile e quello annuale

Oltre al ripasso giornaliero, è necessario dedicare abbastanza tempo ogni settimana, ogni mese, ogni anno, al ripasso degli argomenti più complessi.

È bene, per esempio, dedicare un'intera giornata a ripassare tutto ciò che si è studiato durante la settimana, o dedicare un giorno allo studio di una sola materia. Talvolta, mensilmente, si possono dedicare delle giornate al ripasso di un intero libro o di un intero corso.

Quando si parla di ripasso settimanale o mensile o annuale, gli studenti solitamente fanno confusione: loro pensano che si tratti di giornate per recuperare il tempo perso. Non si tratta di giornate di studio, ma di giornate di ripasso degli argomenti già studiati. Se tali giornate saranno dedicate solo al ripasso, saranno giornate piacevoli e gratificanti. Se, invece, dovranno essere dedicate a studiare per recuperare lo studio che è stato trascurato giorno per giorno, saranno giornate alquanto faticose e pesanti.

Da una parte, si deve studiare giorno per giorno, a piccoli passi o a piccoli bocconi, ma, dall'altra, si devono fare grandi ripassi, a volo d'uccello, per grandi linee, aiutandosi con schemi, mappe, grafici, sunti e appunti.

Anche il ripasso annuale ha un grande valore per l'apprendimento, la cultura e la padronanza. Ma, in genere, sono pochi coloro che vi dedicano attenzione.

Il vantaggio del ripasso settimanale, mensile e annuale è quello di elaborare modelli complessi di informazioni, che sono tipici delle persone intelligenti e competenti. La consapevolezza del ripasso sistematico è analoga alla consapevolezza dell'allenamento sistematico di un atleta. Senza un allenamento sistematico nessuno può giungere a prestazioni soddisfacenti in nessun campo.

9. Il ripasso durante i tempi vuoti

Durante la giornata vi sono vari tempi vuoti. Tempo vuoto è, per esempio, attendere l'autobus, spostarsi da un luogo a un altro, essere in una sala d'attesa.

È opportuno non sprecare questi tempi vuoti o ritagli di tempo. Essi possono essere utilizzati per il rilassamento, la meditazione e il contatto con se stessi, ma possono essere utilizzati anche per memorizzare ciò che si è già appreso.

Tale ripasso può essere fatto agevolmente, se si adottano appropriate mnemotecniche (M. Polito 2003).

10. Il ripasso dall'alto e il ripasso dal basso

Con l'espressione "ripasso dall'alto" si indica il ripasso che è fatto utilizzando i propri schemi, i propri sunti, i propri appunti.

Essi sono il frutto delle proprie aspettative, scelte e interpretazioni. Hanno il grande vantaggio di personalizzare lo studio e di creare interesse e coinvolgimento, ma hanno lo svantaggio di operare delle scelte, talvolta, arbitrarie. È facile, infatti, considerare come non essenziale ciò che non si è capito o ciò che non si vuole capire.

Per tale ragione, questo tipo di ripasso deve essere combinato con il *"ripasso dal basso"*. Con tale espressione si indica il ripasso fatto sul libro di testo, per esercitarsi all'oggettività e alla fedeltà verso i dati. È un tipo di ripasso molto faticoso, perché richiede precisione, ma è utile per evitare ipersemplificazioni degli argomenti studiati.

11. Il ripasso per schemi e il ripasso per frasi chiave

Il *"ripasso per schemi"* riguarda le mappe concettuali, sia astratte sia figurative, elaborate su un argomento (vedi tavola n. 144). Alcuni esempi possono essere: lo schema geometrico e figurativo della piramide dei cinque fattori del metodo di studio e l'immagine della giustizia, raffigurata come una donna bendata, con una bilancia in una mano e una spada nell'altra.

Tav. 144. Ripasso per schemi e parole chiave

12. Il ripasso del lessico specifico.

Il "ripasso fatto con frasi chiave" riguarda il lessico specifico o la terminologia concettuale di una materia. Esempio: "Il concetto di feudalesimo comprende le seguenti caratteristiche: *"l'investitura, il beneficio (feudo), l'immunità (privilegi)"*. Più sinteticamente: *"Feudalesimo: investitura, beneficio, immunità"*.

È utile raccogliere in un quaderno le parole specifiche delle varie discipline che si studiano.

Ad esempio le parole specifiche di storia possono essere: *armistizio, feudalismo, patrizi, plebei, monarchia, impero, lotta di classe*. Le parole specifiche di filosofia possono essere: *dialogo, ragionamento, confutazione, discussione, tesi, antitesi, concetto, definizione*. Quelle di biologia possono essere: *cellula, evoluzione, speciazione, estinzione delle specie, evoluzionismo, osservazione sistematica, comparazione, esperimento*. Quelle di economia aziendale possono essere: *cambiali, assegni bancari, protesti, fatture, società per azioni, bilancio, budget, capitale*.

Per ogni parola bisogna trovare la definizione più breve e concisa, del tipo "Capitale: soldi investiti o ricavati". "Budget: somma a disposizione per un investimento".

Tutte queste parole devono essere memorizzate in modo stabile (fino all'automatismo), altrimenti non si può procedere con sicurezza nelle varie discipline. In particolare, è utile memorizzare rapidamente le definizioni di ogni concetto come se fossero "una sola parola", ad esempio: *"Enzima-catalizzatore-che-accelera-le-reazioni-chimiche"*. Ripeterlo molte volte. Si procede con lo stesso metodo con tutte le altre parole delle varie discipline, come le seguenti:

"Oligarchia-Governo-di-pochi",
"Anarchia-Assenza-di-governo",
"Costituzione-Legge-fondamentale-dello-Stato",

"Vassallaggio-Dipendenza-personale-dal-proprio-padrone-o-signore".

La pronuncia rapida di queste definizioni come se fosse una sola parola (*chunking* o raggruppamento) facilita l'apprendimento e la memorizzazione.

Per tenerle sempre pronte all'uso, è utile richiamarle mentalmente ogni volta che il prof o il libro le ripropongono.

Quando uno studente riesce a memorizzare il lessico specifico di una disciplina, si sente immediatamente più capace e competente. Comincia a comprendere meglio le spiegazioni e le letture del libro di testo e soprattutto vede crescere i propri risultati scolastici.

13. Il ripasso globale e il ripasso analitico

Il ripasso globale riguarda la visione di insieme data dalle idee chiave e può essere fatto ricorrendo a degli schemi, mappe e appunti (vedi tavola n. 145).

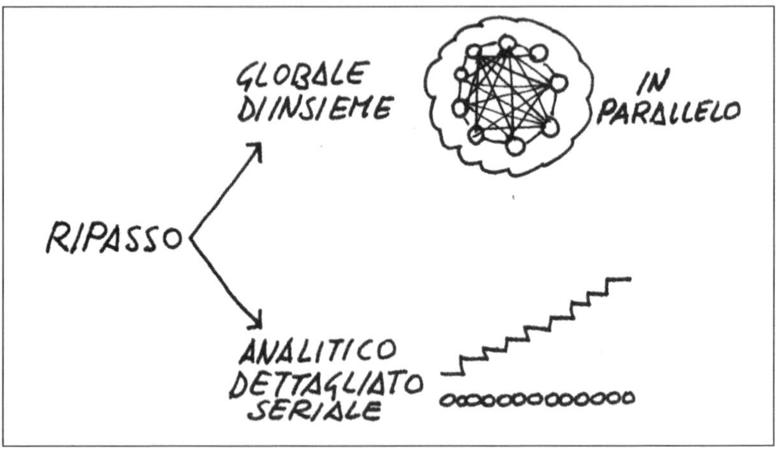

Tav. 145. Ripasso globale e ripasso analitico.

Esso agevola la padronanza dell'intelaiatura generale di un argomento. Ha il vantaggio di sostenere l'intelligenza e la memoria e, soprattutto, facilita l'orientamento nella disposizione dei dati e dei concetti.

Esso, però, ha il limite di essere molto generale o generico, e, perciò, deve essere rimpolpato da un altro tipo di ripasso, quello dettagliato e analitico. Con il ripasso dettagliato si approfondiscono i concetti generali che già si possiedono e si dà loro profondità, articolazione e precisione.

14. Il ripasso veloce e il ripasso lento

Il ripasso veloce è un ripasso fatto con il colpo d'occhio, esso procede per grandi sintesi e ha lo scopo di riattivare le parole chiave o gli schemi concettuali più importanti (vedi tavola n. 146).

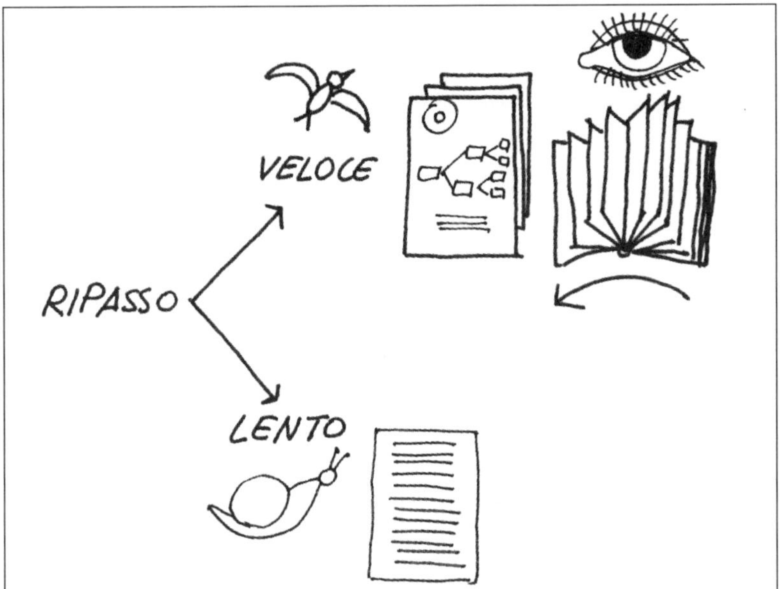

Tav. 146. Ripasso veloce e ripasso lento.

Tale forma di ripetizione consiste nello scorrere frequentemente e velocemente con gli occhi un libro che è già stato studiato o il proprio quaderno di appunti.

Particolarmente utile, in questo tipo di ripetizione, è l'uso della sottolineatura e della evidenziazione, tramite matite colorate, dei brani o dei concetti ritenuti più importanti.

Se si sottolinea, ad esempio, col colore giallo le definizioni e col colore rosso gli esempi, è possibile fare "ripassi mirati", scegliendo di ripassare solo le definizioni, facendosi guidare dalle sottolineature gialle, o solo gli esempi, facendosi guidare dalle sottolineature rosse.

Sottolineando o mettendo in risalto parole, concetti e frasi importanti, si guida l'occhio a ripercorrere velocemente l'essenziale, condensato nelle parole chiave, che, poi, dovranno essere sviluppate, nel ripasso lento, che è un ripasso di approfondimento, riflessione, rielaborazione e collegamento.

Tale tecnica della ripetizione veloce con il colpo d'occhio, concentrica e a spirale (vedi tavola n. 147), va usata frequente-

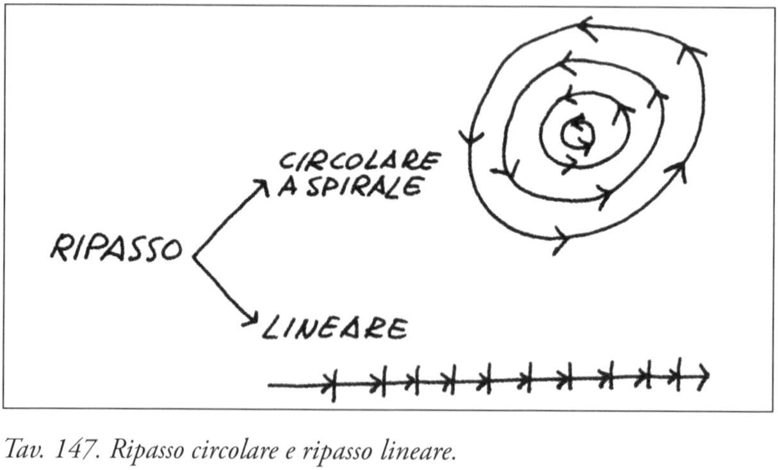

Tav. 147. Ripasso circolare e ripasso lineare.

mente e, in modo particolare, la sera prima di andare a letto e la mattina appena svegli.

Bastano pochi minuti per riattivare il ricordo di molteplici concetti, studiati per ore. In tal caso, non è necessario leggere gli appunti, ma solo sfogliarli. Per riattivare rapidamente nella mente un gran numero di informazioni, utilizzando come stimolo le parole chiave, schematizzate in grafici e mappe.

Il ripasso lento, lineare, passo per passo è il ripasso della mente che rielabora le informazioni, che crea collegamenti, che deduce, che fa inferenze, che ipotizza. È il tipo di ripasso appropriato, quando si deve verificare la padronanza di un argomento.

15. Il ripasso prima degli esami

Il ripasso prima degli esami presuppone lo studio e la comprensione della materia di esame, attraverso l'individuazione delle idee centrali e la loro ricodificazione in schemi e mappe, in immagini efficaci o esemplificazioni molto concrete.

È opportuno poi memorizzare per tempo tali contenuti con appropriate mnemotecniche.

È fruttuoso dedicare la settimana prima degli esami, non più allo studio, ma solo al ripasso, alla riflessione e alla rielaborazione concettuale. Si può utilizzare in questa settimana il ripasso tramite autointerrogazione.

16. Il ripasso tramite autointerrogazione

Il ripasso tramite autointerrogazione consiste nell'immaginare di essere interrogati e di rispondere a tali domande immaginarie. La capacità di interrogarsi è di grande aiuto, anche nel processo di autovalutazione del proprio metodo di studio.

Dal punto di vista pratico, gli insegnanti, in genere, non riescono a interrogare ogni alunno su tutto ciò che hanno spiegato. Tuttavia ogni studente motivato può verificare da se stesso la padronanza dei contenuti di apprendimento.

La strategia migliore per autovalutarsi è quella di simulare un'autointerrogazione. Le domande possono essere ricavate dalle domande che l'insegnante pone più frequentemente agli studenti durante le lezioni. Oppure tale lista di domande può essere ricavata chiedendo informazioni agli studenti del corso precedente; oppure si può ottenere in quest'altro modo, immaginando di spiegare l'argomento del corso a un proprio compagno di studio:

"Se io dovessi spiegare questo brano o concetto a un altro studente, come glielo spiegherei? E se lui non comprendesse quello che gli sto spiegando, cosa mi chiederebbe? Quali domande potrebbe farmi? E su quale argomento? Mi chiederebbe forse: Che cosa significa questo termine? Oppure, mi chiederebbe di apportare vari esempi o prove? Oppure, mi chiederebbe di chiarire i collegamenti tra questi concetti? Oppure, mi chiederebbe di esplicitare i presupposti di questa teoria?".

Talvolta, si può addirittura immaginare qualche personaggio famoso che ci faccia domande difficili *("Posso immaginare che Einstein mi interroghi sulla sua teoria della relatività!").*

Si possono fare delle sedute immaginarie di esame, durante le quali lo stesso studente si immagina di essere esaminatore e, come tale, pone a se stesso delle domande. Immaginare se stessi come esaminatori (tecnica dell'inversione di ruolo o *role playing)* offre vari vantaggi: si può acquisire una maggiore familiarità con la situazione di esame, riducendo la paura dell'ignoto o della domanda non prevista; si può immaginare la qualità della propria prestazione o preparazione; si può ridurre in modo notevole l'ansia dell'esame.

Tale attività di autointerrogazione, senza bisogno dell'aiuto dell'insegnante, è una delle abilità fondamentali del metodo di studio, perché sviluppa, oltre ad un'autonomia culturale, anche la padronanza e l'autocontrollo.

17. Studiare da soli e ripassare insieme

È necessario studiare da soli, ma è utile ripassare insieme con qualcun altro (vedi tavola n. 148).

Tav. 148. Studiare da soli e ripassare insieme.

È necessario studiare da soli, perché ognuno possiede un proprio metodo, un proprio ritmo di apprendimento e di assimilazione dei contenuti, un proprio modo di rielaborarli con schemi, mappe mentali e mnemotecniche.

È utile, però, ripassare insieme, perché in tal modo si simula la situazione di esame e si può controllare la qualità delle proprie risposte, si ricevono dal proprio partner di studio *utili feedback* (informazioni di ritorno sulla propria prestazione) e si stimola una migliore espressione verbale di ciò che si è appreso.

18. Fino a quando bisogna ripetere?

Bisogna ripetere sempre, ma in modi diversi e creativi. Ad esempio, leggere altri libri su un argomento di studio è uno dei tanti modi creativi, per continuare a ripetere, o a tener vive, le informazioni che si sono apprese in precedenza.

In generale, bisogna ripetere fino a quando le informazioni da apprendere non sono state assimilate o fino a quando la loro padronanza non sia diventata automatica: cioè si parla inglese senza fatica, si dipinge con leggerezza e agilità, si discute di teorie complesse con serenità, eleganza, sicurezza, profondità.

La ripetizione, dunque, ha un solo scopo: l'assimilazione del contenuto da apprendere.

Il termine assimilare vuol dire rendere una cosa simile a se stesso.

Le informazioni, anche quando sono state apprese, se non sono state assimilate, rimangono estranee, non familiari, esterne.

Solo quando sono assimilate, diventano veramente nostre.

La poesia di Leopardi, se è stata assimilata, può diventare la nostra poesia e può servirci a guardare meglio la natura, la società e la storia. Solo l'assimilazione, garantisce una buona cultura e una mente colta e sveglia.

Un proverbio afferma: *la ripetizione conduce alla perfezione.* Forse, è meglio dire che la ripetizione conduce alla fluidità e alla naturalezza delle nostre prestazioni, sia fisiche (suonare il piano) sia mentali *(problem solving),* fino a farle diventare una stabile abitudine, o una seconda natura.

Talvolta, si svaluta la ripetizione perché comporta sforzo, pazienza e fatica. Essa, però, può essere alleviata dal metodo, dalla motivazione e dalla rielaborazione creativa delle informazioni.

Per facilitare però la ripetizione bisogna essere inventivi e ingegnosi e prepararsi delle buone sintesi di ciò che si è studiato o letto, come le seguenti (verbali o figurative). (vedi tavola n. 149).

Tav. 149. Acronimo della parola "metodo" per sintetizzare alcune parole chiave su questo tema.

Conclusione

La nostra mente è predisposta per apprendere qualsiasi cosa, come il nostro stomaco è predisposto per digerire qualsiasi cosa commestibile. Per agevolare il nostro stomaco, noi scegliamo quello che ci piace, lo cuciniamo bene, lo insaporiamo e lo rendiamo gustoso.

Allo stesso modo bisognerebbe fare anche con la nostra mente.

La nostra mente può apprendere qualsiasi cosa, dalla letteratura alla biologia, dall'arte all'informatica, ma dobbiamo organizzare le informazioni in modo che possano essere, prima di tutto, appetitose, ma anche ben organizzate per essere assimilate con facilità e automatizzate.

Si può imparare qualsiasi cosa, basta usare metodo e motivazione.

Per sviluppare queste fondamentali abilità è necessario diventare consapevoli del proprio modo migliore di studiare e imparare a usare bene la propria mente e tutte le sue risorse. In questo modo è possibile inventarsi il proprio metodo di studio, ma anche il proprio progetto di vita. Per raggiungere le alte vette del sapere, bisogna connettere lo studio allo sviluppo della propria personalità: studiare per un grande progetto, quello di realizzare i propri talenti e poi contribuire al benessere del mondo (vedi tavola n.150).

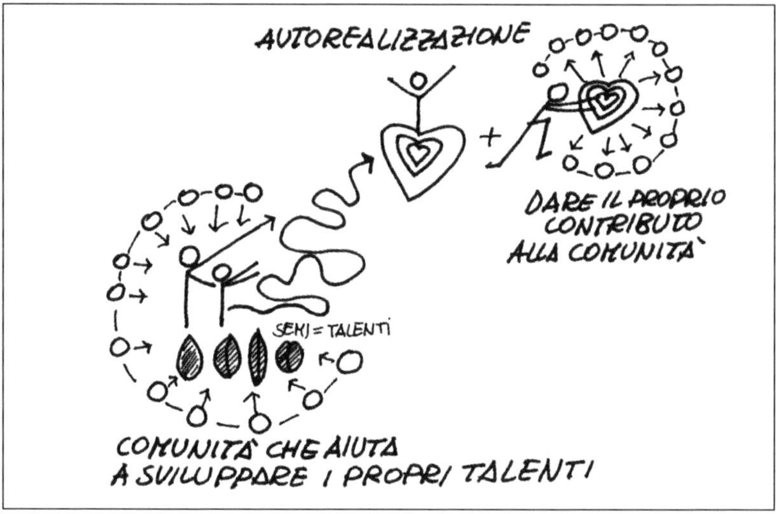

Tav. 150. Sviluppare i propri talenti per autorealizzarsi e dare poi un contributo alla comunità che ci ha accompagnato nello studio e sostenuto nella formazione.

Il metodo di studio può aiutare ad apprezzarsi di più, sperimentando la potenza della propria mente, conoscendo le leggi dell'apprendimento e della memoria ed esplorando i prodigi di un'intelligenza lucida e di una creatività variopinta.

Il desiderio di voler essere più intelligenti e più competenti regala a ogni persona la possibilità di gustare di più la vita e realizzare meglio i propri talenti.

Bibliografia

AAMODT S., WANG S., (2008), *Il tuo cervello. Istruzioni per l'uso e la manutenzione*, Mondadori, Milano

ACRES, D., (1987), *Pass exams without axiety*, Northcote House Publishers, Plymouth.

AMENGUAL, B. R., (1981), *Las tecnicas de estudio,* Editorial Cincel, Madrid.

ANTONIETTI, A., VIGANÒ, A., (2007), *Il diario del mio apprendimento. Come migliorare il proprio metodo di studio*. Erickson, Trento.

AUSUBEL, P. D., (1978), *Educazione e processi cognitivi,* Franco Angeli, Milano.

BELLENGER, L., (1980), *Saper leggere,* Editori Riuniti, Roma.

BOSCOLO, P., (1986), *Psicologia dell'apprendimento scolastico*, Utet, Torino.

BROWN, M., (1990), *How to study succesfully,* Sheldon Press, London.

BUZAN, T., (1986), *Usiamo la testa,* Frassinelli, Milano.

CARBONELL, R. G., (1987), *Estudiemos sin esfuerzo,* Editorial Edaf, Madrid.

CARMAN, R. A., ADAMS, W. R., (1984), *Study skills,* J. Wiley & Sons, New York.

COLPO, G., (1978), *La motivazione scolastica,* Giunti Barbera, Firenze.

CORNOLDI, C., (1986), *Apprendimento e memoria nell'uomo*, Utet, Torino.
CORNOLDI, C., (1995), *Metacognizione ed apprendimento*, Il Mulino, Bologna.
CORNOLDI, C., DE BENI, R., MAZZEO, R., (2002), *Imparare a studiare. Strategie, stili cognitivi, metacognizione e atteggiamenti nello studio*, Erickson, Trento.
COTTRELL, S., (2003), *The study skills handbook*, Palgrave Macmillan, New York.
CSIKSZENTMIHALYI, M., (1992), *Flow. La corrente della vita,* Frassinelli, Milano.
DEWEY, J., (1961), *Come pensiamo,* La Nuova Italia, Firenze.
DE BONO, E., (2000), *Il pensiero laterale*, Rizzoli, Milano.
DE LA GARANDERIE, A., (2003), *I mezzi dell'apprendimento e il dialogo con l'alunno,* Erickson, Trento.
DONATELLO, M., (2005), *Il salvagente dello studente. Come sviluppare attenzione, concentrazione e memoria per avere successo*, Franco Angeli, Roma.
EBBINGHAUS, H., (1975), *La memoria,* Zanichelli, Bologna.
ECO, U., (1977), *Come si fa una tesi di laurea,* Bompiani, Milano.
FENKER, R. M., (1981), *Stop studying start learning,* Tangram Press Inc., USA.
FISHER CASSIE, W, CONSTANTINE, T. (1977), *Student's guide to success,* Macmillan Education, London.
FREEMAN, R., (1982), *Mastering study skills,* Macmillan Education, London.
FRISO, G., MOÈ. A., PAZZAGLIA. F., (2005), *Perche' non (mi) piace la scuola. Come acquisire un atteggiamento positivo verso lo studio*, Erickson, Trento.
GAGNÈ, R. M., (1973), *Le condizioni dell'apprendimento,* Armando Roma.
GARDNER, H., (1987), *Formae mentis,* Feltrinelli, Milano.
GARDNER, H., (2000), *Sapere per comprendere,* Feltrinelli, Milano.
GARDNER, H., (2005), *Educazione e sviluppo della mente. Intelligenze multiple e apprendimento*, Trento, Erickson.
GUITTON, J., (1970), *Arte nuova di pensare,* Ed. Paoline, Roma.

GUITTON, J., (1970), *Il lavoro intellettuale,* Ed. Paoline, Roma.
HILGARD, E. R. , BOWER, G. H., (1976), *Le teorie dell'apprendimento,* Franco Angeli, Milano.
HILL, C. M., (1989), *How pass exams,* Hamlyn, London.
HILL, W. F., (1976), *L'apprendimento,* La Nuova Italia, Firenze.
HILLS, P. J., BARLOW,H., (1980), *Effective study skills,* Pan Books Ltd, London.
KOHN, A. (2000), *The case against standardized testing. Raising the scores, ruining the schools*, Heinemann, Portsmouth, NH.
LANGAN, J., (1986), *Reading and Study Skills,* Form A, McGraw Hill-Book Company, New York.
LANGAN, J., (1987), *Reading and Study Skills,* Form B, McGraw Hill-Book Company, New York.
LEADER, W. G., (1990), *How to pass exams,* Stanley Thomes, Cheltenham,
LEVINE, M., (2004), *A modo loro*, Mondadori, Milano.
LOMBARDO P., (2007), *Dalla motivazione al metodo di studio. Imparare ad imparare*, Vita Nuova Editrice, Verona.
MADDOX, H., (1963), *How to study,* Pan Books, London.
MAGER, R. F., (1972), *Gli obiettivi didattici,* Giunti e Lisciani, Teramo.
MAGER, R. F., (1978), *Come sviluppare l'atteggiamento ad apprendere,* Lisciani & Zampetti, Teramo.
MARIANI, L., (1986), *Strategie per imparare*, Zanichelli, Bologna.
MARZOCCHI, G.M., MOLIN, A., POLI, S., (2000), *Attenzione e metacognizione,* Erickson, Trento.
MASONI, M. V., (2001), *Studiare bene senza averne voglia.* Erickson, Trento.
MAZZEO, R., (2005), *L'organizzazione efficace dell'apprendimento. Personalizzazione e metodo di studio*, Erickson, Trento.
MEAZZINI, P., CORAO, A. (1978), *Apprendimento ed emozioni,* Giunti Barbera, Firenze.
MEDINA, J., (2010), *Il cervello. Istruzioni per l'uso,* Bollati Boringhieri, Torino.
MORIN, E., (2000), *Una testa ben fatta*, Cortina, Milano.
MORIN, E., (1999), *Relier les connaissances*, Seuil, Pari

NORMAN, D. A., (1975), *Memoria ed attenzione,* Franco Angeli, Milano.
NORTHEDGE, A., (1990), *The good study guide,* The Open University, Milton Keynes.
NOVAK, J.D., (2001), *L'apprendimento significativo,* Erickson, Trento.
NOVAK, J.D., GOWIN, D.B, (1989), *Imparando a imparare,* Sei, Torino.
ORR., F., (1985), *Pass exams,* Unwin Paperbacks, London.
PENNAC, D., (1992), *Come un romanzo*, Feltrinelli, Milano.
PENNAC, D., (2008), *Diario di scuola*, Feltrinelli, Milano.
PLESSI, P., (1996), *Insegnare a studiare*, De Agostini, Novara 1996
POLITO, M., (2000), *Attivare le risorse del gruppo classe. Nuove strategie per l'apprendimento reciproco e la crescita personale*. Edizioni Erickson, Trento.
POLITO, M., (2002a), *Guida allo studio. L'intelligenza. Come dare la forma migliore alla propria mente*, Editori Riuniti, Roma
POLITO, M., (2002b), *Insegnare ed apprendere con le mappe mentali. Seminario di formazione per gli insegnanti*. Poschiavo, Svizzera. Videoregistrazione in DVD disponibile presso l'autore.
POLITO, M., (2003a), *Comunicazione in classe ed apprendimento cooperativo*, Edizioni Erickson, Trento.
POLITO, M., (2003b), *Guida allo studio. La memoria. Strategie per assimilare e ricordare ciò che si è studiato*, Editori Riuniti, Roma.
POLITO, M., (2003c), *Guida allo studio. La motivazione. Come coltivare la voglia di apprendere per salvare la scuola*, Editori Riuniti, Roma.
POLITO, M., (2003d), *Guida allo studio. Il tema. Come ideare, sviluppare arricchire, rivedere, il testo scritto*, Editori Riuniti, Roma.
POLITO, M., (2005), *Educare il cuore. L'intelligenza emotiva degli adolescenti a scuola*, La Meridiana, Molfetta, Bari.
POLITO, M., (2006), *Quando manca la volontà… Metodo di studio e motivazione all'apprendimento*, Atti del convegno presso il Centro di Psicologia Clinica ed Educativa, Milano.
POLITO, M., (2007a), *Atleti della mente*, Editori Riuniti, Roma.
POLITO, M., (2007b), *Il metodo di studio per avere successo a scuola e*

nella vita, Vicenza, Scuola per Genitori. Videoregistrazione in DVD disponibile presso l'autore.

POLITO, M., (2009). *Compiti per casa. A favore o contro? Opinioni a confronto. I risultati di 13.700 questionari*. Vicenza, Scuola per Genitori. Videoregistrazione in DVD disponibile presso l'autore.

POLITO, M., (2010a), *Motivare i figli a studiare*. Bassano del Grappa (VI), Scuola per Genitori. Videoregistrazione in DVD disponibile presso l'autore.

POLITO, M., (2010b), *Imparare a studiare. Le tecniche di studio. Come sottolineare, prendere appunti, schematizzare ed archiviare*, Editori Riuniti, Roma.

RAVAZZOLO, C., DE BENI, R., MOÈ, A., (2005), *Stili attributivi motivazionali,* Erickson, Trento.

ROBERTSON, S., SMITH, D., (1987), *Effective studying,* Longman York Press, Essex.

ROMERO, F.M., (1987), *Tecnicas para estudiar con efficacia,* PPU, Barcellona.

RONCATO, S., (1982), *Apprendimento e memoria,* Il Mulino, Bologna.

ROWNTREE, D., (1979), *Impara a studiare,* Armando, Roma.

SENECA, L.A., (1985), *Lettere a Lucilio,* Rizzoli, Milano.

SERAFINI, M.T., (1989), *Come si studia,* Bompiani, Milano.

SERAFINI, M.T., (1985), *Come si fa un tema in classe,* Bompiani, Milano.

SHARPE, D., MULLER, S., (1995) *Abilità di studio, Livello 2, Programma per il 2° ciclo elementare,* Erickson, Trento.

SHARPE, D., MULLER, S., (1995) *Abilità di studio, Livello 1, Programma per la scuola media*, Erickson, Trento.

SMITH, A., (2002), *Accelerated learning in practice*, Kagan Publishing, San Clemente, California.

SMITH, A., CALL, N., (2002), *Accelerated learning. The ALPS approach*, Kagan Publishing, San Clemente, California.

STERNBERG, R.J., SWERLING. L., (1997) *Le tre intelligenze. Come potenziare le capacità analitiche, creative e pratiche,* Erickson, Trento.

VEGA, J. L., (1983), *Aprende a estudiar con exito,* Editorial Trillas, Mexico.
WENGER W., POE R., (2004), *Il fattore Einstein*, Alessio Roberti Editore, Bergamo.
WILLIAMS, K., (1989), *Study skills,* Macmillan, London.
WOOD, N. V., (1986), *College reading and study skills,* Holt, Rinehart and Winston, Inc., New York.
WRIGHT, A., (1987), *How to improve your mind,* Cambridge University Press, Cambridge.
ZUBIZZARRETA, J., (2009) *The learning portfolio. Reflective practice for improving student learning,* Jossey-Bass, San Francisco.

Finito di stampare nel mese di ottobre 2010 dalla Tipolitografia CSR
Via di Pietralata, 157 - 00158 Roma - Tel. 064182113 (r.a.) - Fax 064506671